DANS LA PEAU D'UN INTOUCHABLE

DU MÊME AUTEUR

Dans la peau d'un Chinois
éditions Bernard Barrault, 1988
et J'ai lu, 1990

Le Ventre de la Chine
éditions Bernard Barrault, 1990

Marc Boulet

DANS LA PEAU D'UN INTOUCHABLE

Éditions du Seuil

TEXTE INTÉGRAL

ISBN 2-02-024652-X
(ISBN 2-02-017302-6, 1re publication)

Pour Gloire et Lou

7 février 1992.

Je viens de signer mon contrat. Pour un écrivain, convaincre un éditeur et percevoir une avance sur les droits d'auteur, c'est comme trouver du travail pour un chômeur.

En mieux.

J'aurai du boulot pendant un an et suffisamment d'argent pour vivre. Et puis, j'écrirai un livre, qui sera publié et m'apportera peut-être la richesse et la célébrité. Je peux rêver.

Je me suis engagé à me métamorphoser en intouchable indien. Une vieille idée qui me trotte dans la tête depuis deux ou trois ans. Que se passerait-il si un Français bien nourri, élevé dans le confort douillet de la société occidentale, devenait soudain l'un des êtres les plus indigents de la planète : indien et intouchable ? Comment supporterait-il sa nouvelle existence ? Comment verrait-il le monde ? Éprouverait-il les mêmes joies, les mêmes peines, les mêmes sensations qu'autrefois ? Il y aurait aussi la découverte de l'Inde, pays fabuleux avec ses maharajahs, ses chasses au tigre dans des jungles fabuleuses peuplées de perroquets et d'éléphants, ses temples baroques et les sages méditant sur des planches à clous, ses vaches sacrées, ses horribles lépreux et le mendiant décharné qui meurt devant le touriste sur un trottoir de Calcutta. Autant d'images d'Épinal, de visions exotiques que la métamorphose en intouchable indien balayerait sans doute.

Tout d'abord, je dois expliquer brièvement qui sont les intouchables.

Quatre-vingt-trois pour cent des Indiens sont hindous et divisés en deux mille à trois mille castes, groupes héréditaires, ségrégatifs et endogames, souvent liés à une profession et hiérarchisés entre eux selon leur degré de pureté hygiénique et religieuse. Parallèlement, les castes se rassemblent dans le système global des quatre *varna* ou ordres traditionnels : au sommet les brahmanes, puis les *kshatriya*, les *vaishya* et au pied de la pyramide la masse des *shudra*. Respectivement, les prêtres, les guerriers, les commerçants et les serviteurs, nés de la bouche, des bras, des cuisses et des pieds de Brahmâ, le dieu créateur de l'univers.

Les trois premiers ordres seraient constitués à l'origine par les Aryens, terme qui signifie les « nobles » en sanskrit. Venu des steppes d'Asie centrale, ce peuple colonisa le nord de l'Inde il y a trois ou quatre mille ans. Il imposa sa religion qui constitue les bases de l'hindouisme. Ces trois classes supérieures sont dites deux fois nées car leurs enfants mâles subissent une initiation rituelle. Elle symbolise une seconde naissance, sorte de baptême hindou à l'issue duquel l'enfant revêt un *janeu*. Ce cordon de coton pendra en bandoulière sur son épaule gauche jusqu'à sa mort.

A l'opposé, les *shudra*, travailleurs manuels d'origine supposée préaryenne, ne peuvent porter ce cordon sacré. Issus des pieds du Créateur, ils sont trop inférieurs. Ce sont les laitiers, les barbiers, les pêcheurs, les forgerons, etc. Des sous-hommes au service des trois ordres supérieurs. Traditionnellement, si un *shudra* écoutait les textes saints hindous, il fallait lui couler du plomb dans les oreilles ; s'il les récitait, sa langue devait être tranchée ; s'il se les rappelait, il devait être démembré.

Il existe des castes encore « plus inférieures », si viles qu'elles ne furent pas engendrées par le Créateur. Elles se situent hors du système des quatre *varna* et forment la cinquième roue du chariot indien. Ce sont les intouchables, les *chandâl*, les descendants de mythiques bâtards issus de la copulation d'un *shudra* avec une brahmane. Le pire des hybrides selon l'idéologie hindoue, rangé au niveau du chien et du porc. En réalité, les intouchables seraient des *shudra* sales. C'est-à-dire des autochtones convertis par les Aryens à l'hindouisme, mais dont les coutumes et les professions extrêmement dégradantes aux yeux des brahmanes rejettent leurs castes hors du système des *varna*. Les balayeurs, les blanchisseurs, les croque-morts, les cordonniers, les tireurs de vin de palme sont intouchables. Ils sont immondes. Le cordonnier dépouille les animaux crevés, le blanchisseur lave le linge sale, le croque-mort tripote les cadavres… Leurs activités les tachent d'une impureté permanente qui souille quiconque les touche et ils vivent dans des quartiers spécifiques à l'écart des autres castes.

Même leur ombre peut polluer. Autrefois, l'entrée dans la ville de Pune leur était interdite avant neuf heures du matin et après trois heures de l'après-midi car les ombres de leur corps, trop longues avec le soleil rasant, pouvaient tomber sur un membre d'une haute caste et le salir. Toujours au Mahârâshtra, un intouchable ne pouvait cracher sur la route au risque de polluer celui qui marcherait sur son crachat et il devait porter un pot de terre accroché à son cou pour y cracher. Si un brahmane croisait sa route, il devait alors se coucher sur le sol afin de ne pas créer d'ombre. Au Punjab, quand un balayeur sortait dans la rue, il était censé porter un balai sous le bras pour indiquer sa caste et devait crier pour avertir la population de sa présence polluante. Sur la côte de Malabar, les tireurs de vin de palme étaient si indignes qu'ils ne pouvaient porter ni parapluie, ni chaussures, ni bijoux en or.

C'était autrefois. Après l'indépendance de l'Inde en 1947, l'intouchabilité et la discrimination de caste furent abolies par la Constitution. Aujourd'hui, les intouchables sont pudiquement appelés « castes répertoriées » ou « enfants de Dieu » – terme gandhien que les intouchables jugent condescendant. Sur le papier, tous les temples, les magasins, les restaurants, les puits, les écoles, les routes leur sont accessibles sans restriction et l'État leur réserve des sièges au Parlement et des emplois dans l'Administration pour élever leur condition. Avec la modernisation de la société, beaucoup n'exercent plus leur activité traditionnelle. Ils sont paysans, ouvriers, tailleurs, commerçants, petits fonctionnaires, mais dans les faits, cela ne change rien à leur intouchabilité. Ils appartiennent à la vile caste de leurs ancêtres et continuent d'occuper le bas de l'échelle sociale.

Les intouchables sont environ cent trente millions, soit quinze pour cent de la population indienne, auxquels il faut ajouter soixante-cinq millions d'authentiques aborigènes vivant dans la jungle et également considérés comme intouchables à cause de leurs coutumes tribales, donc primitives et impures.

Grosso modo, un Indien sur quatre est intouchable, ce qui représente un homme sur vingt-huit au niveau de la planète.

Cette discrimination fondée sur une impureté imaginaire est en outre indélébile, tout comme la couleur de la peau. Un homme ne peut changer de caste au cours de son existence présente. Seule la réincarnation après la mort lui permet de renaître dans une condition meilleure ou pire, en fonction de ses actions passées, bonnes ou mauvaises. Tous les corbeaux sont noirs et le monde est injuste, c'est bien connu ; mais le système des castes – contrairement à celui des classes qui récompense le mérite dans la vie présente – emprisonne l'individu, interdisant toute ascension sociale.

L'intouchabilité semble une discrimination aussi monstrueuse que le racisme, et pour l'étudier, connaître la vérité, je dois devenir intouchable.

Ce n'est pas évident. Si j'étais raisonnable, je n'aurais pas signé ce contrat d'édition. Sans travail ni qualification, je me serais inscrit au RMI pour vivre. En plus, je veux tenir le double rôle d'intouchable et de mendiant. Selon le ministère indien des Affaires sociales, l'Inde compte un million et demi de mendiants. La plupart des intouchables ne mendient pas et les mendiants se recrutent dans toutes les castes, mais ce double rôle devrait me permettre de toucher le fond de la misère humaine.

Ma femme, Gloire, et mes parents disent que je suis fou de projeter cette expérience, que je vais y laisser ma peau. Des images de bidonvilles, de lépreux, de morts et d'enfants décharnés sur les trottoirs de Calcutta se bousculent dans leurs têtes. Comment les contredire ? J'ai peur de rencontrer cette misère, bien sûr ; mais, à Paris, je tourne en rond comme un poisson rouge dans son bocal. J'ai besoin du soleil des tropiques, de fleuves géants, de villes lointaines et de jungles luxuriantes. Après avoir vécu *Dans la peau d'un Chinois* dans les années quatre-vingt*, je veux savourer une nouvelle aventure, exister à cent à l'heure, que chaque minute de cette métamorphose reste gravée dans ma mémoire jusqu'à ma mort.

J'ai bien réfléchi à la méthode. Je vais d'abord apprendre l'hindi. La plus parlée des 1 652 langues recensées en Inde. Je me donne

* Cf. mon premier livre, *Dans la peau d'un Chinois*, Éditions Bernard Barrault, 1988.

six mois en France, plus trois mois de pratique en Inde pour maîtriser le langage courant et l'argot. Cela devrait me suffire. Je suis entraîné à l'étude des langues. J'en connais déjà six dont l'albanais, le chinois et le coréen ; et je suis diplômé de l'école des Langues orientales. Cela dit, en si peu de temps, mon hindi ne sera jamais aussi parfait que celui d'un Indien dont ce serait la langue maternelle.

Voici mon plan. Je serai indien dans la plaine du Gange. Sans doute à Bénarès, la Mecque des hindous, dans l'État de l'Uttar Pradesh. Cette province de cent quarante millions d'habitants, la plus peuplée de l'Union indienne, correspond au foyer du brahmanisme. La population y parle hindi et, avec vingt et un pour cent d'intouchables, pourcentage supérieur à la moyenne nationale*, le système des castes y serait encore rigoureux, surtout dans l'Est, c'est-à-dire à Bénarès. Comme pour *Dans la peau d'un Chinois*, je me métamorphoserai en membre d'une ethnie rare possédant sa propre langue. Cela justifiera mon manque d'éloquence en hindi. Je serai un Mundâ, une tribu aborigène d'un million d'individus, hindouisés à quatre-vingts pour cent. Ils peuplent les jungles du sud Bihâr à des centaines de kilomètres de Bénarès. Ainsi je deviendrai intouchable et le risque sera faible de rencontrer un autre membre de ma caste très minoritaire, un Mundâ qui pourrait me démasquer.

Mon éditeur, sceptique, objecte que les aborigènes indiens possèdent des traits mongoloïdes ou négroïdes et que je ne réussirai pas à ressembler à l'un d'eux. Il se trompe. Dans un reportage à la télévision sur les routiers en Inde, j'ai vu des aborigènes du Deccan. Le nom de leur tribu n'était pas précisé mais leurs visages semblaient aryens ; et pour foncer comme eux la couleur de ma peau et mes cheveux, il doit exister des teintures. D'ailleurs, mon but n'est pas de ressembler trait pour trait à un aborigène mais d'être accepté comme tel par les Indiens de Bénarès. Ce doit être facile. Ils n'ont certainement jamais vu de vrai Muṇḍâ. De même, la majorité des Français ne sauraient reconnaître un vrai Tahitien, ignorant qu'il doit rouler les *r*, qu'il peut être polynésien, blanc ou chinois. Ils ne savent pas à quoi il ressemble mais ils ont entendu

* Non compris les aborigènes, trop peu nombreux dans l'Uttar Pradesh.

parler de lui, son existence est plausible, et ce n'est pas dans la nature humaine de douter *a priori* de la parole d'un inconnu s'il revendique une identité modeste.

J'ai convaincu mon éditeur.

12 mars 1992.

J'apprends l'hindi depuis un mois. Je fais ça en autodidacte, avec une méthode anglaise : *Teach Yourself Hindi* (Apprenez l'hindi tout seul).

J'ai d'abord mémorisé les caractères devanâgari. Ça m'a pris une semaine en recopiant quatre heures par jour cet alphabet. Il compte onze voyelles, quarante consonnes simples et plus de deux cents consonnes composées.

Pour toutes les langues sans alphabet romain, c'est pareil. Leurs écritures ressemblent pour le profane à des chiures de mouches ou de la calligraphie, des hiéroglyphes, de la peinture. C'est joli, et l'hindi fait penser à des lignes de petites nouilles qui s'entortillent et se combinent en arabesques. Ça me rappelle quand j'apprenais le chinois et le coréen, je trouvais ces écritures très belles. Et puis, soudain, on sait déchiffrer les chiures de mouches et l'écriture perd son mystère. On ne voit plus les relations géométriques, ni l'architecture des caractères, mais seulement leur son et leur sens. Et ça construit un mot, une phrase, une idée.

A présent, je travaille mes quatre heures quotidiennes sur la méthode. J'apprends la grammaire, le vocabulaire et aussi la prononciation en écoutant la cassette fournie avec la méthode. Quatre heures par jour sans faute. La régularité est nécessaire à l'assimilation efficace d'une langue.

Ce qui me surprend le plus dans mes études – et c'est sans doute idiot –, c'est que les Indiens avec des mots différents pensent comme nous, les Français, les Chinois. Les sons diffèrent mais les grandes idées sur la vie quotidienne se recoupent. Il existe tout de même des particularismes cocasses. Ainsi en hindi, hier et demain se traduisent par le même mot : *kal*, c'est-à-dire « un jour au-delà » – en avant ou en arrière. Est-ce révélateur de la nonchalance légendaire des Indiens ? J'aime ce genre de question.

18 mai.

Dans deux mois, je pars.

J'ai peur. Des maladies, de la faim, de la crasse. Où vais-je dormir ? Sur quel trottoir ? Que mangerai-je ? Je n'ai jamais eu le ventre creux. Pour le remplir, devrai-je fouiller ces poubelles, ces décharges d'ordures qui décorent les carrefours des villes indiennes ?

Qui seront mes amis ? Ce soir, je dîne confortablement en France, et en ce moment à Bénarès, avec le décalage horaire, ceux dont je deviendrai l'ami, le frère, doivent chercher un coin de trottoir où passer la nuit…

De cinq mois d'un voyage touristique en Inde en 1990-1991, je conserve le souvenir d'une société d'une indigence extrême, où une dose de shampooing est un luxe, où l'huile comestible se vend au centilitre, le sucre à l'hectogramme et les cigarettes à l'unité. En Inde, quarante pour cent de la population vit au-dessous du seuil de pauvreté. Les Indiens pauvres le sont vraiment, à fond. Ils ne possèdent que leur corps. Ce ne sont ni des smicards, ni des bénéficiaires du RMI ou des Assedic, qui peuvent tout de même acheter chaque jour de la viande, des légumes et des fruits, se payer un loyer avec l'eau courante, l'électricité, un frigo et une télé à domicile.

Cela ne signifie pas que les pauvres indiens vivent sans bonheur. Je l'espère. Dans cette aventure, je rencontrerai de nouveaux amis, je découvrirai des plaisirs inconnus. C'est sûr. Je veux m'en convaincre, oublier les bidonvilles et les tas d'ordures. Je dois apprivoiser ma trouille. Cette métamorphose enrichira ma connaissance des autres et de moi-même. J'en reviendrai plus fort.

Suis-je naïf de croire à une vertu transformatrice de l'aventure ?

2 juin.

Bernard Levy-Klotz est un ami dermatologue. C'est un médecin ouvert et compétent. Je peux lui demander comment foncer la couleur de ma peau ; je sais qu'il n'ébruitera pas mon projet.

Je ne l'ai pas rencontré depuis trois ans mais il n'a pas changé.

Trente-cinq à quarante ans, assez petit, les cheveux bruns et toujours un sourire au coin des lèvres. Il me serre la main et m'invite dans son cabinet. Il ne commence pas sa consultation en discutant de ma santé ou de la météo. Il dit :

« Vous partez en Chine ou vous en venez ?

– Non. Cette fois, je pars en Inde. »

Soyons concis. Je lui explique que j'ai l'intention de me métamorphoser en Indien. Mais ma peau est trop claire. Connaît-il une méthode pour la foncer ? Existe-t-il des médicaments ?

Il réfléchit et consulte ses fiches. Puis il téléphone à un collègue et lui demande quelle méthode il utiliserait pour foncer une peau. L'autre doit l'interroger sur ma maladie car il lui répond, en me lançant un sourire, que ce patient est un cas spécial, qu'il ne peut pas lui expliquer. Ils échangent des noms de substances et, en deux minutes, ils ont fait le tour du problème. Il n'existe pas beaucoup de solutions.

« Voilà, on peut vous tatouer mais le résultat serait définitif. Vous désirez sans doute quelque chose de réversible ?… Je vous prescris du methoxypsoralène. C'est une substance qui augmente la quantité de mélanine, le pigment brun qui colore la peau. Vous en prendrez un à trois comprimés par jour avant de vous exposer au soleil.

– C'est efficace ?

– Ça fait bronzer. En clinique, avec des lampes à ultraviolets, nous l'utilisons pour traiter les personnes atteintes de vitiligo. »

Le vitiligo, c'est cette maladie qui dépigmente la peau et laisse de grandes plaques blanches sur le visage et le corps. Je me doutais bien que le methoxypsoralène n'était pas destiné aux aventuriers de mon acabit.

« Si vous en prenez un ou deux comprimés et que vous vous exposez à la lumière du jour, vous bronzerez comme si vous passiez un week-end à la neige.

– C'est dangereux pour la peau ?

– C'est cancérigène. »

Rassurant ! Il précise :

« C'est cancérigène à la longue. Mais vous allez juste en prendre pendant quelques semaines, il n'y a pas de risques. Surtout, vous devez porter des lunettes noires pendant votre exposition au soleil pour protéger vos yeux…

– Combien de jours me faudra-t-il pour ressembler à un Indien ?

– Je ne sais pas. C'est la première fois que je suis confronté à une telle expérience. Vous devez faire des essais. Commencez par un comprimé, puis deux, puis trois par séance d'exposition. Vous prendrez des coups de soleil, alors je vous prescris de la pommade Biafine, et si les brûlures sont plus graves, vous vous passerez une crème à la cortisone. En plus, pour obtenir un ton chocolat comme les Indiens, il faudrait peut-être vous enduire d'une solution au nitrate d'argent. Sous l'action de la lumière, elle brunira votre peau. Telle une pellicule photo. Nous n'utilisons plus ce procédé pour traiter les taches de dépigmentation car les sels d'argent donnent une teinte trop noire et terne. Mais pour devenir indien, ça peut être utile. En n'utilisant que le methoxypsoralène, votre bronzage serait cuivré à l'européenne. Vous devriez aussi essayer un lait autobronzant en complément.

– Et ma couleur tiendra combien de jours ?

– L'épiderme se renouvelle toutes les trois semaines. Ça tiendra ce temps-là. Je pense… »

Il me demande alors quel type d'Indien je compte imiter. J'appréhendais cette question. Volontairement, je ne lui raconte pas que je me déguiserai en intouchable et en mendiant. Le claironner, ça donne l'image du journaliste superficiel qui cherche le sensationnel. Et justement, je ne veux pas devenir indien, risquer ma vie, pour réaliser un coup ou un exploit. Cette aventure, c'est une affaire entre les pauvres et moi.

Je bredouille quelque chose, il répète sa question et je lui avoue la vérité. Il répond :

« Je m'en doutais ! »

Moi aussi, je me doutais qu'il rétorquerait ça. Cette image de Tintin reporter qui court après le sensationnel facile me colle à la peau depuis mon livre *Dans la peau d'un Chinois*. Je n'ai jamais lu un seul album de Tintin, et si, dans ce livre, je parlais de la drogue, des prostituées ou des voyous, ce n'était pas pour choquer les lecteurs. Il y a des gens qui s'intéressent à la poésie de la dynastie Tang, à l'acupuncture, à la calligraphie, à la Grande Muraille, au *taijiquan**. Moi, en Chine, c'est l'amour qui me passionnait, et je fréquentais

* « Boxe » chinoise.

des voyous pour le plaisir de leur compagnie. De retour à Paris, je racontais mes expériences. C'est tout. Il est vrai que les oiseaux de même plumage volent ensemble ; ça, je l'admets, mais je ne cherche pas le sensationnel. Je veux juste connaître le monde. A vingt-sept ans, je visitais les bordels chinois, aujourd'hui à trente-deux ans, je veux devenir intouchable et mendiant. Le docteur Levy-Klotz m'écoute attentivement. J'ajoute que cette enquête ne cherche pas à être misérabiliste. J'espère ne pas trop souffrir et même savourer les plaisirs inconnus des intouchables. S'ils existent...

14 juin.

La semaine passée, j'ai testé le lait autobronzant trois jours de suite sur mon bras gauche. C'est bidon. Aucune différence de pigmentation n'apparaît entre mes deux bras.

Hier et aujourd'hui, j'ai essayé le methoxypsoralène. J'ai pris une pilule et j'ai passé la matinée sur une chaise au soleil, un bandeau sur les yeux. Ça fonctionne car j'ai bien bronzé. L'après-midi, je me suis également enduit à deux reprises le bras gauche de solution au nitrate d'argent et je l'ai exposé une demi-heure à la lumière. Le résultat saute aux yeux. Chaque couche de nitrate d'argent brunit la peau couleur tabac, telle une fine pellicule de suie ; mais en plus roux et ça résiste à l'eau et au savon. Par contre, j'ai gaffé en me passant le nitrate d'argent sans gant. Ça me fait une main droite dégoûtante : la paume brune avec les doigts et les ongles jaune sale, comme un type qui fumerait dix paquets de Gauloises par jour et vidangerait des moteurs dans un garage. En Inde, pour ma métamorphose, je m'enduirai avec des gants et, au moment de teindre mes mains, il faudra contourner leur intérieur et mes ongles car les Indiens comme les Noirs ont les paumes et les ongles clairs.

Les Indiens ont la peau chocolat, avec des nuances allant du chocolat blanc au chocolat noir à croquer, en passant par le chocolat au lait. Il en existe de très pâles, surtout dans le Nord, et ce ne serait pas indispensable d'avoir la peau foncée pour devenir indien. Mais la plupart des Indiens sont très mats, voire bruns de peau. Avec le methoxypsoralène et le nitrate d'argent, plus une teinture noire pour mes cheveux, je me fondrai dans la masse.

Ma maîtrise de l'hindi m'y aidera aussi. J'ai terminé ma méthode début avril. Depuis, je lis des magazines populaires et un gros roman policier : *Les Mains de la mort.* Ce n'est ni du Peter Cheney ni du Conan Doyle, mais de la littérature de gare. Elle est riche en dialogues et expressions courantes, ce que je dois approfondir. Je connais toutes les structures grammaticales et environ deux mille mots de vocabulaire. A mon arrivée en Inde, dans un mois, je veux être capable de lire sans dictionnaire un journal grand public. Sur place, il ne me restera qu'à pratiquer la langue, acquérir de l'aisance, de la vitesse.

Je pense réussir.

Chaque matin, je traduis pendant quatre heures *Les Mains de la mort.* J'utilise encore un dictionnaire mais je ne bute plus sur les difficultés grammaticales ni sur le langage parlé dans les dialogues. Je suis tombé sur quelques passages étonnants.

Par exemple, page 13, un homme explique à sa maîtresse pourquoi il hait sa femme :

« *Elle me dégoûte. Son corps est couvert de poils touffus. Quand elle se les rase, ils repoussent comme des crochets et ça m'arrache la peau en me frottant contre elle.*

– C'est une femme ou un ours ? demande sa maîtresse.

– C'est un gorille ! Un gorille ! »

Page 24, discussion entre deux femmes, jeunes, belles et riches, à propos d'un gigolo :

« *Que devient Gautam ?*

– C'est ce genre de chien qui se tient toujours prêt à lécher les chiennes l'une après l'autre.

– Pourquoi agit-il ainsi ? »

Page suivante, toujours entre ces deux filles :

Târâ prit Suman dans ses bras et lui fit l'amour comme à un homme.

Cette littérature, publiée en livre de poche et destinée à une large consommation locale, révèle les Indiens en hommes de chair et de sang. Nos semblables.

Même langage, mêmes vices. Ça me rassure, en fait.

1er juillet.

Cette nuit, j'ai fait un cauchemar. Ça ne m'arrive pas souvent. C'était horrible et je me suis réveillé brusquement, trempé de sueur.

Je vivais en Inde. A Bénarès. J'étais intouchable. Je portais sur le corps un drap terreux et troué. Je dormais dans la rue et je mangeais en fouillant les tas d'ordures. C'était pénible, bien pire que ce que j'avais imaginé. J'avais chaud, j'étais sale, poisseux, et des croûtes jaunâtres d'impétigo me couvraient le visage. Je souffrais d'un ulcère à l'estomac et de la typhoïde. Personne ne me prêtait attention. Je n'avais aucun médicament et j'allais crever.

L'aube se lève. Dans la rue, les moineaux piaillent et je suis heureux d'être en vie, en France, dans un lit garni de draps frais.

Je dois partir dans dix-sept jours. Je voudrais annuler ce projet, me dégager du contrat passé avec mon éditeur.

18 juillet.

Finalement, je suis parti. Gloire, ma femme, m'accompagne. Elle me prendra en photo et en vidéo pendant ma métamorphose.

Savoir ce que l'on ne veut pas faire, ce n'est déjà pas mal. Je savais que je ne voulais pas rester en France. Cela m'a donné le courage de prendre cet avion. Vol Air France 178, destination New Delhi. Notre Boeing 747 y atterrira demain en début d'après-midi.

En ce moment, je ne me tracasse pas sur le pourquoi de mon existence ou de ce voyage. Les hôtesses offrent à boire aux passagers et je sirote un second quart de Veuve Clicquot. C'est bon. A dix mille mètres d'altitude, en plein ciel, ce n'est pas meilleur qu'à terre mais c'est gratuit. Mon voisin de droite, un Indien d'une quarantaine d'années, carbure, lui, au Coca. Sans rhum. Ce n'est pas mauvais non plus mais je préfère le Veuve Clicquot. Lui non, l'alcool est un breuvage impur pour les hindous pieux.

Nous causons en hindi. C'est la première fois que je le pratique. J'ai le trac. Je parle lentement, avec beaucoup de fautes de conjugaisons et de déclinaisons, mais mon interlocuteur me comprend. Je suis heureux.

Il s'appelle Bâsi. Il n'est ni grand ni gros, juste une petite brioche non dissimulée qui suggère une certaine réussite sociale, plus une moustache et des cheveux noirs de jais, bien huilés. C'est un *kshatriya* du Punjab, c'est-à-dire qu'il appartient à la crème de la hiérarchie hindoue des castes. Naturalisé britannique, il n'est pas revenu en Inde depuis dix-sept ans. Il porte une montre mais, toutes les vingt minutes, il me demande de vérifier l'heure à celle de ma femme – moi je n'en porte pas, ça me stresse. Puis il me prie de calculer combien de temps il lui reste avant de fouler à nouveau le sol indien. Il est très excité, je le comprends : après dix-sept ans ! Il est plutôt cordial. Je veux savoir s'il est heureux dans sa nouvelle patrie, s'il aime l'Angleterre.

« Je suis pâtissier près de Londres, dit-il, et je gagne beaucoup d'argent. C'est bien.

– L'Angleterre ?

– Oui. Je fabrique des croissants, des baguettes françaises. Ça plaît et ça rapporte. En Angleterre, on peut gagner beaucoup d'argent… »

Voilà, il s'appelle Bâsi. Un hindou de la classe traditionnelle supérieure des guerriers devenu boulanger-pâtissier à Londres. Il ne boit pas d'alcool et il gagne de l'argent. C'est mon premier contact en hindi avec l'Inde.

En Inde

19 juillet.

Delhi ! Delhi !

C'est ainsi. On débarque de l'avion, on passe la douane et on grimpe dans un autobus déglingué. Direction le centre ville, la gare ferroviaire.

Saison de la mousson. Un méchant soleil m'assomme et l'air moite qui colle à la peau semble trop respiré. Ce n'est pas une touche de couleur locale : plus de neuf millions d'individus vivent ici. Sans compter le million de vaches aux culs merdeux qui traînent leurs os au milieu des rues.

Voici Delhi ! Et c'est la capitale de l'Inde.

Après les quartiers verdoyants du gouvernement et des ambassades du nouveau Delhi, on déboule au cœur de la métropole. C'est Connaught Place, réputée dans les provinces indiennes pour être un des endroits les plus modernes du monde.

Arrivant de Paris, Connaught Place ressemble à une cité en ruine. Immeubles lézardés, trop décrépis pour révéler leur âge ; façades parées d'un fatras de vieilles affiches et d'enseignes branlantes. Les arcades commerçantes autour de la place sont désertes ce dimanche et les papiers gras, les pelures de cacahuètes, de bananes jonchent les trottoirs.

Je descends à la gare et remonte vers Pahârganj à la recherche d'un hôtel. En septembre 1990, un bus de l'aéroport m'avait également déposé ici. Mais à quatre heures du matin. C'était ma première journée en Inde et j'ignorais tout du pays. Ce fut un choc. Les rues n'étaient pas éclairées et des armées d'hommes vêtus de guenilles terreuses dormaient sur la chaussée entre les vaches. Ça sentait la bouse et je marchai dedans à plusieurs reprises. Delhi ressemblait à une ferme. En plus inquiétant, avec ces centaines de sans-logis, en loques, vivant comme des bêtes. J'enjambais les corps. Je faisais attention à ne shooter dans personne. J'avais peur. Peur de me faire encorner par une vache, de me faire détrousser par un homme. A un carrefour, des gueules noires triaient des lambeaux de sacs en plastique et des vieux cartons. Ils me sifflaient. Puis ils riaient dans une langue incompréhensible. Je serrais mon sac à dos par-devant, contre ma poitrine, et poursuivais ma route. Toutes les cinq minutes, une ombre sur un cyclo-pousse déboulait de nulle part et fonçait sur moi pour me proposer ses services. L'homme portait un T-shirt et un pantalon ou un pagne déchirés. Il faisait pitié mais je ne voulais pas me faire arnaquer et je refusais de grimper dans sa charrette. Alors il me collait pendant deux ou trois minutes, ce qui est long, puis un autre pousse surgissait.

Cet après-midi, le soleil brûle Delhi et les armées de dormeurs ne squattent pas encore la chaussée. Mais je suis bien en Inde. Des essaims de mouches me suivent et l'atmosphère pue les chiottes. Je n'exagère pas. Tout autour de la gare, des hommes pissent debout ou accroupis, là où l'envie leur vient, sans se cacher et généralement près d'un mur. Certains en profitent pour évacuer un gros caca. A la bonne franquette. L'œuvre finie, ils se reculottent et *bye bye* ! Le caca reste et enrichit le parfum de l'urine. Sous la chaleur, tout cela fermente.

Je loue une chambre à l'hôtel Anoop. Ce n'est pas un palace mais, lors de mon dernier passage à Delhi en février 1991, l'établissement offrait des chambres propres et spacieuses, vu le tarif. Celui-ci tourne toujours autour de trente francs les vingt-quatre heures pour une chambre double, sans fenêtre. Je reviendrai sur ce détail.

En février 1991, ce petit immeuble de trois étages était en chantier. Seule la moitié des chambres étaient terminées et le chant de la bétonnière se taisait à minuit pour nous réveiller avant l'aube. Parfois l'eau était coupée pour permettre de réparer la plomberie et nous accédions à nos chambres par un escalier jonché de gravats... Mais ces chambres mesuraient une quinzaine de mètres carrés avec des murs revêtus de dalles de marbre sur les deux tiers inférieurs, avec une literie neuve et une grande salle de bains à l'appareillage nickel.

Juillet 1992. Le marbre n'a pas bougé.

Les piaules de l'hôtel Anoop, en revanche, ont vieilli d'au moins vingt ans. La plupart ne possèdent que des petites fenêtres ouvrant sur les couloirs, et la lumière du jour n'y pénètre jamais. Des trous à rats donnant l'illusion d'une nuit perpétuelle au voyageur étranger, ce qui lui facilite le sommeil pour se remettre du décalage horaire. Ici, la lumière est celle des tubes fluo et il n'y a aucune aération. Les pales du gros ventilateur accroché au plafond brassent l'air renfermé et humide provenant de la salle de bains. L'eau suinte le long des murs et la peinture crème de leur tiers supérieur, comme celle du plafond, est totalement moisie, cloquée, écaillée, comme si ces chambres avaient été peintes avant l'Indépendance en 1947, puis laissées à l'abandon. Avec cette humidité, la rouille a rongé l'appareillage de la salle de bains. Dois-je encore mentionner les robinets coincés, le siphon disparu dans l'évier, l'eau qui s'écoule par la bonde directement sur les pieds, et le sommier du lit qui branle ?

22 juillet.

Je suis arrivé hier à Bénarès. C'est la plus sainte des villes hindoues. Elle compte huit cent mille habitants, deux mille temples et des milliers de pèlerins y affluent chaque jour pour se baigner dans les eaux purificatrices du Gange, y laver leurs fautes. Ils viennent aussi pour y mourir. Shiv, le dieu destructeur, le troisième de la trinité hindoue, est sa divinité tutélaire. Il confie à tous ceux qui y sont incinérés la formule magique qui délivre du cycle des réincarnations. Selon la Bhagavad-Gîtâ*, « ce qui est né doit mourir, ce qui est mort doit renaître », ainsi de suite dans des existences

* Dialogue épique sur un champ de bataille entre le prince Arjuna et son cocher Krishna, une incarnation de Dieu. Composé plusieurs siècles avant notre ère, ce poème de sept cents versets sur le but de l'existence est devenu un véritable évangile pour les hindous. Traduction du sanskrit en français par Alain Porte, Éditions Arléa, 1992.

successives. Mourir, c'est changer de peau comme on change de vêtement. Seul l'arrêt de ce mécanisme des naissances et des morts infinies libère de la douleur de vivre sur la terre. L'âme se fond alors avec celle de l'univers : la vision hindoue du paradis. Une crémation à Bénarès offre la garantie d'y accéder, quels que soient vos mérites.

Fondée il y a trois mille ans, contemporaine de Babylone, Bénarès est la plus ancienne cité du monde encore vivante. Mark Twain écrivit qu'« elle était plus vieille que l'histoire, plus vieille que les traditions, plus vieille que les légendes et semblait deux fois plus vieille que les trois réunies ». Il aurait également dit à propos du Gange à Bénarès : « Je crois qu'aucun microbe qui se respecte ne saurait vivre dans une eau pareille. » Le fleuve sacré est personnifié en déesse dans la mythologie hindoue, mais il est devenu un égout à ciel ouvert de deux mille six cents kilomètres. Il draine vers l'océan tous les déchets ménagers et industriels de son bassin surpeuplé qui représente le quart de la superficie de l'Inde. On voit flotter de tout dans le Gange : ordures, nappes de mazout, mousses détergentes, poissons crevés, cadavres de vaches…

Bénarès, Vârânasi en hindi, s'élève sur la rive ouest du fleuve. L'autre rive est maudite et déserte. En haut des *ghât*, les larges escaliers de pierre qui descendent dans le fleuve et forment ses berges, il y a ces ruelles poussiéreuses jonchées d'ordures et livrées aux vaches errantes, ces maisons aux murs épais, serrées les unes contre les autres, dont certaines trop fatiguées, lézardées, penchent dangereusement. Il y a ces odeurs de friture, de lait, de poubelles et de transpiration. Ça grouille de monde. Cette bande de cinq cents mètres de large qui borde le fleuve pourrait ressembler à l'Europe médiévale. Ensuite, il y a la ville moderne. Elle s'étend, tentaculaire, sans caractère, sans couleurs, sans tradition architecturale. C'est l'Inde d'après l'Indépendance. Immeubles de deux ou trois étages, carrés, sans ornements, identiques, le long de dizaines de kilomètres de rues défoncées où se bousculent voitures, vélos, motos, pousses, camions. Ils paraissent dater des années cinquante. Dans des films d'actualités de cette époque, j'ai vu ce genre de véhicules rouler en France. Ici, ce ne sont pas des engins de collection mais des machines neuves.

J'habite avec ma femme à Ravindrapuri Colony. Ce matin, nous y avons loué un appartement au mois. Ma métamorphose aurait été difficile dans un hôtel. J'ai besoin d'un pied-à-terre calme, intime, avec une entrée privée par où je puisse sortir discrètement une fois devenu indien.

Ravindrapuri Colony est l'avenue chic de Bénarès. Elle mesure un kilomètre de long sur vingt mètres de large. Un rail de ciment central la divise en deux chaussées empierrées, parfois asphaltées, toujours cahoteuses et sillonnées de profondes ornières remplies d'eau noire. Ce sont les Champs-Élysées de Bénarès. Il y a vingt ans, la jungle et les palmiers y foisonnaient. La caste intouchable des *pâsi* saignait en été les inflorescences de ces grands arbres pour en tirer un vin pétillant. Aujourd'hui, des centaines de villas s'y alignent, spacieuses et plus neuves. Être plus neuf que neuf, en Inde, c'est possible. Dans ce pays, une fois le gros œuvre terminé, les constructions sont considérées comme achevées. Il n'y a pas ou peu de finitions, et avec la poussière ambiante, les maisons neuves semblent usées ; elles pourraient dater du milieu du siècle. Sur Ravindrapuri, leurs façades sont également tachées mais elles sont crépies, parfois carrelées de marbre et non lézardées. Même si ça dérange la logique, elles sont plus neuves.

Je reviens à mon logement. Comment le décrire ? Il existe deux manières de voir le monde : la positive et la négative.

Selon la première, j'ai emménagé au premier étage d'une belle maison jaune de plusieurs centaines de mètres carrés. Un gigantesque arbre vert épinard aux racines aériennes ombrage son flanc droit. Une cinquantaine de singes jaunes aux fesses rouges nichent et jouent sur les branches. De mon balcon ensoleillé, la vue sur l'avenue Ravindrapuri est étendue. Je possède une grande chambre, une grande salle à manger, une grande cuisine, une entrée et un WC-douche. J'ai de l'espace, et l'appartement peint en blanc respire la lumière et la propreté. Des meurtrières percées au sommet des murs permettent de renouveler l'air.

Je peux au contraire grommeler que cette maison à l'architecture carrée et au toit plat ressemble à une petite HLM. En moins solide. Le premier étage fut ajouté l'an dernier sur le rez-de-chaussée et les pans intérieurs des murs se fissurent déjà. Mon balcon est grillagé pour empêcher les singes d'y chier et de nous chaparder notre linge. Je m'y crois en cage. La vue plonge sur un terrain vague jonché d'ordures, puis sur la chaussée pierreuse et défoncée de Ravindrapuri. Chaque matin, des habitués posent culotte sur ses bas-côtés. Foutu balcon ! A l'intérieur, je dispose de deux pièces-cuisine-douche-WC dans une cinquantaine de mètres carrés. Les murs peinturlurés d'une pellicule inégale de blanc donnent aux pièces un aspect brut et, par les ouvertures d'aération, la mousson pleut dans la maison. Après, il faut écoper. Il y a aussi les toiles d'araignées aux plafonds, les crottes de rats dans l'escalier, les coupures d'eau et d'électricité.

C'est chez moi. Et je paie un loyer de mille quatre cents roupies par mois. Moins de trois cents francs.

Mon propriétaire habite au même étage que moi. Mais nous possédons chacun un escalier pour accéder chez soi, ce qui m'arrangera bien pour sortir incognito. Il vit dans un cinq-pièces avec son père, sa mère, sa femme, son fils et sa fille. Il a la trentaine, il zozote et possède un négoce en gros de médicaments traditionnels. Il s'appelle S. N. Mauryâ et, comme ce nom l'indique, il appartient à la caste hindoue des Mauryâ. Selon lui, elle s'inscrit dans l'ordre des *kshatriya*. Ordre supérieur des guerriers, je le rappelle, situé juste en dessous des brahmanes.

A côté de notre maison, la belle villa ocre de style californien, à la toiture en tuiles rouges, appartient à un riche pharmacien brahmane. En fait, la majorité des habitants de Ravindrapuri sont de castes supérieures deux fois nées. La société indienne est divisée horizontalement – en classes économiques – et verticalement – en castes religieuses – mais les deux continuent de se recouper, même en ville.

Et les intouchables ?

Il y en a sur Ravindrapuri. Une verrue sur la face de ces Champs-Élysées. Inde, terre de contrastes. A deux cents mètres de chez nous, sur le bord gauche de l'avenue, se serrent une centaine de masures couvertes de toiles plastiques maintenues en place par des pierres. Le long de la route, devant cet îlot clos sur deux côtés par un mur d'enceinte, brûlent des petits tas d'ordures et ça sent mauvais. Des balayeurs habitent ici. L'endroit s'appelle le

« quartier des balayeurs ». Ils possèdent des troupeaux de cochons roses qui sillonnent l'avenue à la recherche des ordures que les habitants jettent sur le côté de leur porte. Ils bouffent aussi les crottes qui jonchent les bas-côtés. Regardez un porc se goinfrer ! Écoutez le bruit de la mastication ! Tout semble délicieux dans sa bouche. Ces cochons-là sont osseux, ils se roulent dans les ornières boueuses et se bagarrent avec les meutes de chiens errants. Le porc est un animal impur et, en Inde, parmi les hindous, il n'y a que les intouchables pour consommer leur chair.

26 juillet.

A quoi ressemble un intouchable ?

Les balayeurs de Ravindrapuri ne sont pas plus basanés que les Indiens ordinaires ; mais je ne remarque pas d'individus pâles chez eux. Ils s'habillent comme tous les hindous pauvres des villes. En plus sales. Ils marchent en tongs ou pieds nus. Les hommes portent en haut un T-shirt ou une chemise et en bas un lungi – drap en coton fixé autour de la ceinture telle une jupe masculine – ou parfois un pantalon. Tous leurs habits sont déchirés et maculés de graisse. Leurs femmes s'enveloppent dans un sari en coton élimé et gris de crasse. Le sari, vêtement traditionnel féminin hindou, est une bande de tissu de cinq mètres de long qui couvre le corps des chevilles à la tête. Il s'enroule sur un jupon puis remonte vers la tête par-dessus un corsage court et très ajusté qui moule la poitrine et laisse la taille dénudée. Les balayeuses portent leur sari sans élégance, en le faisant grimper sur la tête directement par le dos au lieu de lui faire accomplir, comme la plupart des citadines, un tour sur le buste, avec de jolis plis. Les enfants des balayeurs se baladent nus dans la rue, voire vêtus d'un slip ou d'une serviette terreuse. Ils ont le visage sale, de la morve qui coule des narines, des crottes dans les yeux, les cheveux hirsutes. Ça me gêne de l'écrire mais je les trouve repoussants.

Des lits de corde sont alignés devant les masures des balayeurs. Des vieillards décharnés à la peau noire comme celle d'un buffle y ronflent, des femmes s'y querellent ou papotent, se peignent et caressent leurs enfants. Plus exactement, elles les épucent. Chaque jour, je les vois chercher des poux dans la tête de leur fille, de leur sœur, de leur mère. Cela semble être une des grandes occupations des femmes du quartier. Et elles font ça en public. La tête du pouilleux sur les genoux ou contre la poitrine de la personne qui cherche. Ensuite, les rôles changent. Je t'épuce, tu m'épuces. Cultiver les poux ne doit pas être honteux pour elles. C'est naturel, cela fait partie des choses de la vie comme se curer les ongles.

J'aimerais visiter ce quartier des balayeurs. Étudier leurs coutumes pour préparer ma métamorphose en intouchable. Ils sont réputés être de grands buveurs. Je voudrais boire leur alcool et goûter la cochonnaille qu'ils préparent avec leurs troupeaux de porcs. Mais comment lier amitié ? J'ai peur. Ils sont si sales, si nombreux et affichent des têtes de brutes. Ce bidonville doit héberger des criminels. Tout doit y être à vendre à condition de savoir où aller et à qui le demander. Mon propriétaire et les voisins m'ont mis en garde quand je les ai questionnés sur la vie dans le quartier des balayeurs. Je ne dois pas y entrer. Cela signifie-t-il que c'est dangereux, qu'il n'y a rien à y voir ou que ma place n'est pas parmi les intouchables ? Ils n'ont pas précisé et ils ont changé de conversation comme si les balayeurs ne les intéressaient pas. Pour l'instant, je me contente de déambuler autour du quartier.

C'est dimanche après-midi. Une dizaine de jeunes hommes bavardent en bordure de Ravindrapuri, devant l'une des cabanes qui servent de porcherie. L'un d'eux, grand et musclé, a de l'allure. Il a enfilé un pantalon noir et une chemise jaune citron, amples et à la mode. Il porte des mocassins cirés, ses cheveux sont huilés et coiffés, il est rasé de près. Il réussit à être chic en logeant dans ce bidonville où la boue tapisse le sol des taudis, où il n'y a pas l'eau courante à domicile, ni d'autre mobilier que des lits de corde, où les hommes et les porcs vivent ensemble parmi les ordures que les éboueurs entassent devant chez eux avant de les trier. Son élégance réjouit. Considéré par la société comme un intouchable, rejeté dans cet îlot, il désire encore être beau. Sa coquetterie est un hymne au bonheur de vivre. Il est formidable. Si je le croisais dans le centre ville, rien ne le distinguerait d'un brahmane chic.

J'ai bien regardé les balayeuses. Elles se querellent sans arrêt, elles fument et chiquent le tabac et le bétel. Ce qui brunit leurs dents. Elles ont du chien et quelques-unes sont même attirantes. Je m'explique. Ce n'est pas leur curriculum vitæ mais leur anatomie qui m'intéresse. Faute de mieux, après une semaine d'Inde, je les trouve belles. Sous leur couche de crasse, elles ont les traits fins, aryens ; elles sont grandes et sveltes, sans doute à force de manier le balai dans les rues et les entreprises de Bénarès. Leur taille élancée contraste avec les rondeurs des femmes de castes supérieures qui sont plus riches, mieux nourries et qui, pour plus de quatre-vingts pour cent d'entre elles, n'exercent aucune activité professionnelle.

Voilà mon premier dimanche à Bénarès. Ah, j'oubliais : ce matin mon frigo a brûlé. Tout seul, pendant la nuit. Le compresseur a trop chauffé et, à l'aube, des flammes couraient le long du fil d'alimentation.

Je l'avais acheté vendredi, il aura tenu deux jours. Cela ne me surprend pas. Les Indiens sont incapables de fabriquer un objet parfait. Ainsi, les bassines en plastique qui fuient dès l'achat, le tissu neuf toujours effiloché, les cadenas qui se bloquent après une semaine d'usage, les semelles des chaussures qui se décollent au bout d'un jour de marche, le trépied photographique bancal, le Pepsi-Cola mal capsulé et sans gaz, les biscuits mal empaquetés et humides, les prises électriques mâles qui ne rentrent qu'en forçant dans les prises murales, les stylos qui n'écrivent pas, le réveil qui ne sonne pas, etc. J'ai acheté tout ça.

Les Indiens connaissent la médiocrité de leurs produits mais elle leur semble normale comme s'ils estimaient les besoins humains à un niveau plus bas que les Occidentaux. Je ne peux pas juger.

Demain, je porterai mon frigo à réparer et j'espère que la garantie fonctionnera. Elle est gratuite et valable sept ans. En plus, j'ai lu une clause étonnante dans le contrat de vente. Je cite : « Cette garantie ne s'appliquera pas aux défauts dus au feu, aux inondations et autres actes de Dieu. » Ce sont les dégâts de Dieu. En Inde, Dieu est une entité concrète et juridique.

27 juillet.

Chaque matin, je pratique l'hindi dans la rue et, aujourd'hui, je commence à prendre des cours de conversation intensive l'après-midi et le soir. J'ai engagé deux Indiens. Sanjay, le frère cadet de ma propriétaire, viendra chez moi de quatorze à dix-sept heures ; et Râm Singh, un professeur d'économie agricole à l'Université hindoue de Bénarès, passera de dix-huit à vingt heures. Je leur ai raconté que j'étais venu en Inde pour améliorer mon hindi. Je ne parle à personne de mon projet.

Sanjay a vingt-cinq ans environ. Je dis environ parce qu'il ne connaît pas l'année exacte de sa naissance. Ses parents ne s'en souviennent pas et, selon lui, c'est assez fréquent en Inde. Il est noir de peau, maigre, avec une fine moustache, un nez épaté et des cheveux ondulés. Il est encore célibataire et dirige l'école de sténodactylos qu'il a fondée. Il semble dynamique.

Première leçon. Je l'interroge sur le système des castes. Je paie nos conversations et je peux choisir leurs sujets. En trois mois, je dois assimiler ces connaissances fondamentales sur l'Inde que l'intouchable ordinaire ne peut ignorer. Je dois ainsi comprendre le fonctionnement des castes dans la vie quotidienne. Je lui demande s'il peut boire du thé offert par un intouchable. Cette question le gêne.

Il m'explique que je ne dois pas dire « intouchable », mais « enfant de Dieu » ou « caste répertoriée ». Sinon, l'intouchable peut se sentir insulté. OK. Je lui raconte que je veux juste étudier les coutumes hindoues. Son attitude personnelle ne m'intéresse que parce qu'elle est caractéristique de celle d'un membre des castes supérieures. Je compte sur sa franchise. Il hésite puis répond :

« Je suis un Mauryâ, je ne peux accepter aucune nourriture préparée par un enfant de Dieu.

– Pourquoi ?... (Il garde le silence comme surpris par ma question.) Parce qu'elle est impure ? Parce qu'il l'a touchée et souillée ? »

Il acquiesce à l'indienne en dodelinant de la tête de gauche à droite. Je lui demande le nom des « castes répertoriées » à Bénarès.

Ce sont les *chamâr* (cordonniers) – de loin les plus nombreux –, les *dom* (croque-morts et balayeurs), les *mehtar* (autre caste de balayeurs), les *musahar* (cueilleurs primitifs de feuilles), les *pâsi* (tireurs de vin de palme), les *dhobi* (blanchisseurs) et les *sonkar* (marchands de légumes). Selon Sanjay, les *dom* seraient les intouchables les plus impurs, suivis des *chamâr* et des *dhobi*.

Pourquoi les *sonkar* appartiennent-ils aux castes répertoriées ? Vendre des légumes n'est pas glorieux, certes. Mais dans ce pays où le végétarisme est le régime pur et civilisé par excellence, cela ne peut constituer une profession intouchable.

« C'est vrai, répond Sanjay. Mais les *sonkar* adorent la viande de porc. Cet animal se nourrit d'ordures et d'excréments. Seules les castes répertoriées en consomment. Vous, vous en mangez ? »

Connaît-il les coutumes occidentales ? Je ne veux pas qu'il me méprise, je mens :

« Bien sûr que non ! »

Je lui demande comment reconnaître un intouchable dans la rue. Il sourit :

« Ce n'est pas écrit sur son front : "Cordonnier" ou "Blanchisseur". »

Je savoure sa remarque. Lui aussi. Il poursuit :

« Dans ton quartier, tu connais tout le monde, tu sais qui est brahmane, barbier, laitier, balayeur… Mais si tu sors en ville, tu ne peux pas deviner la caste d'un inconnu à son visage ou ses habits.

– Pourtant, les enfants de Dieu sont plus foncés et mal vêtus. Et plus pauvres.

– Oui, mais pas toujours. Il y a des brahmanes noirs et j'ai un riche ami cordonnier. Il possède un magasin de location de cassettes vidéo, une voiture et un grand immeuble près du pont d'Assi. Dans mon école, j'ai aussi une étudiante qui est balayeuse. Elle a le teint plus pâle que toi. Elle est très belle et bien habillée. »

En Inde, plus votre peau est claire, plus elle est appréciée. Je lui demande :

« Elle te plaît ?

– Pourquoi pas ?

– Tu as essayé de la draguer ?

– Bien sûr que non. C'est pas une Mauryâ.

– Et, chez ton ami cordonnier, tu boirais un thé ? »

Il réfléchit.

« Non, si je peux l'éviter… Une fois, nous étions plusieurs amis réunis, il a offert du thé à tout le monde, et j'ai dû tremper mes lèvres dans le verre. Il faut bien évoluer.

– Ça t'a gêné ?

– Oui. Mais ce genre de situation se produit peu. Les enfants de

Dieu savent que nous n'aimons pas consommer ce qu'ils ont touché, et ils ne nous y invitent pas. Ça leur évite d'essuyer un refus humiliant. Ils ne sont pas idiots. »

Le nom de la caste constitue, en général, le patronyme d'un individu. Sanjay m'explique que les intouchables, eux, utilisent souvent des noms neutres. Ainsi Kumâr, Prasâd (la nourriture offerte aux dieux), Bachan, Murat, Râm (le dieu) ou Singh (le lion). Ce dernier nom est également le patronyme des sikhs et de la haute et célèbre caste *kshatriya* des Rajpoutes. Le lion symbolise la force, le pouvoir, et beaucoup d'hindous changent leur patronyme pour Singh. Cela ne pose aucun problème légal car en Inde les papiers d'identité n'existent pas. On s'appelle comme on veut.

Si c'est vrai, ce sera pratique pour ma métamorphose. Je n'aurai pas besoin de papiers contrefaits comme lorsque je vivais dans la peau d'un Chinois et je ne risquerai pas de me faire prendre par les flics pour usage de faux. Pour prouver que je suis indien, ma parole suffira.

Râm Singh, mon second prof, me le confirme. En Inde, les gens ne possèdent pas de carte d'identité. Pour voyager, s'enregistrer à l'hôtel, ils déclinent leur identité sans fournir de preuve. Pour retirer de l'argent à la banque, ils présentent leur livret d'épargne et signent. Pour voter, les scrutateurs du bureau de vote connaissent tous les habitants du quartier et personne ne peut, selon lui, se faire passer pour autrui.

Râm Singh est arrivé à dix-huit heures. Il a quarante-cinq ans environ, un gros nez rond, des lèvres charnues, les cheveux noirs bien huilés mais pas de moustache, ce qui est rare chez les Indiens. Dans ses oreilles poussent des touffes de longs poils, c'est laid. Il est grand, baraqué et d'un beau noir d'ébène qui fait ressortir le blanc de ses yeux globuleux. Il parle avec une voix rauque, en avalant les syllabes mais sur un ton calme, comme un type qui a roulé sa bosse et sait de quoi il cause. C'est la première impression qu'il me donne et elle se révélera fausse au fil des mois. Ainsi, un jour, il m'affirmera que les vers de terre sont aussi ceux qui parasitent l'intestin des enfants. Il en est certain. C'est un défaut très indien de se prendre pour un monsieur-je-sais-tout et Râm Singh m'en raconte souvent des vertes et des pas mûres. Rappelons qu'il est professeur d'agriculture à l'Université hindoue de Bénarès, l'une des plus prestigieuses du pays. Il prétend n'avoir jamais rencontré un élève aussi intelligent que lui-même. Je me demande si son autosatisfaction lui procure plus de plaisir que celui d'une femme qui se caresse la poitrine avec sa main.

Avec son salaire d'universitaire, Râm Singh appartient à la classe moyenne. Ni riche ni pauvre.

Il est rajpoute. Il en est fier. Cette caste de l'ordre supérieur des *kshatriya* est réputée pour ses aptitudes guerrières et la force physique de ses membres qui portent le nom de Singh (le lion). Sa femme est népalaise et rajpoute. Bien sûr. Je rappelle que l'endogamie constitue un des piliers du système des castes.

Ils mangent tous les deux de la viande : du mouton, du poulet, du poisson, parfois du gibier. Râm Singh l'avoue sans gêne.

Selon l'idéologie hindoue, manger de la viande équivaut à manger du cadavre. C'est dégoûtant. Une coutume des basses castes *shudra* et des intouchables. Mais, je le sais, les *kshatriya*, les castes des guerriers et des rois, se sont octroyé le privilège de consommer ce délice impur sans perdre leur statut au sommet de la hiérarchie hindoue.

Je repense à mon propriétaire. Un Mauryâ et un *kshatriya*. Il mange de la viande seulement hors de la maison et sa femme est végétarienne. Râm Singh sourit :

« Les Mauryâ ne sont pas des *kshatriya*.

– Ils disent le contraire et même qu'ils descendent de la famille impériale Maurya.

– Le nom de la dynastie s'écrit sans « â » à la fin ; ça n'a rien à voir avec les Mauryâ, qui sont une caste de fermiers. Ce sont des *shudra* ou des *vaishya*. Mais ils essaient de faire admettre leur caste dans un ordre supérieur. C'est pour ça qu'ils sont souvent végétariens, pour imiter les brahmanes, acquérir du prestige. »

La hiérarchie des castes aux échelons intermédiaires semble confuse. Je veux soumettre Râm Singh à la question du thé préparé par un intouchable. Il répond sans hésiter qu'il n'en boirait pas.

« Et vous pouvez toucher un enfant de Dieu ?

– Non ! Qui a envie de toucher quelque chose de sale ? »

1er août.

La nuit dernière, j'ai rêvé de ma rencontre avec ma femme. J'ai revu les premiers jours que nous avons passés ensemble en 1986. C'était merveilleux. Merveilleux, ça veut dire mieux que tout ce qui existe. A l'époque, je ne me serais jamais douté que, six ans plus tard, elle m'accompagnerait à Bénarès pour m'aider à devenir intouchable. Elle est formidable. Intelligente et courageuse. Sans elle, je n'aurais pas réussi ma métamorphose en Chinois. Elle ne m'a jamais quitté et elle est aussi mon meilleur ami.

Je l'aime plus que tout. Ce matin, je le réalise. Je pense à ce qui m'attend dans trois mois. J'ai peur. Peur de mourir. Peur de passer des années en prison, loin d'elle, si les flics me découvrent. J'ai peur de ne plus exister près d'elle et, pour satisfaire mes ambitions, je regrette de risquer les quelques décennies de bonheur qu'il nous reste à vivre ensemble. Je me rappelle la ritournelle entre Georges et Lennie dans *Des souris et des hommes*, le roman de Steinbeck :

Dans la vie, nous, on a un futur et nous ne sommes pas seuls... « Parce que moi, j'ai toi pour t'occuper de moi, et toi, t'as moi pour m'occuper de toi... »

6 août.

Mon voisin du dessous, le docteur Agravâl, m'a recommandé d'aller voir le film *Betâ* (Le fils). Selon lui, c'est le meilleur film hindi de l'année. Un chef-d'œuvre. Il l'a vu trois fois. L'histoire et les acteurs seraient formidables.

Le docteur Agravâl appartient à la caste des Agravâl, une grande caste de commerçants, classée parmi les *vaishya*, c'est-à-dire dans les castes deux fois nées et donc respectables. La quarantaine, il possède un doctorat de physique nucléaire et il enseigne à l'Université hindoue de Bénarès. Ce n'est pas un abruti, je fais confiance à ses goûts et, ce soir, je vais voir *Betâ*.

L'Inde est le premier producteur mondial de longs métrages avec un millier de films par an réalisés en hindi et dans une vingtaine de langues régionales. J'ai déjà vu une dizaine de films hindi et ils sortent tous, plus ou moins réussis, du même moule. Un film hindi est une diarrhée d'images et de sons, articulés selon le schéma perdu-retrouvé. Les thèmes sont l'amour et l'injustice.

Perdu-retrouvé, ce sont deux frères qui se perdent de vue, vivent des existences contraires, puis finalement se retrouvent. Cela peut être aussi un individu déshonoré, volé, qui, après de multiples péripéties, retrouve son honneur, son bien. Et cetera. Ce schéma archisimple définit toujours le scénario d'un film hindi et le plus idiot des spectateurs sait ainsi d'avance comment la trame évoluera. Pendant deux heures trente, les plans vont alors s'enchaîner sans queue ni tête, sans respecter les règles cinématographiques les plus élémentaires du raccord image, de l'unité de temps et de lieu. La pellicule, elle-même, est souvent sur ou sous-exposée, et les couleurs trop bleues ou trop rouges. Ce n'est pas du cinéma expérimental, c'est de la maladresse ou de la négligence.

Séquences irréalistes de romance et de réparation d'une injustice, pimentées de scènes de bagarre, se succèdent alors avec, toutes les vingt minutes, une chanson et un ballet. Le film pourrait durer le double ou la moitié, il y aurait plus ou moins de chansons, c'est tout. D'ailleurs, les projectionnistes en Inde sucrent souvent une ou deux bobines quand la séance commence en retard. Cela ne fait aucune différence, à condition que la chanson forte du film soit projetée.

Le film *Betâ* sort de ce moule. C'est l'histoire d'un orphelin de mère dont la belle-mère perfide essaie d'accaparer la fortune familiale en rendant fou son père. L'enfant devenu adulte se marie et sa femme découvre le pot aux roses. Naïf, il refuse de la croire et la belle-mère prépare un poison pour se débarrasser de sa belle-fille. Mais c'est le fils qui l'absorbe et réalise la vérité en mourant. Finalement, la mère se repent, le fils ressuscite, retrouve une vraie mère en la personne de sa belle-mère et le père récupère sa santé mentale. La boucle est bouclée et l'intrigue mise en valeur par un découpage technique grossier que tous les attardés de cinq à quatre-vingts ans peuvent assimiler. Le film plaît au docteur Agravâl et aux millions et millions de ses compatriotes qui ont vu et fait grimper *Betâ* en tête du box-office.

Et ce jeu d'acteurs dont Agravâl disait tant de bien ? Le rôle du fils, du *Betâ*, est joué par Anil Kapur. C'est un super-héros, l'appellation des grandes vedettes en Inde. C'est un Alain Delon local, réputé beau et malin. La comparaison avec Delon s'arrête là. En réalité, Kapur joue avec emphase des rôles de braves types, naïfs, lents à la détente. S'il a les traits plus fins que la moyenne et le teint pâle, il est empâté, poilu comme un gorille sur le torse et dans le dos, avec une moustache épaisse et une coupe de cheveux de garçon coiffeur qui lui donnent l'allure du beauf idéal, un peu con, phallo et borné. Un vrai bêta, un rôle sur mesure ! Une fois de plus, Mâdhuri Dikshit, la super-héroïne, joue son épouse. Elle est belle, joue la comédie sans exagérer et s'avère l'actrice la plus populaire et la meilleure danseuse actuelle du cinéma hindi. Elle possède son propre style de danse, dynamique, rapide. Elle a environ vingt-cinq ans, un visage rond de poupée, le teint pâle, bien sûr, et une poitrine pulpeuse. Tout le monde connaît sa façon de danser en cabrant les reins et en balançant ses seins vers le ciel. Ses danses provoquent chaque fois les mêmes sifflements enthousiastes des spectateurs. Mâdhuri est unique mais elle n'arrive pas à sauver ce *Betâ* débile car il n'y a pas de chorégraphie à la mesure de son talent.

15 août.

J'ai découvert ce matin qu'il existe des magasins d'État de drogue à Bénarès. En me promenant, je suis tombé par hasard sur celui de Sonârpurâ. Son échoppe se trouve en bordure de la route avec une devanture grillagée derrière laquelle un type vend des boulettes brunes de *bhâng*, une sorte de haschisch qui se mange. Une demi-roupie pièce. Au-dessus de la boutique, deux grands panneaux indiquent « Magasin gouvernemental de *bhâng* », et en face de celui-ci, sur le trottoir, un autre type vend de la marijuana, toujours au grand jour. Trente-cinq roupies les douze grammes. Les clients défilent en continu, des bien habillés et des loqueteux ; ils achètent leur dose et s'en vont. Personne n'y prête attention.

Le soir, à une fête où le docteur Agravâl m'invite, j'apprends qu'il existe d'autres magasins d'État de drogue à Bénarès, dans le quartier de Kotvâli – le commissariat central – et sur Luxa Road.

Le *bhâng* et la marijuana sont associés à la religion hindoue, comme le vin à l'eucharistie catholique, et dans cette ville sainte, beaucoup de gens en consomment. Ce n'est pas une tare mais un peu comme de boire du vin en France, pour se sentir gai.

Cette fête est organisée par les deux beaux-frères du docteur Agravâl. Ils célèbrent les douze ans du fils du cadet. Son anniversaire coïncide avec le jour de l'Indépendance, le 15 août. Je le dis tout de suite, ces gens sont très riches et ne représentent pas l'Indien moyen. R. S. Agravâl, l'aîné, la quarantaine, grand et gros, possède un magasin de matériel électrique et un atelier de fabrication de tuyaux en plastique. Il est aussi secrétaire de la branche régionale du Lions Club. Le second beau-frère, U. S. Agravâl, plus jeune de quelques années, mais aussi balaise, et propriétaire d'un grand magasin de motos, fut député BJP (parti extrémiste hindou) à l'Assemblée législative, il y a quatre ans, et conseiller du ministre du Tourisme dans le gouvernement Chandra Shekhar, ce qui lui a permis de courir le monde. Il a perdu son siège aux dernières élections et parle avec amertume de la politique, de la corruption en Inde.

Les deux frères habitent selon la tradition avec leurs parents, leur femme et leurs enfants dans la maison familiale. Cette bâtisse qui, selon R. S. Agravâl, compte deux cents pièces, est en mauvais état. Les murs sont délavés, décrépis, tachés en bas par les crachats rouges des chiqueurs de bétel. Dans les coins de la grande cour centrale où se donne la fête traînent de vieux cartons et des bouts de bois.

Nous sommes une quarantaine d'invités groupés autour d'un gâteau à la crème, de style occidental, planté de douze bougies. Un enfant les souffle et nous avons chacun droit à une part. Nous mangeons debout, une assiette dans la main, en tournant dans la cour comme sur une scène. Les invités portent des habits propres, bien coupés, et de vraies chaussures, pas des tongs comme la majorité des gens. Ils parlent de la pluie, du beau temps, comme s'il s'agissait d'une idée révolutionnaire.

Le docteur Agravâl veut épater la galerie et parle de son voyage en Israël, l'an dernier. Il y a étudié la physique nucléaire pendant cinq mois.

« Je n'aime pas les juifs, ils sont radins », avoue-t-il très vite.

Les invités sont amusés par ses exemples. Gêné, je dis :

« Beaucoup de Français pensent comme vous et c'est du racisme.

– Non, pour les juifs, c'est la vérité. »

Je lui parle du racisme dont les Indiens, supposés sales et bruyants, souffrent en Angleterre et je le compare à son antisémitisme. Il ne me comprend pas et répète : « C'est différent, les juifs sont vraiment radins. » Je laisse tomber et quelques invités abordent un sujet culturel : « Qui a vu le film *Betâ* ? »... « C'est un chef-d'œuvre ! Fascinant ! »

Tout les fascine et R. S. Agravâl se dit « sidéré » que je parle hindi. Il s'amuse à me bombarder de questions idiotes auxquelles je réponds par l'évidence. Oui, l'État de l'Uttar Pradesh est un État. Oui, les Bengalis vivent au Bengale, etc. Chaque fois, il s'exclame que je suis génial. Fait-il de l'humour ? Me prend-il pour un imbécile ? Imaginons une soirée entière au Lions Club de Bénarès à échanger des paroles creuses sans cesser de s'émerveiller !

Après le gâteau, chacun se sert à un buffet. Au menu : purée d'épinards au fromage, curry* de courge, rondelles de concombre cru, riz pilaf aux noix de cajou, galettes de blé frites, yaourt sucré, chutneys et, en dessert, boules farineuses macérant dans un sirop de sucre. Pour boire, eau du robinet. Voilà ! Comme d'ordinaire chez moi à Bénarès mais en plus petite quantité et sans boisson valable. J'aurais dû manger avant de venir.

J'adore ces plats mais pour un repas de fête chez de riches Indiens, même végétariens, je m'attendais à une profusion de curries et de beignets de légumes accompagnés de sodas et de jus de fruits, à défaut d'alcool – boisson impure.

Le Pepsi, à sept roupies** le demi-litre, m'expliquera Sanjay, est trop cher même pour des gens comme les Agravâl. En revanche, moi qui suis pauvre et non imposable en France, je peux payer du Pepsi à mes amis et ça ne me ruine pas.

Suis-je plus riche que les Agravâl avec mes cinq mille francs de revenu mensuel ? Non. Ils possèdent un palais et une dizaine de

* Terme qui désigne les ragoûts indiens – de viande ou de légumes – assaisonnés de curcuma et d'autres épices : piment, cumin, coriandre...

** Un franc cinquante ou une heure de salaire moyen.

domestiques. Posséder des hommes, voilà la vraie richesse. Après le repas, R. S. Agravâl m'offre un aperçu du pouvoir qu'elle confère. Il vient de me demander si je trouvais ma femme belle, et je lui ai répondu oui au moment où un gamin de dix ans, noir anthracite comme un petit intouchable, passait pour ramasser les verres sales.

« Et celui-là, il est beau ? » me lance R. S. Agravâl, moqueur, sans même regarder le môme qui ne pipe mot.

Que répondre à son mépris des autres sans le vexer ?

« Pourquoi pas ? dis-je.

– Bien sûr, qu'il est beau ! », rétorque-t-il, satisfait, avec la même intonation qu'il avait utilisée avant le repas pour parler de son chow-chow.

Son chien est beau, son intouchable aussi. J'ai honte d'être l'invité des Agravâl.

5 septembre.

J'ai progressé en hindi, je comprends même le dialecte de Bénarès et je peux discuter de tous les problèmes de la vie quotidienne et de la politique. Sanjay m'a également enseigné les gros mots en usage à Bénarès. C'est utile pour devenir indien car les gens de cette ville aiment ponctuer leur langage d'obscénités.

Je saisis tout ce que les Indiens lancent en hindi aux Européens dans la rue, sachant bien que ceux-ci ne comprendront pas. Ça donne la nausée. Ce soir, cinq jeunes types, vêtus de pantalons, chemises et chaussures propres, me saluent devant le temple Tulsi Mânas. Cela ne constitue rien d'extraordinaire. A longueur de journée, les Indiens interpellent les étrangers dans la rue. Ceux-là me jettent avec un sourire : « Hello, *bosharivâle* ! ». Ils pensent que j'ignore l'hindi.

Bosharivâlâ est la pire des injures. Cela signifie : « né d'un vagin » et ça s'utilise un peu comme « enculé » en français.

Pourquoi m'insultent-ils ? Ma tête de Blanc ne leur revient pas ? Inutile de leur demander des explications, ils sont cinq, je suis seul. Les Indiens qui passent à côté ont forcément entendu ce qu'ils m'ont crié, mais personne n'a l'air choqué. Je poursuis mon chemin. En attendant de devenir indien dans cinquante jours, je dois me laisser insulter sans répondre. Je ne veux surtout pas me battre, ça risquerait de créer des problèmes avec les flics et de compromettre mon aventure.

La semaine dernière, j'ai aperçu des slogans xénophobes sur les murs de l'avenue principale de l'Université hindoue de Bénarès. Ils distillent ce refrain démagogique qui fait croire ici, comme en France à propos des immigrés, que les étrangers pillent la patrie. Ils disent en hindi : « Possédons ce qui est national ! » ou « Sociétés étrangères, quittez l'Inde ! » ou « Dans toute l'Inde, nous n'avons pas besoin de produits étrangers ! ». Rien de renversant, sauf que, dans chaque mot d'ordre, je relève une ou deux fautes d'orthographe. Souvent énormes, même selon les critères de l'Inde, pays où quarante-huit pour cent de la population est illettrée. Dans le dernier slogan, les mots « toute » et « Inde » sont mal orthographiés et cela donne quelque chose de ridicule, du style : « Dans toutte la Franse… » Ces militants qui peinturlurent les murs de l'université sont nationalistes mais ils ne savent pas écrire le nom de leur pays. Grotesque. De même, cet article du quotidien *Patrika* dans lequel un professeur d'université blâme l'Occident d'avoir introduit en Inde l'usage de la drogue. Rappelons juste que la marijuana et le *bhâng* sont des produits indigènes tirés du chanvre INDIEN.

Les Indiens se croient supérieurs, et ils ne sont pas les seuls. Les Chinois, les Français, les Japonais, les Arabes, les Allemands, etc., se considèrent tous comme les plus civilisés et rabaissent les autres peuples. La différence, pour les Indiens, c'est que leur racisme n'est pas haineux. Ils n'éprouvent que du mépris pour le barbare, le *mleccha* sanskrit devenu *mliccha*, le « dégueulasse », aujourd'hui en hindi. Le barbare, c'est l'étranger. Il ne pratique pas l'hindouisme, il est non civilisé et vit selon des coutumes encore plus impures que celles des intouchables. Il mange par exemple de la viande de vache, c'est-à-dire le cadavre d'un animal sacré. Sanjay, il y a huit jours, m'a cité deux autres raisons pour lesquelles les gens de Bénarès considèrent les étrangers comme des *mliccha*, des dégueulasses. Il était gêné de me l'avouer, mais j'ai insisté. Pour lui aussi, la différence entre la culture indienne et la culture occidentale commence aux toilettes : « Les Anglais, quand ils vont à la selle, s'essuient l'anus avec du papier, ils ne se le lavent pas à l'eau. Ils restent sales. »

Sanjay ne vise pas seulement les Anglais. En Inde, cette nationalité désigne généralement tous les étrangers. Pour un Indien, il n'existe que deux mondes : l'Inde, ou « *Hindustân* » en hindi (pays des hindous), et l'Angleterre, c'est-à-dire tout le reste. Comme si les Anglais contrôlaient notre planète et avaient inventé tout ce qui est étranger. Ainsi le whisky, le vermouth, le rhum sont des alcools anglais. Ainsi les médicaments de type occidental sont baptisés anglais, même si le fabricant est allemand ou français. Ainsi les gens s'étonnent quand je leur dis qu'en France nous ne parlons pas l'anglais mais le français.

J'approuve Sanjay sur son histoire de toilettes. J'utilise la technique indienne, je sais que l'eau nettoie mieux que le papier. Je le prie de continuer :

« Et puis, les Anglais se mouchent dans un linge qu'ils remballent ensuite au fond de leur poche jusqu'à la prochaine utilisation. Ça, c'est vraiment dégueulasse. »

Sanjay fait une grimace sincère de dégoût. Les Indiens n'utilisent pas de mouchoir. Ils se servent de leur nez comme d'une mitraillette. Ils se pincent les narines l'une après l'autre entre le pouce et l'index et expulsent leur morve par terre. Ils font ça en public, dans la rue, quand l'envie leur vient, et projettent leur mucus à un mètre cinquante sur le sol. Ensuite, les microbes se propagent dans l'atmosphère et contaminent les passants. Mais l'Indien l'ignore ou s'en fout. Il ne veut pas s'encombrer de sa morve en l'emballant dans un mouchoir. Même chose pour les ordures. Il les jette sur la chaussée ou devant la porte du voisin. Même chose pour les excréments. Quand il sort, s'il a envie d'uriner ou de déféquer, il ne se retient pas. Pourquoi conserver des matières impures à l'intérieur de soi, ce serait fou. Et hop, il pose culotte sur le bas-côté de la route.

La notion d'hygiène publique est étrangère à ce pays. Pour devenir indien, je dois me débarrasser de cette idée. Ne penser qu'à ma propreté personnelle. Il faut que j'apprenne à me moucher avec les doigts, car utiliser un mouchoir trahirait mon identité.

15 septembre.

Je deviendrai indien vers la fin octobre. D'ici là, je vais essayer de rencontrer des intouchables. Je veux connaître leurs coutumes pour ne pas faire d'impair lors de ma métamorphose. J'en profiterai pour acquérir de la vitesse en hindi. Je veux être parfaitement au point pour le jour J.

Le plus important reste à faire : je dois foncer ma peau. Ce n'est pas évident. Depuis la mi-août, tous les matins, de sept à neuf heures, je m'étends au soleil sur mon balcon et je bronze. Ensuite, je vais me balader sur les bords du Gange. Là-bas, la lumière tombe plus dru mais je dois faire attention à ne pas m'exposer après onze heures, sinon le soleil au zénith me brûlerait, je pèlerais et il faudrait tout recommencer à zéro. Pour l'instant, je n'ai pas attrapé de coup de soleil. J'ai obtenu un beau teint hâlé. Mais cela reste une peau rose de Blanc, celle qui nous fait surnommer des « singes rouges » par les Indiens.

Cette histoire de nuance rosée m'ennuie. Que faire ? Les pilules à bronzer que mon ami dermatologue m'a prescrites à Paris seront-elles efficaces ? Pour vérifier leur pouvoir, j'en ai avalé une hier et aujourd'hui. En une matinée, je suis devenu plus basané que ma femme qui est chinoise et assez foncée. Avec la teinture au nitrate d'argent, je devrais réussir à devenir chocolat.

Tout se déroule comme prévu. Sauf que, depuis quelques jours, les journaux parlent d'épidémies de choléra et d'encéphalites foudroyantes dans notre État de l'Uttar Pradesh. Il n'existe ni vaccins efficaces ni traitements ; il y a eu des morts. Les populations touchées sont celles des bidonvilles et les sans-logis. Dans la peau d'un intouchable mendiant, je risque d'être contaminé et ma femme s'inquiète pour ma santé. Je la rassure. Dans deux ou trois semaines, la saison des pluies sera finie et ces épidémies devraient se résorber. Je l'espère. C'est aussi pour cela que j'ai décidé d'attendre fin octobre pour me métamorphoser.

17 septembre.

Gandhi disait à propos des intouchables : « *Le balayeur fait pour la société ce qu'une mère fait pour son bébé. La mère lave l'enfant de sa crasse et lui assure la santé. De même, le balayeur protège la santé de toute la communauté en maintenant l'hygiène publique. Le devoir du brahmane* (du prêtre) *consiste à s'occuper de l'hygiène de l'âme, celui du balayeur de l'hygiène du corps social.* »

Sanjay m'a donné le nom d'un balayeur qu'il connaît et qui habite dans le quartier des balayeurs de Ravindrapuri. Il l'a employé plusieurs fois pour nettoyer ses latrines. Il s'appelle Râjâ Râm dit « Gappi », ce qui signifie « le Baratineur ». Il fait le ménage à l'hôtel Mânas près du temple de la déesse Durgâ. J'y suis passé en milieu d'après-midi. Il était sorti en ville pour déboucher des canalisations. J'ai laissé un message et je suis revenu vers vingt heures.

Râjâ Râm est là. Il m'attend en bas de l'hôtel. Il me confirme que c'est lui qu'on surnomme le Baratineur. Ce petit homme d'âge moyen me serre la main, ce qui est exceptionnel en Inde où l'on évite les contacts physiques pour ne pas se souiller. Râjâ Râm est un intouchable, cela explique peut-être son geste. Le teint basané, la carrure râblée, il mesure environ un mètre cinquante-cinq. Il a le visage long, les joues creuses, une grosse moustache noire, un nez rond et des yeux globuleux surmontés de sourcils épais. Ses cheveux sont coiffés en brosse et l'ensemble lui donne une tête de brave type, facile à vivre. Il porte un lungi bleu à gros carreaux et une chemise blanche brodée et propre.

Je lui explique que j'étudie la civilisation indienne. J'aimerais qu'il me parle des coutumes des balayeurs. Il accepte sans demander de précisions comme si ma requête était ordinaire. Je sors de ma poche de pantalon un sachet plastique contenant vingt centilitres de cet alcool synthétique que les Indiens pauvres consomment. Je l'ai apporté car je sais que les intouchables aiment boire. Il sourit.

« On va le boire, dis-je. Où ça ?

– Allons chez moi. »

Et nous voilà marchant vers le quartier des balayeurs de Ravindrapuri, à cinq cents mètres d'ici. La nuit en cette saison de chaleur moite est le meilleur moment de la journée, l'air devient respirable, presque frais. Il fait bon. Râjâ Râm semble heureux de notre rencontre et me raconte sa vie avec plaisir :

« Je travaille à mi-temps à l'hôtel Mânas et dans un bureau à côté. J'y fais le ménage. Ça me rapporte en tout sept cent cinquante roupies par mois (cent cinquante francs, environ un demi-salaire moyen). Je fais aussi des extras. Y a toujours des gens qui ont des toilettes à nettoyer ou des canalisations engorgées, alors ils viennent chercher Râjâ Râm. Ils me donnent ce qu'ils veulent, cent ou deux cents roupies, des fois mille roupies. Je suis un très bon artisan. De première classe. »

Cela me surprend un peu qu'il se définisse comme un artisan – terme respectable en hindi –, car Sanjay m'a toujours parlé de lui comme d'un méprisable balayeur-vidangeur. Consciencieux et honnête il est vrai, ce qui serait rare chez les balayeurs. A propos de ses tarifs, il chante à qui veut l'entendre qu'il gagne des mille et des cents. Selon Sanjay qui le paie dix roupies pour dégorger une latrine, c'est du flan, d'où son surnom de Baratineur. Je lui demande son âge. Il a trente-sept ans. Il a étudié deux ans à l'école et il sait lire en hindi les caractères imprimés. Un peu comme moi.

Nous longeons le quartier des balayeurs. Râjâ Râm me dit de marcher derrière lui, loin du mur d'enceinte car ses abords sont jonchés d'excréments. Nous nous glissons à l'intérieur du bidonville par une ouverture de trois mètres et nous plongeons dans un univers où n'existe plus aucun éclairage public. A tâtons, je suis mon ami pendant une cinquantaine de mètres sur un chemin boueux et glissant. La surface du sol, inégale, est creusée de sillons. Sur les côtés, je devine dans le noir les masures de terre avec leur toit en toiles plastiques qui luisent au clair de lune. Il y a des ombres grises de quadrupèdes qui se lèvent sur notre passage. Ça aboie ou ça grogne, ça ressemble à des chiens ou des porcs.

La masure de Râjâ Râm, la dernière au bout du chemin, est plantée en bordure de l'enceinte ouest du bidonville. De nuit, je ne vois pas bien à quoi elle ressemble. Elle n'est pas grande, une pièce unique d'environ deux mètres sur trois, sans fenêtres. Devant la porte en bois, il y a deux lits de corde tressée. Une femme et deux fillettes sont assises sur l'un d'eux dans le noir. Râjâ Râm me prie de m'installer comme lui en tailleur sur l'autre. Les pieds sont bancals, le sommier mou est inconfortable et j'éprouve une gêne à m'asseoir sur ce pucier où des balayeurs se sont couchés auparavant. Mais je ne laisse rien paraître. Mes yeux s'habituent à l'obscurité. Je peux distinguer dans mon dos un tas d'ordures empilées contre un des flancs de la bicoque, dans une sorte d'enclos muré mais non couvert.

La femme est sa « madame », comme il dit, et les deux gamines sont ses filles : Râdhâ, sept ans, et Mirâ, quatre ans. Râdhâ porte une robe bleue déchirée et Mirâ un slip et une chemine sale déboutonnée. Ils ont eu deux autres enfants : une fille morte du tétanos à l'âge de sept mois et un garçon mort de dysenterie quinze jours après la naissance.

Sa femme attend un nouvel enfant, elle devrait accoucher dans quelques semaines. Elle est grande avec un corps osseux malgré sa grossesse avancée. L'obscurité accentue le gris crasseux du sari élimé qui la drape. Son long visage ridé autour des yeux et sa bouche ornée de chicots bruns font penser qu'elle a une quarantaine d'années. J'apprendrai plus tard qu'elle n'a que vingt-neuf ans. Sa voix est rauque, masculine, avec un accent vulgaire, fatigué, comme si elle rouspétait. Râjâ Râm au contraire utilise un langage courtois et m'appelle « Sir ». Il l'a épousée en 1979. Je lui demande si elle appartient à sa caste.

« Ma madame était musulmane. Sa famille habitait le quartier musulman derrière Chowk (centre ville). Son père roulait des *biri**. Il était très pauvre et puis il est mort. Sa mère vendit leur maison et s'installa avec ses enfants ici, dans ce quartier des balayeurs. Elle tient près de la porte d'entrée l'échoppe qui vend des *biri* et des bonbons. Alors on s'est connus et on s'est mariés. »

Comment s'appelle sa femme ? Il me répond : « Lakshmi. » Lakshmi est la déesse hindoue de la richesse, elle est née de l'écume de l'océan agité par les dieux et les démons. Sa beauté était parfaite. Lakshmi n'est pas un prénom musulman. Je n'y comprends rien. Elle me raconte sans gêne et avec un sourire :

« Kesar (Safran), c'était mon nom musulman. En me mariant, je

* Sorte de cigarette roulée dans une feuille d'eucalyptus, cinq fois moins chère que les vraies cigarettes et consommée par la majorité de la population. Leur fabrication traditionnellement assurée par des musulmans rapporte peu.

suis devenue Lakshmi. C'était le nom de la première femme de Râjâ Râm.

– Une minute, Sir, je vais vous expliquer. » Il dit cela avec emphase comme s'il allait me révéler l'origine du monde. « Avant cette femme-ci, j'en ai eu une autre qui est décédée peu après notre mariage. Elle s'appelait Lakshmi et j'ai gardé son nom pour cette seconde femme. »

Je me garde bien de faire un commentaire. Je sors le sachet d'alcool de ma poche de pantalon et Râjâ Râm dit le Baratineur se lève pour chercher des verres.

Lakshmi est une musulmane qui est devenue une intouchable hindoue. Aujourd'hui, elle consomme du porc ; du temps de son père, la famille n'en mangeait pas. Elle parle froidement sans montrer de regrets. Se souvient-elle de sa vie dans le quartier musulman ? Elle répond oui sans pouvoir donner de détails. Je lui demande quel âge elle avait quand son père est mort. Elle ne se rappelle pas, elle était petite. Je retourne la question :

« Depuis combien d'années votre père est-il mort ? »

Elle réfléchit et lâche :

« Ça fait cent ans qu'il est mort. »

J'ai envie d'éclater de rire mais je me retiens. Râjâ Râm est revenu avec deux verres. Il écoute, impassible.

« Cent ans ! C'est impossible. Râjâ Râm dit que vous avez vingt-neuf ans !

– Ah bon ? En tout cas, ça fait longtemps qu'il est mort et c'était un bon père ! »

Râjâ Râm ajoute : « Elle ne sait pas compter. Elle n'a pas été à l'école. » Sur ce, il déchire avec les doigts un coin du sachet d'alcool. Il presse dessus et en envoie dans chaque verre une longue giclée. Nous trinquons et il vide son verre cul sec avec une légère grimace. Moi, je sirote. Pas pour savourer mais parce que ce breuvage incolore de vingt-cinq degrés est dégueulasse. J'ai l'impression d'avaler de l'eau avec un arôme écœurant d'alcool à brûler. Je m'offre une *biri* pour me rafraîchir le palais et j'en sors une pour Râjâ Râm et Lakshmi. Il lui interdit de prendre ma *biri*. Pourquoi ? Les femmes « normales », celles des castes « décentes », ne touchent ni à l'alcool ni au tabac en Inde, mais j'ai vu les balayeuses fumer dans la rue.

« Elle est enceinte, alors je ne la laisse ni fumer ni boire, explique Râjâ Râm. Sinon, en temps normal, elle a le droit. Comme moi. »

Il me confirme que c'est pareil pour toutes les femmes de sa caste. Elles sont plus libres que celles des castes « touchables » et jouissent d'un statut plus élevé à l'intérieur de leur communauté.

Râjâ Râm appartient à la caste des *dom*. Les *dom* sont célèbres pour remplir les fonctions de croque-morts et sont classés comme les plus impurs des intouchables, tout en bas de la hiérarchie sociale. Ils s'occupent aussi de balayer les ordures et, traditionnellement, la sous-caste de Râjâ Râm tresse des paniers, taille des éventails en bambou et fabrique des couettes en coton. Les *dom* qui habitent ce bidonville sur Ravindrapuri sont des balayeurs. Ils forment un groupe endogame distinct de celui des croque-morts qui brûlent les cadavres sur les berges du Gange.

Le quartier des balayeurs mesure une quarantaine d'ares. Selon Râjâ Râm, il abrite environ cent dix masures. Soixante-dix appartiennent aux *dom* et quarante aux *mehtar*, une autre caste intouchable de balayeurs, ce qui représente au total huit cents personnes, soit cinq mètres carrés par habitant. Le bidonville a poussé sur l'emplacement d'un étang que la municipalité a comblé il y a une quinzaine d'années. Les pauvres, *dom* et *mehtar*, sont venus y construire leurs cabanes. Ils n'ont pas acheté la terre mais aujourd'hui elle leur appartient et ils peuvent vendre l'emplacement qu'ils occupent. Un voisin de Râjâ Râm vient d'acheter mille roupies (deux cents francs) la dizaine de mètres carrés où il a édifié quatre murs avec un toit. Ce n'est pas cher mais, en Inde, le castéisme prescrit de vivre, de manger et de se marier parmi les siens. Seul un balayeur, voire quelqu'un en détresse tel que la mère de Lakshmi, peut accepter de vivre parmi les balayeurs.

J'interroge Râjâ Râm sur son régime alimentaire. Chaque dimanche, il mange du cochon et le mercredi de la chèvre. C'est la règle. Le samedi et le mardi sont des jours sans viande car dédiés à la prière pour les hindous. Consomme-t-il de la vache ? Ma question le choque.

« Oh, mon Dieu ! Ne parlez pas ainsi ! La vache est comme notre mère. C'est impossible de la manger ! »

Râjâ Râm appartient aux *dom*, la caste la plus vile, et il existe encore des tabous, des choses indignes et impures pour lui. Je lui demande si l'intouchabilité subsiste de nos jours, s'il peut pénétrer dans tous les temples ?

« Ça, c'est fini. Aujourd'hui, nous entrons dans tous les temples... Mais les autres castes nous considèrent toujours comme des intouchables. »

Je lui demande de préciser.

« Si je vais boire un thé dans une gargote et que le serveur sait que je suis un enfant de Dieu, alors il me sert dans un pot de terre jetable et non dans un verre. Car un récipient dans lequel j'ai bu n'est pas lavable, il doit être jeté. »

Autrefois, un brahmane qui buvait de l'eau dans le verre d'un intouchable devait se purifier en n'absorbant que de l'urine de vache – animal sacré – pendant plusieurs jours. Aucun changement de fond. Râjâ Râm continue :

« C'est la même chose quand j'achète un *pân**. Le vendeur qui connaît ma caste ne me le donne pas dans la main. Il l'emballe dans une feuille de papier et me le jette sur le comptoir. Pour le payer, je sais que je ne dois pas lui tendre l'argent. Je le pose devant lui et il fait de même en rendant la monnaie. Ainsi, il ne me touche pas. Le salaud !... Bien sûr, si je sors de ce quartier, personne ne connaît ma caste et alors on me sert comme tout le monde. »

Il me parle en détail des commerçants de Ravindrapuri, de leur façon de pratiquer le castéisme. Le magasin du marchand de grains est le plus visité par les balayeurs. Ils constituent la moitié de sa clientèle. Toute la journée, je vois deux ou trois balayeuses attendre devant sa boutique, debout ou assises mais toujours en retrait du comptoir. Elles n'ont pas le droit de séjourner tout contre. Le vendeur les tutoie et, s'il y a du monde, il les sert en dernier. Il ne leur tend pas leur paquet de farine, de riz ou d'épices, il les jette sur le comptoir ou par terre à l'endroit où elles sont assises. Pour remplir d'huile leur flacon vide qui est sale puisqu'elles l'ont touché, il ne l'emporte pas dans l'arrière-boutique, comme pour les

* Chique tonique et coupe-faim, composée de noix d'arec, de chaux et d'un jus brun aigre, additionnés souvent de tabac ou de graines d'anis et de cardamome, le tout enveloppé dans une feuille de bétel. Les Indiens en mâchent plusieurs par jour.

autres clients, près du bidon qui contient l'huile de moutarde en vrac. Il en tire un peu avec un verre doseur, revient au comptoir et y remplit le flacon sans le pencher ni même l'effleurer. Parfois, l'huile coule sur les bords mais il n'essuie pas le goulot. Et si la balayeuse a oublié de dévisser le bouchon du flacon, il lui ordonne de le faire elle-même.

Au moment d'encaisser, si l'intouchable n'a pas posé son argent sur le comptoir, il saisit les billets du bout des doigts dans la main de celle-ci, sans la toucher. Puis il lui rend la monnaie soit sur le comptoir soit en lâchant d'un seul coup les pièces à cinq centimètres au-dessus de la paume tendue, évitant ainsi tout contact. Au fil du récit de Râjâ Râm, ces scènes reviennent dans ma mémoire. Je les ai vues se répéter chaque jour dix fois mais je n'y avais jamais prêté attention. Le plus étonnant, c'est que le marchand de grains appartient à la caste des bergers, une basse caste située juste au-dessus des intouchables.

Râjâ Râm est un hindou pieux, ce qui n'est pas exceptionnel, et il croit à la réincarnation d'un individu dans telle ou telle caste en fonction de son *karma*, le solde de ses actions bonnes et mauvaises. Celui qui se réincarne en brahmane a eu une conduite exemplaire dans ses existences précédentes. Au contraire, celui qui a commis de graves fautes se réincarne en intouchable. Je lui demande quelles fautes il a pu perpétrer pour naître balayeur.

« Je ne sais pas. On ne peut pas se rappeler de nos vies antérieures. »

Voilà sa réponse. Il reste convaincu que la réincarnation existe. Je ne le comprends pas. Il se plaint de l'injustice du castéisme puis, cinq minutes plus tard, il considère l'inégalité des naissances comme un système de récompense et de punition, c'est-à-dire un système juste. Il se contredit, je le lui fais remarquer. A son tour, il ne me comprend pas. Je laisse tomber. Existe-t-il un temple hindou dans le quartier des balayeurs ?

« Il y en a deux. Un pour les *dom* et un pour les *mehtar*. Tous les deux dédiés au dieu Shiv. Le nôtre est juste là. »

Il pointe devant nous, à dix mètres sous un margousier, une construction blanche et carrée de la taille d'un homme. Une lampe électrique, accrochée sur cet arbre dont les Indiens utilisent les branches pour se brosser les dents, donne un peu de lumière. A l'intérieur, il y aurait comme dans chaque temple de Shiv un *ling*, un phallus de Shiv, sorte de bitte en pierre sur laquelle les dévots versent des offrandes de lait, de beurre clarifié, d'eau du Gange, de pétales de fleurs, de *bhâng*. Qui s'occupe de ce temple ? Son prêtre est-il brahmane ?

« Non, c'est un *dom*. C'est mon voisin, le type là-bas qui boit devant le temple. Il l'a construit cette année et c'est lui qui y célèbre le culte… Eh, viens voir ! », lui crie Râjâ Râm.

Le voisin apporte un lit de corde et s'y installe avec son verre d'alcool après m'avoir serré la main C'est une manie chez les *dom* de vouloir me toucher.

Il s'appelle Vijay Kumâr. Grand et musclé, la quarantaine, il travaille depuis dix-huit ans comme homme à tout faire sur la base militaire de Bénarès. Il porte le thé et les cigarettes aux officiers, fait le ménage. Je sais que les intouchables engagés dans l'Administration sont en général affectés aux tâches les plus basses. Il gagne, avec deux mille roupies par mois, un salaire supérieur à la moyenne. Il a eu neuf enfants dont sept sont vivants.

« Deux fois par jour, je célèbre le culte de Shiv. A l'aube et au coucher du soleil. C'est indispensable. »

Est-ce que ça lui pose un problème, en tant que prêtre, de boire de l'alcool ? C'est un acte impur pour un hindou.

« Ce soir, je bois du rhum. Ça ne gêne pas Dieu. Il faut écouter sa conscience, voilà ce qui compte pour Dieu ; et moi, j'aime boire. Tous les soirs. » Son argument ne me convainc pas. Changeons de sujet.

Le temple et la maison de Vijay Kumâr sont éclairés à l'électricité. Pourquoi Râjâ Râm n'a-t-il pas le courant ?

« Toutes les familles du quartier qui ont l'électricité chez elles ne la paient pas. Elles la volent. »

Vijay dodeline de la tête et approuve. Je lui demande des précisions.

« Une minute Sir, coupe Râjâ Râm en bon baratineur qui sait tout, je vais vous expliquer. Ils effectuent des branchements pirates sur les poteaux électriques dans la rue et tirent des câbles jusqu'à chez eux.

– Pourquoi ne faites-vous pas de même ?

– Moi, je ne veux pas voler, je veux être correct.

– Chacun fait à sa guise », soupire Vijay Kumâr.

Nous avons parlé pendant plus de deux heures et vidé mon sachet d'alcool et un second que Râjâ Râm a offert. Une question sur les intouchables me tracasse encore ce soir. Dans six semaines, je vais me métamorphoser en aborigène et je veux savoir si les *dom* classent les populations tribales dans le groupe des « enfants de Dieu », c'est-à-dire des intouchables. Râjâ Râm et le prêtre répondent sans hésiter :

« Les aborigènes sont comme nous des enfants de Dieu. »

23 septembre.

Depuis notre première rencontre le 17 septembre, j'ai rendu visite deux fois à Râjâ Râm. Nous sommes devenus amis.

Cet après-midi, c'est mercredi, jour avec viande. Râjâ Râm ne travaille pas et nous avons décidé avant-hier d'organiser un gueuleton. J'apporte une bouteille de whisky indien et un poulet. Lakshmi se chargera de le préparer en curry de « première classe », comme dit Râjâ Râm, avec des vraies épices moulues à la main au dernier moment. C'est ce qui est convenu. En attendant, nous boirons et nous parlerons.

J'arrive vers quatorze heures avec Gloire. J'ai déjà dépeint le bidonville de Râjâ Râm mais ma description de nuit ne me satisfait pas, je ne la trouve pas assez précise. Maintenant, de jour, je vois les détails.

Le quartier des balayeurs de Ravindrapuri est un lacis de chemins boueux qui serpentent entre une centaine de cabanes en brique, parfois juste empilées sans mortier. Au milieu des chemins, une rigole d'eau sale luit sous le soleil, puis ces égouts se rassemblent aux entrées du bidonville et forment des mares de gadoue où des cochons roses de toutes tailles se prélassent. Il fait très chaud. Peut-être quarante degrés. La couverture des cabanes constituée de poutres et de branchages, sur lesquels des toiles plastiques en patchwork sont maintenues en place avec des pierres, ne procurent aucune isolation. En cette saison, les balayeurs étouffent sous leurs toits et ils vivent jour et nuit dehors, sur les lits de corde installés à l'ombre de leur maison.

Quand nous arrivons, ils se redressent. Ils savent que je suis l'ami de Râjâ Râm et ils ne demandent plus où je vais. Mais ils continuent de rire en nous regardant patauger maladroitement dans la boue ou chasser les chiens et les porcs qui traînent sur notre passage. Leurs gosses crasseux nous poursuivent et se pendent à nos habits pour quémander une roupie ou un bonbon en nous tutoyant.

Le bidonville est une entité géographique bien délimitée. Un carré bordé par trois rues et un parc, avec un mur d'enceinte au nord et à l'ouest. Cet ensemble est lui-même divisé en deux parties distinctes : les deux tiers nord peuplés par les *dom* et le tiers sud par les *mehtar*. Chacun chez soi.

Il n'y a ni tout-à-l'égout, ni eau courante, ni waters dans les maisons. Le gouvernement a installé un robinet d'eau à chacune des trois principales entrées du quartier et les balayeurs viennent s'y laver ou y chercher l'eau avec des seaux. A la lisière du secteur des *mehtar*, il y a aussi sous un abri en ciment un rang de latrines publiques. Je n'y suis jamais entré mais elles doivent être immondes. Leurs effluves agressent les passants jusque sur Ravindrapuri. Leur périmètre est jonché d'étrons pour le plus grand régal des cochons qui y vivent en meute vingt-quatre heures sur vingt-quatre. La famille de Râjâ Râm et de nombreux balayeurs préfèrent se soulager derrière leur maison à même le sol ; c'est vite nettoyé avec tous les chiens et les porcs qui errent dans le bidonville à la recherche d'un casse-croûte. J'en ai déjà vu attendre patiemment derrière un homme qui posait culotte.

De jour, la masure de Râjâ Râm semble encore plus misérable. C'est une pièce unique de six mètres carrés avec un toit à deux pans constitué d'une bâche noire coincée par de grosses pierres. La construction ne possède aucune fenêtre. La façade est juste percée de deux minuscules meurtrières que je remarque pour la première fois.

J'entre. La pénombre baigne la pièce. Tout d'abord, en face de la porte, je distingue un garde-manger poussiéreux et, sur le sol en terre battue, des ustensiles de cuisine en alu. Leurs fonds sont noirs de suie. Derrière le meuble, dépasse le haut d'un poster jauni de Ganesh, le dieu à tête d'éléphant qui écarte les obstacles situés sur le chemin de l'existence. L'autre côté de la pièce est occupé par un lit submergé sous un tas de couettes sales et portant, en biais, un matelas en mousse, roux pisseux. Au bout du lit, des bidons de fer rouillé sont empilés. Des guenilles traînent partout et, au-dessus de ce bric-à-brac, des planches sont fixées sous la moitié de la toiture. Un fouillis de chiffons et de cartons est coincé sur cette mezzanine. Voilà. Ah, j'oublie les poutres de la charpente qui dépassent devant la maison. Des sacs plastique déchirés et du linge gris y pendouillent.

Lakshmi s'active à préparer le poulet. Son ventre ballonné indique qu'elle accouchera bientôt, mais Râjâ Râm lui répète :

« Allez, allez ! Cuisine aussi vite que tu peux ! Vite, vite ! »

Samedi soir, elle s'est fait rosser par un voisin. Elle venait de frapper le chien de celui-ci car il rôdait devant chez elle. Râjâ Râm était absent à ce moment-là et, quand il est rentré, il l'a trouvée à terre en train de geindre. Personne n'était intervenu pour la protéger.

« C'est ainsi, Frère. Chacun pour soi. Ici, y a toujours des bagarres. Et des vols. Hier, on a encore volé à ma madame un corsage qui séchait devant chez nous. »

Râjâ Râm m'appelle Frère. Une marque d'affection courante en hindi. S'il aime se vanter, s'il raconte à un jour d'intervalle deux versions différentes d'un même fait, il ne pense pas à mal et reste toujours très correct avec moi. Il interdit à ses filles de me réclamer de l'argent comme les gosses du quartier, et si j'apporte une bouteille, il paie ensuite la sienne.

Ses voisins sont différents. Ils viennent s'asseoir devant chez lui pour me taper des *biri* et s'invitent pour trinquer avec notre alcool. S'ils deviennent envahissants, après quelques minutes Râjâ Râm ou Lakshmi les envoient promener. Il y a échange de mots…

Les balayeurs se querellent sans cesse et causent en argot. En revanche, ils me vouvoient, ce qui n'est pas toujours le cas quand un individu d'une caste élevée me parle. J'aime bien les *dom*.

J'ai découvert que les marchands de *pân* de Ravindrapuri qui servent Râjâ Râm sans le toucher sont eux-mêmes des intouchables. Ils appartiennent à la caste des cordonniers. J'ai regardé comment ils travaillent. Râjâ Râm disait vrai : ils jettent la chique et la monnaie sur le comptoir si le client est un balayeur. Sinon, ils touchent, ils effleurent les clients des autres castes, y compris ceux de la leur. L'intouchabilité entre intouchables existe comme si les impuretés d'origine différente étaient distinctes, comme si le cordonnier qui traditionnellement dépouille les cadavres de vaches sacrées pouvait être pollué par l'éboueur.

Hier, j'ai discuté avec des balayeurs *mehtar* et ils m'ont dit qu'ils ne pouvaient pas boire l'eau offerte par leurs voisins balayeurs *dom*. La question : « X accepte-t-il l'eau servie par Y ? » sert de test pour mesurer la hiérarchie entre castes. La réponse indique sans ambiguïté si X considère Y comme impur. J'ai retourné la question et j'ai demandé aux *mehtar* :

« Et les *dom*, ils boivent votre eau ?

– Oui.

– Mais vous, vous ne buvez pas la leur ?

– C'est ça. Notre santé ne le supporterait pas… Ils sont très sales », a précisé un vieux avec une grimace de dégoût.

J'ai besoin d'interroger les *dom* à leur tour pour connaître leur point de vue sur la hiérarchie des castes de balayeurs. Cet après-midi, je questionne Râjâ Râm. Il dit sans hésiter :

« Nous, les *dom*, nous ne buvons pas l'eau des *mehtar*. Ils sont trop sales. »

Je lui demande alors s'il boit au moins l'eau des *dom* croque-morts. C'est non.

Quelle histoire de fous ! Les intouchables souffrent du castéisme et ils se discriminent entre eux à l'image de leurs oppresseurs.

En réalité, les castes s'excluent et interagissent dans un système complexe. Le métier de sage-femme est traditionnellement exercé par des femmes de la caste des cordonniers. De nos jours, dans les bidonvilles, les mères continuent d'accoucher à la maison car l'hôpital coûte trop cher et elles louent les services de ces sages-femmes cordonniers.

Lakshmi enfantera ainsi. Dans quelques jours. Le soleil vient de se coucher et, comme chaque soir, la sage-femme passe examiner Lakshmi. La cinquantaine, rondouillarde et vêtue d'un sari terreux aux bords effilochés, elle appartient bien à la caste des cordonniers. Elle suit Lakshmi dans la cabane pour lui palper le ventre. C'est un paradoxe. Son mari, son fils, son cousin jettent les paquets de chique à Lakshmi pour ne pas la toucher, mais elle, elle va l'accoucher de ses propres mains. Ne m'en demandez pas plus sur cette notion d'intouchabilité variable selon les circonstances. Les Indiens, à qui j'ai demandé de m'éclairer, ne fournissent aucune explication rationnelle.

Je discute avec Râjâ Râm. En Inde, un examen permet-il de connaître le sexe du bébé avant sa naissance ? Je ne précise pas quel genre d'examen. Je pense à l'échographie, mais je ne sais pas le dire en hindi.

« Oui, répond-il. La sage-femme prédit le sexe des enfants. Ma madame attend un garçon cette fois. »

La sage-femme sort de la cabane et a entendu notre conversation. Elle m'explique sans rire qu'elle sent le sexe du bébé en palpant le ventre de la mère. Je veux plus de détails, je dis :

« Comment le sentez-vous ?

– J'ai l'habitude », affirme-t-elle, sereine.

Drôle de réponse. Les Indiens sont très puritains et je ne veux pas paraître indélicat en parlant de l'anatomie féminine. Je me tais. Dans quelques jours, après l'accouchement, je saurai si oui ou non la sage-femme abuse le monde. Elle nous salue, et mon frère Râjâ Râm s'approche de moi :

« Après cet enfant, ma madame se fera stériliser.

– Et si une fille naît ?

– Alors, elle ne se fera pas opérer.

– Pourquoi ?

– A ma mort, c'est un fils qui doit allumer mon bûcher. (Il s'offre une *biri*.) Je vais vous avouer un truc que je ne raconte à personne. Si un garçon naît, j'organiserai une grande fête. Si c'est une fille, je serai déçu, je ne ferai rien.

– Je vous souhaite d'avoir un garçon.

– Merci. »

C'est vrai que Râjâ Râm est dans le pétrin avec deux filles à marier. Cela signifie deux dots à verser.

Cette coutume de la dot est commune à toutes les castes, ainsi que l'endogamie, ce qui généralise les mariages de raison dans la société hindoue. Si Râjâ Râm avait deux garçons, les dots encaissées par ceux-ci lors de leur mariage compenseraient celles à débourser pour Râdhâ et Mirâ. De plus, en Inde, les filles partent habiter avec leur époux chez les parents de celui-ci. C'est la grande famille traditionnelle. Le couple sans garçon se retrouve seul pour vieillir ; et les retraites, les aides sociales n'existent pas pour la majorité des Indiens. En Chine, c'est pareil : les filles quittent leurs parents après le mariage. Toutefois, là-bas, c'est la famille du mari qui paie une dot. Elle achète l'épouse, elle rembourse ses parents de ce qu'ils ont dépensé pour l'élever.

En Inde, une fille coûte cher. Les études sociologiques révèlent que les parents prêtent moins attention à la nourriture et à la santé des enfants du sexe féminin. Leur taux de mortalité est plus élevé, ce qui se traduit dans la population par un rapport de neuf femmes pour dix hommes.

Cet après-midi, pendant que Râjâ Râm aidait Lakshmi à allumer le brasero où cuire notre dîner, Muktâr, vingt-sept ans, un voisin *dom* qui est employé comme balayeur dans l'Université hindoue de Bénarès, m'a parlé du mariage de sa fille Sangitâ. C'est une jolie môme de douze ans avec une longue natte qui pend jusqu'aux reins. Elle n'a pas de poitrine et n'est sans doute pas pubère. Muktâr négociera son mariage dans deux ans, mais elle n'ira vivre chez son mari et ne couchera avec lui qu'à dix-huit ans, l'âge légal d'une fille pour se marier. Alors, quel intérêt de sceller par avance une union entre deux enfants ? Il est double. Premièrement, les deux pères, en ayant trouvé un conjoint à leur enfant, sont débarrassés de ce devoir paternel que doit remplir tout hindou avant de mourir. Deuxièmement, le père du garçon encaisse la dot plus tôt et, pour le père de la fille, cette somme payée aujourd'hui est moins élevée qu'elle ne le serait quatre ans plus tard avec l'inflation galopante. Le montant de la dot, qui varie en fonction de la caste et du milieu social, est toujours très élevé et oblige les familles à s'endetter. Même chez les *dom*, il faut compter dix mille roupies, plus cinq mille pour le repas de noces. Cela représente presque un an du salaire de Muktâr.

« Dans dix ans, ça coûtera peut-être cinquante mille roupies pour marier une fille chez nous. Il faut que je conclue le mariage de Sangitâ au plus vite, sinon je n'arriverai jamais à économiser assez. »

25 septembre.

Le pâté de maisonnettes situé entre le quartier des balayeurs et la villa californienne de notre voisin brahmane est peuplé en fait d'intouchables cordonniers. La plupart n'exercent plus cette profession, c'est juste leur caste et le métier de leurs aïeux. Ils sont tailleurs, employés, cyclo-pousses, commerçants... J'ai quelques amis ici.

Sitâ Râm, la trentaine, minuscule et borgne, est l'un d'eux. Mais il porte un *janeu* – le cordon sacré réservé aux castes supérieures – et affirme être un brahmane qui tire un pousse et vit dans ce quartier faute de trouver mieux. Il prétend être végétarien et ne pas boire d'alcool. Je le crois et son cas montre qu'il existe des brahmanes pauvres. J'ai un autre copain brahmane qui est misérable. Il s'appelle Jagdish et loue une échoppe en tôle rouillée sur la berge du Gange à Assi. Il vend de la chique, des cigarettes, des bonbons et des savonnettes aux dévots qui viennent se baigner dans le fleuve sacré. Il est très pieux, lit plusieurs heures par jour des textes religieux et accomplit à l'aube et au crépuscule les offrandes et les ablutions nécessaires au culte. Il ne consomme ni viande ni alcool. Si un intouchable lui achète quelque chose, il lui jette la marchandise et la monnaie pour préserver sa pureté. Quelle existence ! Je préfère celle de Râjâ Râm qui dépense au moins un quart de ses revenus dans la boisson et la viande, ripaille, rigole et profite de la vie.

Je n'oublie pas Sitâ Râm. Ce matin, je rends visite à mes amis *mehtar* et, soudain, je découvre que Sitâ Râm m'a suivi dans le quartier des balayeurs. Je suis surpris qu'un brahmane pénètre ici. Sitâ Râm, avec un seul œil ouvert, des taches de dépigmentation sur un visage boutonneux, une voix nasillarde et une taille de Tom Pouce, possède le genre de tête dont on aime rire. Je me moque chaque jour de lui en le croisant sur Ravindrapuri et il me retourne une vanne. Je veux présenter ce copain aux *mehtar*. Je lance pour plaisanter sur sa noble identité de brahmane :

« Voici Sitâ Râm. Lui aussi, c'est un balayeur. »

Il rougit et bafouille quelque chose d'incompréhensible. J'ai peut-être exagéré en le traitant d'intouchable. Je veux réparer ma faute, je dis :

« Je blaguais. Sitâ Râm est brahmane. Regardez, il porte un cordon sacré ! »

La dizaine de *mehtar* présents pouffent de rire :

« Lui, c'est pas un brahmane, c'est un cordonnier ! »

Sitâ Râm ne moufte pas ; le visage écarlate, il s'enfuit. Les *mehtar* me confirment qu'il est bien un enfant de Dieu et que son cordon sacré est bidon.

J'ai remarqué que les cordonniers, à l'opposé des balayeurs et des *sonkar* – les marchands intouchables de légumes –, ont honte d'avouer leur caste. A la question : « A quelle caste appartenez-vous ? », ils répondent soit « Je suis hindou », soit « Je suis comme un tel ». Jamais sans détour : « Je suis cordonnier. » En hindi, le nom de cette caste sonne mal car il signifie « travailleur de peaux » et désigne la caste intouchable la plus nombreuse.

Une heure plus tard, en sortant du quartier des balayeurs, Sitâ Râm me coince en aparté dans la rue :

« Pourquoi vous avez dit que j'étais balayeur ?

– C'était pour rire !... Quelle est votre vraie caste ?

– Je suis brahmane. Je porte le cordon sacré. »

Il l'extrait de sa chemise au col crasseux et aux manches déchirées. Il me le montre une fois de plus. Il semble y prendre plaisir. Il me regarde, fier.

« Les balayeurs disent que vous êtes cordonnier.

– Ce sont des balayeurs ! Ils disent n'importe quoi. »

Il ment et je n'insiste pas. Pour lui faire plaisir, je continuerai de l'appeler *Pandit*. Ça ne me gêne pas. Ce titre honorifique est destiné aux brahmanes, il signifie : « le savant, le lettré, celui qui a étudié les textes sacrés ».

Tous mes amis cordonniers qui vivent dans le quartier et les commerçants de Ravindrapuri me confirmeront que Sitâ Râm est un imposteur. Plus de doute. Il porte un cordon sacré pour tromper les gogos dans mon genre et sortir en ville. Là-bas, personne ne le connaît. Ce cordon qui pendouille sur son épaule gauche indique qu'il appartient à une haute caste. Il peut chanter qu'il est brahmane et les gens le traitent avec le respect réservé à un *Pandit*. Tant mieux pour lui.

Cet après-midi, pendant ma leçon d'hindi, Sanjay raconte qu'il connaît un cordonnier dans son voisinage qui porte également un cordon sacré. Pour être considéré comme un brahmane et aussi parce qu'il estime que tous les hindous pieux méritent ce droit. C'est pourtant un sacrilège pour les hindous orthodoxes car seules les castes brahmanes, *kshatriya* et *vaishya* peuvent être initiées ou « baptisées ».

L'immense majorité des Indiens ne dissimulent pas le nom de leur caste. Toutefois, les tricheurs ne sont pas rares et, bien sûr, ils se prétendent d'un groupe supérieur au leur. Sanjay a étudié à l'Université hindoue de Bénarès où le castéisme est fort entre les brahmanes et les Rajpoutes. Ces deux groupes, qui sont au sommet de la hiérarchie hindoue, luttent ici pour contrôler le campus. Il y a régulièrement des bagarres entre leurs étudiants et ils se lancent les uns les autres des bombes comme le 31 août et le 1er septembre 1992. Un copain de Sanjay a ainsi ajouté le patronyme Singh à son nom pour se faire passer pour un étudiant rajpoute et bénéficier de la protection du puissant groupe des Rajpoutes.

Il est difficile de démasquer un individu qui ment sur sa caste. Même sa maison, son adresse ne signifient pas, de nos jours, l'appartenance à telle ou telle caste. Dans le quartier Nariyâ où habite Sanjay, les maisons des cordonniers sont regroupées dans un pâté qui touche sans frontière visible à des habitations de Mauryâ, de brahmanes, de sikhs, de laitiers. Rien ne les distingue. J'y suis allé voir. Il y en a des grandes et des petites, pêle-mêle, dans chaque secteur. Râjendr Kumâr, le riche propriétaire de la scierie et du magasin en bord de route, est un cordonnier et sa maison est l'une des plus belles. Je l'ai rencontré. Il est vêtu d'un pantalon et d'une chemise parfaitement repassés et il ne parle pas argot. Il n'a aucun point commun avec Râjâ Râm ou Sitâ Râm, sauf son intouchabilité. Indélébile, révoltante. Une tache de goudron sur l'étoffe blanche de l'existence, écrivait le Swâmi Râmdas*.

* Saint hindou, « esclave » du dieu Râm. Il sillonna l'Inde dans les années 1920 « au gré du vent divin », disait-il. Son *Carnet de pèlerinage* est publié aux Éditions Albin Michel.

En fait, cette histoire de tricheurs m'arrange.

Je vais devenir indien et me prétendre intouchable. Comme les Indiens trichent toujours sur leur caste vers le haut, personne n'aura l'idée de croire que je mens. Pour quelle raison un individu d'une caste supérieure revendiquerait-il le statut d'intouchable ? Sauf, peut-être, pour briguer un emploi ou une députation réservée à un intouchable. Ce ne sera pas mon cas…

Tout cela n'est vrai que dans les villes, et je devrai m'y cantonner. Sanjay, Râm Singh, Râjâ Râm me l'ont affirmé. A la campagne, impossible de tricher. Tout le monde se connaît et les villages sont encore géographiquement divisés par castes, selon la tradition, pour éviter les mélanges et les pollutions. Les laitiers avec les laitiers, les cordonniers avec les cordonniers, les brahmanes avec les brahmanes, etc. Il n'y aurait pas de place pour un nouveau venu. En ville, au contraire, avec le brassage des populations dû à l'exode rural, je pourrai me fondre dans la masse.

11 octobre.

Chakradharpur, une ville dans le sud du Bihâr, dans la direction de Calcutta.

J'y suis arrivé hier après dix-huit heures de train. Les Mundâ, la tribu à laquelle je vais appartenir, vivent ici, dans les forêts du haut plateau du Chhotâ Nâgpur, plus connu sous le nom historique de Jhârkhand. Ses aborigènes – toutes tribus confondues y compris les Mundâ -- réclament sa sécession avec l'État du Bihâr.

Je suis venu voir à quoi ressemble un Mundâ, où il habite, comment il s'habille, quelle langue il parle… Même si mon but n'est pas de ressembler en tous points à un Mundâ, pour réussir ma métamorphose je dois m'inventer un passé et pouvoir le raconter, mettre des images plausibles sur la région, la maison, la famille d'où je prétendrai être issu. Peut-être croiserai-je aussi des gens qui seront passés dans le Jhârkhand et, pour ne pas me trahir, je veux m'y promener et être capable ensuite d'évoquer un minimum de couleur locale.

Chakradharpur. Un millier de maisons basses en brique et en bois s'alignent sur un axe perpendiculaire à la voie ferrée. Un décor de western avec sa grande rue et ses débits de boissons. Les aborigènes jouent le rôle des Peaux-Rouges, et les colons aryens, civilisés et grands adorateurs de vaches, celui des cow-boys.

C'est une ville champignon construite au cœur de la jungle tropicale. La pharmacie à l'entrée de la grande rue fut son premier magasin. On y vend toutes sortes de médicaments : des antibiotiques, des pommades, des antidiarrhéiques, mais aussi du whisky, du rhum et des bières fraîches. Une affaire de famille. Un courageux Bengali, l'arrière-grand-père du propriétaire actuel, l'édifia en 1886. Une épaisse forêt peuplée d'aborigènes l'encerclait alors. Sa façade à arcades et son mobilier intérieur, son comptoir en bois surmonté d'une petite balustrade datent de cette époque.

Au-delà de ce monument historique, sur le côté droit du passage à niveau où la circulation bouchonne, un grand panneau publicitaire saute aux yeux. Le visage de la belle Mâdhuri Dikshit, peint dans un halo de lumière diffuse, vante les mérites du savon Lux, celui des stars, même dans le Jhârkhand.

A Chakradharpur, les habitants sont en majorité aryens, et les aborigènes qui y vivent leur ressemblent. Les vrais Mundâ habitent les montagnes et la jungle alentour. La plupart ne connaîtraient ni l'hindi ni l'anglais. J'engage donc un cyclo-pousse de la tribu des Ho qui connaît l'hindi et la langue mundâ. Il me servira d'interprète et me conduit à huit kilomètres, à Vulugutu Bêkâ.

Ce village est peuplé de Mundâ hindous qui cultivent le riz et élèvent du bétail. Un étang marque l'entrée du village au pied d'une montagne couverte d'arbres gigantesques. Un chemin boueux serpente entre des maisons de terre entourées de cours propres sans ordures, ce qui n'est pas ordinaire en Inde. Les habitations sont séparées les unes des autres par des bosquets de bambous, des manguiers, des banians, des *pipal* – arbre sacré hindou. Leur ombre fournit une fraîcheur délicieuse.

Les Mundâ sont des australoïdes, des cousins éloignés des aborigènes australiens. Selon le célèbre sociologue indien Govind Sadashiv Ghurye, ils seraient venus de la péninsule malaise à l'âge néolithique. Leur langue incompréhensible pour un Indo-Européen appartient à la famille des langues *môn-khmer*. En fait, les Mundâ que je rencontre à Vulugutu Bêkâ présentent à mes yeux de profane les traits fins du visage aryen. Peut-être possèdent-ils plus souvent un teint basané, des cheveux frisés, un gros nez, des lèvres charnues. Mais d'une manière moins prononcée que chez les négroïdes. Et puis ça tombe bien car j'ai moi-même des cheveux frisés et un nez si gros qu'il ressemble à un groin. Conclusion : il serait impossible de reconnaître un Mundâ dans une foule d'Indiens aryens et ma tête pourrait très bien être celle d'un Mundâ.

Les hommes s'habillent comme les Aryens pauvres : lungi en bas et T-shirt ou chemise en haut. Les femmes portent aussi comme la population générale des saris, sauf que ceux-ci ne mesurent souvent que deux ou trois mètres de long au lieu de cinq. Elles s'enroulent le drap autour de la taille, le remontent sur leur buste sans tourner autour, puis, s'il reste du tissu, elles le font retomber dans le dos. Beaucoup ne portent pas de corsage et leur sari trop court, mal jeté, ne dissimule pas leur poitrine. Hélas pour les yeux, les sans-corsage que je croise, après quelques maternités, ont des seins flétris, comme vidés de leur pulpe. J'ai bien vu une jeune aborigène torse nu en plein Chakradharpur. Elle avait des seins fermes et lisses, mais c'était une clocharde. Elle avait les cheveux agglutinés par la crasse et ses bras et son visage étaient couverts de croûtes noires.

Nous entrons dans les cours et discutons avec les habitants. Ils portent souvent comme patronyme le nom de Mundâ précédé d'un prénom indigène ou hindou. Les Mundâ correspondent à une caste endogame tout comme les Mauryâ, les Agravâl, les Sonkar, etc. Ils répondent à la question : « De quelle caste êtes-vous ? » par le nom de leur tribu, et ils se reconnaissent dans le groupe des « enfants de Dieu ». Ils sont carnivores et grands buveurs. Comme tous les aborigènes sur ce plateau.

A Bénarès, ville sainte, l'alcool est un breuvage impur et cher, et les dévots se droguent au cannabis. Dans le Jhârkhand, au contraire, l'alcool est bon marché et ce n'est pas une infamie de boire. Un peu comme en France.

Sur la route de Chakradharpur, chaque kilomètre compte sa buvette, toujours très fréquentée. Mon cyclo-pousse les a toutes visitées. Une fois, il se désaltérait avec une sorte de bière de riz et, dans la guitoune suivante, il se requinquait avec de l'eau de vie. Puis nous repartions, ainsi jusqu'à Vulugutu Bêkâ. Il encaisse bien. Et sans complexe. Je le trouve sympathique et je me sens proche de ces aborigènes.

Les Mundâ mangent de la chèvre, du porc, du buffle, du poisson. Hindous, ils évitent de consommer de la vache. Ils vénèrent Shiv, Râm, Krishna, Durgâ, etc. Je rencontre même deux hommes d'une quarantaine d'années qui portent le cordon sacré. Je demande chaque fois : « Vous êtes brahmane ? »

Le premier ne comprend pas ce que je dis et le second répond : « Non, je suis mundâ… Ce cordon montre que je suis très croyant. » Cela confirme mes lectures sur les aborigènes du Jhârkhand. Leur hindouisme porte encore les traces de leurs religions primitives qui l'ont influencé à l'origine. Je n'approfondis pas. Les Mundâ pratiquent sans doute un hindouisme différent sur certains détails, mais cela n'a aucune importance pour ma métamorphose. A Bénarès, les gens ignorent à quoi ressemble un vrai Mundâ.

Pour renforcer ma crédibilité, il me sera tout de même utile de connaître quelques mots de mundâ et j'apprends à dire : « Merci », « Bonjour »…

12 octobre.

Nouveau rêve morbide cette nuit. Je résume :

« Je rends visite à ma grand-mère dans un hôpital. Elle tremble sur son lit, elle ne peut plus parler. Soudain, elle porte ses mains sur ses yeux pour indiquer qu'elle n'y voit plus. Son corps se cambre puis s'aplatit. C'est fini, elle est morte. »

Ce choc me réveille. Fin du cauchemar. Ma grand-mère est décédée il y a dix mois et je l'aimais comme une mère.

Cette nuit, je loge à l'hôtel Diamant de Chakradharpur, le meilleur à vingt-cinq kilomètres à la ronde. Les murs de ma chambre sont moisis ; l'eau courante et les WC sont dehors, au bout de la terrasse. Confort minimum, prix minimum : dix francs par jour, y compris les essaims de moustiques qui me mangent tout cru du crépuscule à l'aube. Je suis allongé sur un lit défoncé à côté de Gloire. Elle somnole et son souffle chaud caresse ma joue.

Ma grand-mère est froide au fond de sa tombe. Moi aussi, je serai froid un jour. Peut-être Gloire me verra-t-elle rendre mon dernier soupir sur un lit. Et puis nous serons séparés. C'est sûr, cela arrivera. Un immense désespoir m'envahit. J'ai peur. Peur de disparaître.

Ce n'est pas la fin de la vie en elle-même qui m'angoisse, mais la certitude absolue de quitter ma femme dans un avenir plus ou moins lointain. Ce projet de métamorphose en intouchable pourrait rapprocher cette date. Cette aventure m'excite, bien sûr, mais vaut-elle la peine de risquer ma vie, d'être éloigné de Gloire ? Quelques larmes mouillent mes yeux et je me blottis contre elle. Je veux profiter au maximum de sa présence avant de devenir indien.

J'ai trente-deux ans et je n'ai jamais eu de salaire régulier. Sans revenus fixes, j'ai réalisé toutes sortes de reportages galères pour subsister. Je suis un déchet du journalisme, un aventurier, j'ai parcouru tous les continents, j'ai ri et j'ai aimé sous toutes les longitudes. Voilà ma vie. Je suis heureux. Je ne regrette rien. Que cela soit clair.

16 octobre.

Je suis rentré à Bénarès mercredi 14 et j'ai repris hier mes séances de bronzage. J'ai dix jours pour brunir. Le matin, je me réveille avant l'aube et j'avale deux comprimés de methoxypsoralène. Deux heures après, je m'enduis le corps d'huile de noix de coco, puis je m'expose au soleil sur le balcon pendant trois ou quatre heures. En slip, avec un bandeau noir sur les yeux. Malgré cela, après chaque séance, ils me picotent quand même jusqu'au soir. Saloperie de methoxypsoralène ! Il doit attaquer mes iris. Cette membrane oculaire est riche en pigments et sensible aux ultraviolets. J'espère que ce n'est pas grave.

Après deux jours de methoxypsoralène, je ne peux prédire ce que sera mon teint final. Enfin je bronze, j'obtiens un hâle caramel, un peu trop orangé mais je compte sur le nitrate d'argent pour le tanner au dernier moment.

Je suis surtout ennuyé par mes poils de bras et de jambes qui blondissent sous le soleil. Les Indiens, foncés ou pâles, sont toujours couverts de poils noirs. Je ne peux garder ce duvet doré sur mon corps. Je dois le raser ou le noircir comme mes cheveux. Me teindre tout le corps ? Avec une teinture capillaire ? Est-ce possible ?

Je décide de faire un test et j'enduis chacun de mes avant-bras avec une teinture noire de marque différente. Le duvet blond est particulièrement dense sur cette partie de mon corps. Je laisse agir vingt minutes et je rince. Le résultat me coupe le souffle.

Mes poils sont devenus noirs, mon épiderme aussi. Je me relave au savon mais la teinture ne part pas. Ça me fait une bande noire de cinq centimètres sur dix au-dessus de chaque poignet. Je les touche et c'est bien ma chair. Ma chair noire. Elle me procure les mêmes sensations au toucher que ma peau blanche voisine. Je suis en partie noir. Je n'en crois pas mes yeux. C'est fantastique. Qui suis-je ? Un homme bicolore ? Et cette teinture est-elle réversible ? Un fou rire me saisit et calme mon angoisse.

Avec ces plaques sur mes avant-bras, je ne peux sortir dans la rue. Je dois les effacer. Je me savonne avec une brosse et de l'eau chaude. Ça ne part pas. Hélas ! Je décide de me frotter avec un torchon imbibé d'eau de Javel et je dois me mettre à vif pour réussir à les effacer. Mon duvet, lui, reste noir.

Ces teintures capillaires indiennes teintent la peau en même temps que les cheveux. Heureusement, pour noircir mes cheveux, j'ai eu la bonne idée d'emporter une boîte de teinture française dont je connais la qualité. Ces produits indiens, eux, me coloreraient le crâne en laissant des traces sur le pourtour du cuir chevelu. En revanche, je peux peut-être les utiliser pour me foncer la peau. Je vais recommencer les tests sur une partie de mon corps que mes habits cachent. Ainsi, je n'aurai pas besoin d'effacer les plaques de teinture pour sortir en public sans attirer l'attention. Je verrai combien de temps ces colorations tiennent. Puis, le jour de ma métamorphose, je badigeonnerai mon corps bronzé avec la marque la plus tenace et je repasserai dessus une couche de nitrate d'argent. Ça me rendra chocolat noir, ce sera parfait.

Ne perdons pas de temps. Je teins cette fois le haut de mes cuisses. Je badigeonne chacune avec une des teintures, je laisse agir, je rince, et voilà deux rectangles de peau noire en haut de mes cuisses. Il ne reste qu'à étudier combien de jours cela tient.

J'ai vu dans les magasins deux ou trois autres sortes de teinture capillaire. En noir et en marron. Je vais les acheter ce soir et, demain, je les essaierai sur mes cuisses. Je veux trouver celle qui dure le plus longtemps et donne à la peau le teint le plus foncé et le plus naturel à la fois.

Il y a tout de même deux choses qui me chiffonnent. Tout d'abord, ces produits sont destinés aux cheveux et la coloration qu'on obtient est peut-être permanente. Pour redevenir blanc, je ne pourrai me frotter en entier à l'eau de Javel. Ce serait dangereux, surtout sur le visage. Il faudra que j'utilise un décolorant approprié. Est-ce qu'il existe ? Je me demande également si ces produits ne sont pas nocifs pour la peau. Si je m'en enduis tout le corps, vont-ils boucher mes pores ? Que se passera-t-il alors ? Et puis, peuvent-ils me provoquer une allergie, de l'eczéma, un cancer ? Autant de questions sans réponses. Je ne peux demander conseil à un dermatologue local, lui expliquer mon projet ; il risquerait de raconter à la police que je veux usurper l'identité d'un Indien. Il n'y a que Gloire à mes côtés et elle s'y connaît aussi peu que moi en médecine.

Je suis seul. Les deux parcelles que j'ai colorées commencent à me gratter. Celle de la marque Hélène Curtis plus que celle de chez Godrej qui est sans eau oxygénée. Je suis inquiet, mais que faire ?

Hier, je me suis procuré les habits et les accessoires nécessaires à ma métamorphose. Je me suis limité aux choses qu'un mendiant moyen possède. Pour que mon expérience ait une valeur, je dois vivre comme lui, dans les mêmes conditions. Sans penser à mon confort, j'ai choisi pour chaque article le modèle le moins cher et le plus commun.

Je dormirai dans la rue. J'ai acheté un drap en coton écru pour m'allonger dessus et une couverture en laine rêche. Depuis le début du mois, les nuits sont fraîches et les dormeurs à la belle étoile se glissent sous des couvertures en fibres brutes. J'ai donc droit à une couverture et même à un petit oreiller en chiffons. J'ai également acheté une écuelle en alu pour quêter et une musette en grosse toile marron pour y ranger mes affaires comme les autres mendiants.

Comme habits, je porterai mes vieilles tongs, un lungi bleu et brun à gros carreaux, une chemise en synthétique à rayures marron sous un maillot de corps blanc et un foulard rouge. Un costume ordinaire de pauvre hindou.

Les lungi à petits carreaux sont en général portés par les musulmans. Ceux à gros carreaux, unis ou à motifs sont préférés par les hindous. Cela peut surprendre, mais il existe aussi de nombreuses façons d'enrouler autour du bassin ce vulgaire drap de deux mètres de long. Elles indiquent la caste, le métier, la classe sociale. J'ai décidé de nouer mon lungi comme les laitiers, c'est-à-dire en croisant devant moi ses deux extrémités supérieures sans faire de plis. Je les ramène ensuite sur mes hanches et je les coince sous le bord du drap. C'est simple, ça tient bien, et l'on peut s'accroupir pour traire une vache ou courir sans se prendre les jambes dans le drap. Les gens qui bougent beaucoup, les manuels, les pauvres adoptent souvent ce port du lungi. D'autres méthodes froncent le tissu avant de le fixer. C'est plus sophistiqué et cela entrave le libre mouvement des jambes telle une jupe trop serrée.

Mon foulard est également à carreaux. Des petits carreaux. Mais peu importe pour cet habit. Ce qui compte, c'est de posséder un foulard, le plus souvent en étamine bon marché, comme le mien qui mesure un mètre cinquante de long. Pour se protéger du soleil, de la poussière, du froid, les pauvres se couvrent jour et nuit la tête avec une telle pelure, comme s'ils craignaient en permanence de tomber malades. Ils s'en coiffent sans technique particulière. Ils la posent sur le crâne et les deux bouts retombent sur les épaules. Parfois, ils rabattent l'un des bouts sur le cou puis dans le dos. Parfois, ils entassent ou ils enroulent la pelure sur le sommet du crâne tel un cordage. Ils s'en servent aussi pour essuyer leur sueur.

Pour la chemise, les carreaux et les rayures n'ont également aucune signification. J'ai acheté la mienne d'occasion aux puces de Nâi Sarak. Elle est parfaite. Au goût indien. Semblable à celles que je vois par milliers chaque jour dans la rue : en tissu synthétique désagréable et glissant au toucher, couleur caca d'oie bariolée de rayures, coupe droite, carrée, sans forme. En supplément gratuit, elle est maculée par-devant de taches brunes. Ça ne me gêne pas. Au contraire, elle est encore trop propre pour appartenir à un mendiant.

Les vêtements des Indiens sont, à l'image de leur pays, terreux, crottés, graisseux, poisseux, élimés, déchirés. Je ne parle pas de ceux des mendiants qui sont encore plus sales, plus usés, plus troués. En tout cas, mon costume de pauvre, trop neuf, jurerait dans le décor local.

Depuis hier, je patine donc le lungi, la chemise, le maillot de corps et le foulard. Ce n'est pas si facile pour obtenir un encrassement uniforme, naturel. Je dois éviter de faire de grosses taches qui feraient ressembler mes habits à des palettes de peintre. Je commence par cuire leurs couleurs et leurs fibres en les immergeant plusieurs heures dans un bain à l'eau de Javel. Puis, je frotte avec mes habits humides le sol terreux de mon balcon et mes escaliers jonchés de crottes de rats. Je les rince. Ça ne va pas. Ils semblent encore trop propres, je dois recommencer. Je les fais sécher au soleil pour fixer la crasse déjà retenue dans les fibres, puis je les mouille et je les frotte à nouveau par terre. Ainsi de suite. Je répète ces opérations à trois reprises. La dernière fois, j'ai l'idée de verser un peu d'huile sur le sol avant de frotter. C'est parfait, les fibres retiennent mieux la crasse.

Le résultat me satisfait. Mes habits ressemblent à ceux que portent les balayeurs intouchables. Ils sont jaunis et maculés de taches marron comme celles de cambouis et des sauces au curry. Mon costume est prêt, il me reste à patiner ma musette, mon drap de sol et ma couverture.

J'ai oublié de parler de ma moustache, signe de virilité en Inde. Comme l'immense majorité des Indiens, je dois être moustachu, et, depuis une semaine, je ne me rase plus sous le nez. Ça pousse et voilà bien le seul élément de cette métamorphose qui ne m'inquiète pas. Je suis sûr de le réussir.

Pourquoi ? A maintes reprises, pour réaliser des reportages, j'ai été moustachu. Pour devenir chinois, mais aussi pour jouer le rôle d'un musulman en France et au Maroc pendant le ramadan 1991. Également pour me vieillir et prétendre être un milliardaire français à Canton en septembre 1991.

17 octobre.

Lakshmi, la femme de Râjâ Râm le Baratineur, a accouché le 5 octobre. Aujourd'hui, elle va présenter le bébé à la famille et aux amis. Un événement.

Selon la religion hindoue, l'accouchement, comme les règles, salit une femme et la rend temporairement impure. Dans le cas de l'accouchement, cette impureté dure douze jours. Pendant cette période, la femme est intouchable pour sa propre communauté et elle vit à l'écart. Elle n'a pas le droit de cuisiner ni de toucher la nourriture servie à autrui, elle doit dormir seule. Cette coutume n'est pas spéciale à la famille de Râjâ Râm, elle est suivie par tous les hindous, de toutes castes, à l'exception de quelques intellectuels occidentalisés. Les hindous sont profondément convaincus du bien-fondé de cette intouchabilité. Ainsi, Sanjay, mon jeune professeur qui a étudié à l'université, m'expliquait :

« Une femme qui a ses règles, ou vient d'accoucher, est sale. La preuve : si elle touche un bocal de légumes saumurés, elle les fait tourner, il apparaîtra dessus de la moisissure. »

Aujourd'hui, quoi qu'il en soit, Lakshmi n'est plus impure. Pour la première fois depuis l'accouchement, elle sort de sa maison. Elle montre son bébé – elle l'allaite et il ne la quitte pas. En cette occasion, Râjâ Râm offre un grand banquet pour la famille, les amis et les voisins. Je suis invité. Je suis content que Râjâ Râm ait pensé à moi et puis je vais voir à quoi ressemble une fête entre intouchables.

J'arrive vers dix-sept heures chez Râjâ Râm. Lakshmi est assise sur le seuil de leur cabane et elle présente le bébé à la trentaine d'invités déjà accroupis dans la cour. Chacun lui donne un petit cadeau, un habit ou une dizaine de roupies. Moi, je suis un étranger. Je me dis que je dois offrir un peu plus et je glisse dans la main du bébé un billet de cinquante roupies plus une pièce d'une roupie. En Inde, les chiffres qui ne sont pas ronds portent bonheur. Lakshmi et Râjâ Râm me sourient.

Il est temps de dévoiler le sexe de leur bébé. Vous vous rappelez que Râjâ Râm désirait un garçon et que la sage-femme lui en avait garanti un.

Eh bien, elle s'est trompée.

Une fille est née. Elle s'appelle Madhu, ce qui signifie « miel » en français. Râjâ Râm me raconte qu'il a invité deux cent cinquante personnes à manger et que ça lui coûtera deux mille six cents roupies, soit deux mois de travail. Je ne lui rappelle pas qu'il m'a chuchoté il y a trois semaines qu'il ne célébrerait rien si le bébé était une fille. Ce serait déplacé.

Râjâ Râm a acheté un porc adulte et un cochon de lait pour le banquet. Son beau-frère a égorgé le porc en début d'après-midi et maintenant, devant les invités, Râjâ Râm va sacrifier le cochon de lait. Il s'agit bien d'une offrande rituelle. Râjâ Râm extrait l'animal gros comme un chat d'un sac de jute et il le plaque sur la terre battue. Il déchire avec ses dents un sachet d'alcool blanc synthétique et en asperge le groin du porcelet qui hurle à la mort et se débat avec ses petites pattes de bébé. C'est horrible. Le beau-frère immobilise la tête de l'animal, puis Râjâ Râm saisit un grand couteau et d'un geste rapide et puissant, il tranche le cou de la bête. La tête se sépare du corps qui tressaille et un filet de sang s'en écoule pour former une petite flaque rouge. Ce n'est pas fini.

J'ai déjà vu en Chine des cochons se faire égorger mais, aujourd'hui, je vais assister à l'une des scènes les plus marquantes de mon existence ; l'autre étant celle où j'avais surpris un vieux Chinois en train d'enculer un chien dans un bidonville de Hong Kong. Râjâ Râm redresse la tête du porcelet, il invoque la forêt des dieux hindous, puis il envoie une giclée d'alcool sur la section sanguinolente du cou et il crie à ce bébé porc :

« Parle ! Parle ! »

Il renvoie une giclée d'alcool sur la plaie béante et la tête du porcelet ouvre la bouche comme s'il parlait. Mais sans émettre de son. Le spectacle est saisissant. Râjâ Râm rayonne et il me lance :

« Il a parlé. C'est Dieu qui l'a fait parler ! »

En fait, c'est l'effet de l'alcool sur les nerfs sectionnés qui a fait ouvrir la gueule au porcelet. Dans ce quartier des balayeurs, je me croirais en pleine antiquité, à l'époque où les hommes imploraient Dieu avec des sacrifices d'êtres vivants. Pour Râjâ Râm, cet oracle divin signifie que Dieu protégera sa fille. Pour moi, Râjâ Râm restera à jamais l'homme qui sait faire parler les cadavres. Et ce n'est pas rien.

Chez les intouchables indiens, comme en France, rien ne se perd dans le cochon. Chaque morceau subit une préparation appropriée. La chair, les muscles, la tête et le lard sont mitonnés en curry, le foie, le cœur et l'estomac sont frits, le gros intestin est grillé et le sang est sauté en brouillade avec l'intestin grêle taillé en rondelles. Il y a aussi tout simplement le porc cru. Les gamins en raffolent. Le beau-frère débite la viande fraîche en cubes et il en donne de temps à autre aux enfants qui tournent autour de lui. Et hop ! encore un môme qui avale du lard cru. Ce gros dé blanchâtre lui gonfle les joues comme s'il avait la bouche pleine de guimauve et il le mâchouille pendant une minute. Une minute, c'est long et ça semble exquis à en juger par le sourire ravi du gosse. Râjâ Râm me tend à mon tour un cube de lard cru comme on offre des dragées à un baptême en France. Je refuse, je ne veux pas attraper le ver solitaire. Râjâ Râm rétorque :

« Sir, vous avez tort. Le cochon cru, c'est bon pour la santé. C'est plein de vitamines et c'est délicieux. »

La vingtaine de balayeurs assis à côté de nous l'approuvent. J'ai toujours pensé qu'il n'y a que les imbéciles qui refusent de goûter aux choses qu'ils ignorent. Ce soir, j'en suis un. Je devrais goûter un peu de ce lard cru, je n'en mourrais pas. En Chine, j'ai mangé du singe, du chien, du chat, du serpent, de la tortue, des vers à soie, des scarabées, etc. Mais le porc cru me fait froid dans le dos et je maintiens mon refus. Pour un type qui se dit aventurier, je suis minable.

Il est vingt heures et le repas n'est toujours pas prêt. Le beau-frère, la sœur de Râjâ Râm et deux autres adultes préparent la nourriture. Une cinquantaine d'invités sont maintenant arrivés et ils s'impatientent. Chaque famille a apporté ses sachets d'alcool synthétique et l'on boit sec. Hommes et femmes. Les cuistots, qui ont les mains sales, reçoivent à intervalles réguliers une giclée d'alcool dans la bouche. Ils l'ouvrent en grand à l'ami qui presse sur le sachet. Cette technique évite tout contact des lèvres avec le sachet qui est partagé entre plusieurs personnes. Boire au goulot serait sale. Pour un hindou, même intouchable, il s'agit toujours de préserver sa pureté.

Ce soir, je ne bois pas. Ça ne me dit rien, avec toute cette viande fraîche et ce sang devant moi. Et puis, je n'apprécie pas cet alcool synthétique. Je raconte à Râjâ Râm que j'ai mal au ventre, que je ne boirai pas.

La nourriture est prête vers vingt-deux heures. Nous sommes une centaine de convives – et non deux cent cinquante comme annoncé par Râjâ Râm – accroupis par terre devant sa masure et celles des voisins. A nos pieds, une assiette en feuilles sèches dans laquelle le beau-frère nous verse une cuillère de curry de porc et une livre de riz blanc.

Quand j'ai fini mon curry, le beau-frère revient vers moi avec une louche pleine. Je n'ai plus faim. Mais, avec Râjâ Râm, il insiste. D'accord ! D'accord ! Je décide d'accepter quelques morceaux de porc. Comme je ne veux pas qu'il me serve avec ses doigts aux ongles noirs de crasse, je pioche moi-même deux cubes de curry. Le beau-frère satisfait va reverser le reste de la louche dans la marmite. Soudain, un invité se lève et lui crie :

« Hé ! Arrête ! Que fais-tu ? T'as remis la louchée que l'Anglais a touchée dans la marmite ! T'es fou ! »

Le beau-frère récupère aussitôt quelques morceaux de porc sur le dessus de la marmite et les jette dans un seau à côté.

« T'as vu, je les ai ramassés. Y'a pas de problème. »

J'ai commis une sacrée bévue.

En Inde, on mange sans couverts et avec les doigts de la main droite. La main gauche, elle, sert à se laver l'anus aux toilettes. C'est la coutume et je la suis. Donc ma main droite étant pleine de sauce et de grains de riz, j'ai pioché sans réfléchir dans la louche avec la main gauche. Puis, le beau-frère, étourdi, a pollué toute la marmite en y reversant le reste de cette louche où j'avais trempé mes doigts impurs. Le curry est devenu immangeable.

D'autres invités lui cherchent querelle. On crie beaucoup et le prêtre Vijay Kumâr, qui était assis à l'arrière, arrive. On lui explique la situation et il s'en prend à son tour au beau-frère dans un langage qui sied peu à un religieux. Le beauf, penaud, montre le fond du seau où il a jeté les morceaux de curry que je suis supposé avoir souillés.

Râjâ Râm, gêné, dit : « Ne soyez pas ridicules ! Ça n'est pas grave ! Calmez-vous ! » Puis il murmure en aparté : « Ils ont trop bu, ils ne se contrôlent plus. »

J'ai peur et je reste muet. Je me demande si les invités ne vont pas faire jeter à Râjâ Râm la marmite de curry. Le banquet serait terminé. Par ma faute. Je regrette mon geste. En même temps, en écoutant cette querelle, je deviens amer. En fait, cette histoire n'est pas une question de main gauche et main droite. J'ai vu les cuisiniers manipuler la nourriture avec leurs deux mains et les Indiens s'aident souvent de la main gauche pour manger.

Je suis un étranger, ce qu'ils appellent un Anglais. Voilà le vrai problème. Je suis inférieur à eux, je suis sale et ils ne peuvent consommer ce que j'ai touché. Je n'arrive pas à le croire ; ces balayeurs intouchables couverts de puces me considèrent moi-même comme un intouchable. Ils me dégoûtent, la colère bout en moi. Je veux les insulter, leur crier qu'ils sont des minables et des salauds d'infliger aux autres le traitement discriminatoire qu'ils se plaignent de subir. Comment peuvent-ils me mépriser ainsi ? S'estiment-ils si purs ? C'est la première fois que je ressens l'intouchabilité et cela se produit dans ma peau de Français qui se croit plus propre que ces misérables balayeurs, les derniers des intouchables. Ils sont repoussants de crasse, illettrés et habitent dans des bidonvilles jonchés d'étrons.

Je le sais, l'impureté n'est pas seulement une notion d'hygiène, mais aussi de propreté religieuse. Je suis non hindou, donc je vis selon des coutumes impures. Un sentiment de honte me gagne. Quelle humiliation d'être désigné en public comme un homme sale ! Si cela m'arrivait après ma métamorphose en intouchable, je l'accepterais sans doute mieux. Je serais préparé à être victime du castéisme, je m'y attendrais et je pourrais me consoler en pensant que ma vraie identité est française. Ce soir, c'est impossible. Mon intouchabilité est authentique. Je voudrais m'enfuir, ne plus voir tous ces visages qui me prennent pour un sous-homme. Mais je reste par amitié pour Râjâ Râm. Il essaie de calmer les esprits. Quelques mots acides sont encore échangés, puis le prêtre se rassied et le repas reprend.

Toute la soirée, les invités se disputent. Pendant la préparation des plats et pendant le repas. Pourquoi ? Parce que la nourriture n'est pas prête assez vite, parce que certains sifflent les sachets d'alcool d'autrui, parce qu'un homme refuse de céder sa place sur un canapé défoncé à une femme malade, parce que le gosse d'un voisin chipe un cube de lard cru, etc. Chacun gueule à tour de rôle, de-ci, de-là, sans retenue. En fait, ces querelles dans le quartier des balayeurs sont normales. Chaque fois que je rends visite à Râjâ Râm, j'entends un voisin ou un autre se disputer. Ce soir, c'est non-stop et Râjâ Râm ne cesse de jouer les arbitres. Fatigué, il me dit :

« Ils boivent trop. Ça leur tourne la cervelle. »

Ne sont-ils pas excusables ? Ils oublient leur intouchabilité, leur sale métier dans la ripaille, la consommation barbare de vin et de viande. Voilà leur privilège d'hommes impurs ! Posséder le droit de sombrer dans les plaisirs terrestres.

Il existe une autre analyse de l'intouchabilité. Il y a deux mille ou trois mille ans, les coutumes hédonistes, primitives, de certaines castes auraient rejeté leurs membres au ban de la société, les acculant ensuite à exercer des métiers impurs pour survivre. C'est le problème de la poule et de l'œuf. Qui existait le premier ? Peu m'importe, l'intouchabilité reste une injustice scandaleuse. Comme le racisme. Elle est indélébile, fondée sur l'intolérance, et ses victimes ne sont pas responsables des tares qui leur sont reprochées.

24 octobre.

C'est décidé. Dans trois jours, je vais me métamorphoser.

Le bronzage au methoxypsoralène m'a juste donné un beau hâle brun clair. Je suis moins foncé que je ne l'espérais mais je pense que ça pourrait suffire pour devenir indien. Il existe des Indiens plus pâles que moi, et même des carrément blanc laiteux. Ils représentent une minorité et, parmi les intouchables, ils sont rarissimes. Voilà le problème : j'ai peur d'attirer l'attention en intouchable clair. Un proverbe hindi dit : « Ne montez jamais en bateau avec un brahmane noir ou un cordonnier blanc. » Ce qui signifie qu'il faut se méfier des gens qui sortent de l'ordinaire.

Je veux me fondre dans la masse, devenir un intouchable quelconque et je vais donc me noircir la peau avec une teinture capillaire, puis du nitrate d'argent. Tout du moins, les parties visibles de mon corps. C'est-à-dire le visage, le cou, les bras, les jambes et les pieds. Mes habits cacheront mon tronc. En homme bicolore, je ne pourrai pas me déshabiller en public mais je pense que, dans la peau d'un mendiant en ce début d'hiver, je n'en aurai pas l'occasion. Bien sûr, le risque existe d'être mis à poil malgré moi pour une raison quelconque. Risque minime, je crois. Je l'accepte. Je ne veux pas me teindre en entier, surtout les organes génitaux. C'est sans doute nocif et ce serait un travail fastidieux.

J'ai essayé cinq teintures différentes. Trois noires et deux marron. La Bigen A me colore la peau d'un beau sépia, dense et naturel, et après sept jours elle tient encore sur ma cuisse. La Godrej et la True-Tone d'Hélène Curtis ont bien résisté également, mais la première est trop bleutée et la seconde, à base d'eau oxygénée, me démange. La Bigen A, elle, ne m'a pas irrité et je décide de la choisir pour me noircir lundi ou mardi. C'est-à-dire au dernier moment afin de profiter de la durée maximum de la teinture. Elle s'efface petit à petit à partir du cinquième jour. Quand elle sera trop atténuée, peut-être au bout de dix jours, je rentrerai à la maison et je m'en repasserai une couche. De toute façon, le nitrate d'argent ne tiendra que le temps que mon épiderme se renouvelle, c'est-à-dire deux à trois semaines. Il faudra que je m'en repasse des couches régulièrement.

J'ai choisi mon nom indien. Je m'appellerai : « Râm Mundâ ». Mundâ est le patronyme le plus simple pour les membres de la tribu mundâ, et Râm est un prénom très commun qui passe inaperçu et indique clairement que je suis hindou. Râm est un dieu dont l'existence mythologique symbolise la victoire de la lumière sur les ténèbres. Il incarne le courage, l'honnêteté, la justice, et les hindous le considèrent comme une personnification de l'homme idéal. Je ne prétends pas être comme Râm, mais j'ai envie de porter son nom.

Je raconterai que ce Râm Mundâ est originaire du Jhârkhand, du village de Bandgâv, ce qui signifie « Village fermé ». C'est une agglomération mundâ où j'ai fait une halte en quittant Chakradharpur. Situé le long d'une grande route, ce lieu est inconnu et peu peuplé, mais il figure néanmoins sur les cartes de géographie. Cela lui donne une réalité prouvable et je ne risque pas de rencontrer à

Bénarès quelqu'un qui aurait vécu là-bas, ce qui pourrait se produire si je choisissais une plus grande commune telle que Chakradharpur. Les paysages de Bandgâv sont faciles à décrire. Une forêt impénétrable avec des arbres géants et des lianes entoure le village. A une dizaine de kilomètres, il y a aussi une superbe cascade d'une centaine de mètres. J'aurai ainsi de quoi vanter mon pays natal. L'agglomération elle-même est étendue sur plusieurs kilomètres carrés. Les maisons en terre et brique couvertes de tuiles rondes sont groupées par quatre ou cinq, avec des cours et des chemins propres, non jonchés de détritus. Entre ces hameaux, il y a des champs de riz et des prés où paissent vaches, chèvres et moutons. Et puis, il y a deux temples hindous : le premier à l'entrée de Bandgâv, dédié à Shiv, et le second près de la station de police, dédié à Durgâ, l'épouse de Shiv. Cette déesse, à la fois cruelle et bienfaisante, créatrice et destructrice du monde, est considérée comme la Mère divine. Elle protège aussi les aborigènes qui vivent de la chasse, et son culte exige des sacrifices sanglants. L'existence de ces deux temples me permettra de broder des histoires plausibles, comment Râm Mundâ et les siens font leurs offrandes rituelles. A propos de mon âge, je resterai dans le vague comme beaucoup de pauvres Indiens qui ignorent le calcul et leur date de naissance. J'ai trente-deux ans mais je dirai « vingt à vingt-cinq ans », car les Indiens font plus vieux que les Occidentaux.

Pour réussir ma métamorphose, j'ai bien étudié le comportement des Indiens. J'ai remarqué trois mots qu'ils ne prononcent pas : « Pardon », « Merci » et « S'il vous plaît ». Ces mots existent en hindi mais je ne les ai jamais entendus dans la bouche des Indiens, toutes castes confondues – en anglais, ils les utilisent comme des automatismes sans comprendre leur sens réel. « *Krpayâ* » (S'il vous plaît) ressemble à du martien quand je le dis à un Indien, et je dois le répéter une ou deux fois avant qu'il réalise que j'ai bien lâché un « S'il vous plaît ». Se débarrasser de ces politesses dont les Occidentaux décorent leur langage n'est pas facile. Dans la peau d'un Chinois, je n'y suis parvenu qu'au bout de plusieurs semaines. Aujourd'hui, à Bénarès, je recrée dans ma tête l'état d'esprit rustre dans lequel je vivais en Chinois et cela m'aide à me départir des courtoisies occidentales machinales. Je crois d'ailleurs que c'est plus important en Inde qu'en Chine car les Indiens ignorent davantage la politesse. Le Chinois est mal poli mais il réalise son manque de savoir-vivre. Il rougit si je lui fais remarquer qu'il aurait dû dire « pardon » avant de me bousculer ou de m'interroger dans la rue. Au contraire, l'Indien ne se vexe pas comme le Chinois, il ne comprend pas pourquoi il doit s'excuser. Il ne se demande pas s'il me dérange, ça n'a aucune importance pour lui. L'hindouisme, à l'opposé du christianisme, de l'islam ou du communisme, insiste sur les devoirs de l'individu envers lui-même ; il rend les hommes égoïstes. Et puis, en Inde, quarante-huit pour cent de la population est illettrée, c'est-à-dire assez fruste. L'Indien n'est pas mal poli, il est impoli. Devenu Râm Mundâ, une formule courtoise sonnerait faux dans ma bouche et elle pourrait trahir mes origines occidentales.

Je dois aussi manger avec la main droite et ne pas oublier de n'utiliser ma main gauche que pour aller aux toilettes. Je me suis d'ailleurs entraîné à poser culotte avec un lungi. Cette longue jupe pend sur les chevilles et ce n'est pas évident de s'accroupir pour uriner ou déféquer sans faire dessus ni toutefois la remonter pour dégager ses fesses. Baisser son slip jusqu'aux genoux et rester le cul et les cuisses à l'air, c'est une technique occidentale. Je veux signaler au passage un autre comportement sino-indien. Ces deux peuples s'accroupissent à tout bout de champ en public et de la même façon : la plante des pieds à plat sur le sol et non sur la pointe des orteils comme les Européens. Essayez, ce n'est pas évident. Mais quand on a l'habitude, on peut garder cette posture une heure sans fatiguer. Je l'ai apprise pour devenir chinois et cela me servira.

Les Indiens marchent en canard, avec les pieds en éventail et, pour dire oui, ils dodelinent la tête de gauche à droite et non de haut en bas comme en France. J'ai adopté ces deux habitudes locales et je me suis également exercé à me moucher entre mes doigts. Je pince alternativement chaque narine entre pouce et index et je projette la morve par terre grâce à une brutale expiration nasale. Ça marche, sauf qu'un peu de mucus s'accroche toujours sur le pourtour des narines. Comme mes futurs compatriotes, je le ramasse du bout des doigts, puis je les secoue dans le vide ou je les essuie contre un mur pour me débarrasser de cette substance filante et gluante. Le tour est joué. Je suis mouché et je n'encombre plus mes poches avec un mouchoir poisseux. Les Indiens ont raison, se servir de son nez comme d'une mitraillette est plus propre. Pour soi.

J'ai encore noté trois points communs entre les Chinois et les Indiens. Ils simplifient mon apprentissage du code de conduite indien : ces deux peuples paysans rotent, crachent et se curent le nez en public sans aucune gêne. Dans la peau de Râm Mundâ, je ne devrai pas m'en priver, cela me donnera une touche très couleur locale. Il faudra aussi que je me tripote les testicules en public, ce qui est spécifique à l'Inde. Les hommes indiens de toutes castes se grattent les couilles, se les repositionnent dans la culotte à longueur de journée. Dans la rue, dans un magasin, et même devant les femmes. Bien sûr, il y a la chaleur, la transpiration qui collent les organes génitaux, mais ce manque de retenue pour se mettre à l'aise en public révèle aussi le désir et le plaisir d'affirmer dans cette société phallocentrique que l'on est un mâle et que l'on en a.

Dans son livre *Nous les Indiens*, Khushwant Singh, écrivain indien contemporain, analyse pourquoi ses compatriotes se grattent les organes génitaux, crachent, urinent, défèquent et jettent leurs ordures dans la rue. Selon lui, les mauvaises manières indiennes proviennent de l'égoïsme exacerbé de ses compatriotes, de leur manque de sens civique et de considération pour autrui.

25 octobre.

Cette nuit, c'est Divâli, la fête des lumières. Elle célèbre le retour du dieu Râm en Inde après sa victoire à Ceylan (Sri Lanka) sur le démon Râvan. C'est l'une des plus importantes fêtes hindoues, une sorte de nouvel an. Pour s'y préparer, les gens lavent leurs maisons en grand et portent des habits neufs. Les commerçants ouvrent de nouveaux livres de comptes. Après le crépuscule, des milliards de lampes à huile sont allumées du Cachemire au cap Comorin sur les fenêtres et les toits des maisons hindoues pour indiquer à Râm le chemin de son royaume. Nuit de fête. Pendant vingt-quatre heures, les gamins et les adultes vont tirer pétards et feux d'artifice.

Il est vingt-deux heures. Ça pète, ça détonne sans discontinuer. Un enfer sonore. De mon balcon, je regarde les Indiens sur Ravindrapuri. Ils allument la mèche de leurs pétards, les jettent, et bang ! Ils rient et ils recommencent. Bang ! Un éclair lumineux, puis un nuage de fumée blanche qui s'élève dans la nuit. Les hindous sont heureux. Dans quarante-huit heures, je serai l'un d'eux. Je vivrai comme eux, je partagerai leurs plaisirs, j'aurai la peau noire. Cela me terrorise. J'ai peur de ne plus me reconnaître, de perdre mon visage, mon apparence physique, mais aussi mon caractère, mes goûts. Qui vais-je devenir après-demain ? Quels seront les désirs de ce nouvel homme ? Sera-t-il plus beau ou plus laid ? En Inde, depuis des millénaires, la pâleur du teint est le premier canon de beauté. En noircissant, je m'enlaidirai, je me déprécierai. Puis-je l'accepter ?

En 1985, à Kashgar, quand je me suis déguisé pour la première fois en Chinois, je m'étais juste laissé pousser la moustache et j'avais enfilé des habits chinois. Je n'étais plus Marc Boulet mais, dans un miroir, je pouvais me reconnaître. Cette fois, le corps noir que j'habiterai sera-t-il celui d'un inconnu total ? Je plongerai dans la société sous cet aspect, celui d'un étranger à moi-même. Comment vais-je réagir ?

J'ai peur. Je vais ressembler à l'un de ces hommes noirs et sales qui prennent plaisir à lancer des pétards sous mon balcon et allument des lampes pour indiquer à un prétendu dieu Râm le chemin du retour dans son royaume. C'est effrayant.

Ne croyez pas que je sois courageux. Je suis timide et peureux dans la vie ordinaire. Mais l'on ne ravale pas ce que l'on a craché, affirme un proverbe indien. C'est une question d'honneur et non de courage. Après-demain, je deviendrai intouchable. Et tant pis pour les conséquences. Je n'ai aucun autre choix valable.

Cet après-midi, j'ai donc commencé ma métamorphose. Je me suis teint les cheveux, les sourcils et la moustache en noir. Le résultat me satisfait. Tous ces poils sont de jais et brillants. Mais cela ne m'émeut pas car, il y a une douzaine d'années, je m'amusais à me teindre les cheveux en blond et en noir. J'ai vécu un an dans chaque teinte et je connais bien le visage qu'elles me donnent.

27 octobre.

Hier, je me suis enduit les bras, les jambes et le visage de teinture capillaire. Cela m'a pris la matinée et l'après-midi. Ce fut plus compliqué que je ne l'imaginais car il faut appliquer le colorant uniformément et ne pas laisser de traînées sur la peau. Pour le visage, Gloire m'a aidé. Tout seul, je n'aurais pas réussi à me badigeonner les paupières, la nuque et les oreilles. J'ai bien bruni et, ce matin, je me fonce et donne du velouté, de l'épaisseur à mon teint avec une solution au nitrate d'argent en concentration double de celle prescrite par mon ami dermatologue. Je viens de la préparer avec des sels que j'ai apportés de France car, une fois dissous dans l'eau, ce produit craint la lumière et se conserve mal.

Je ferme les volets de la salle à manger et je me passe le nitrate d'argent dans la pénombre. Ça me laisse le temps de m'enduire minutieusement, avant que la réaction photochimique ne se déclenche. Ma femme m'aide pour le visage et les doigts. C'est difficile de ne pas déborder sur les ongles. Puis, je m'expose au soleil sur le balcon et, au bout de cinq minutes, je vois mes bras et mes jambes qui commencent à foncer. C'est fascinant. Cette métamorphose s'accomplit sous mes yeux et dure une demi-heure.

Trente minutes de stupeur pendant lesquelles mes membres deviennent chocolat.

Je ne sais que dire. Je reste bouche bée et, pour préserver le suspense, je décide de ne pas me regarder dans une glace avant d'être habillé en Indien. Gloire affirme que je suis noir. J'espère qu'elle dit vrai, car il faut que ma métamorphose soit parfaite.

Comme les Indiens, je huile soigneusement mes cheveux, puis j'enfile mes habits de mendiant. Je suis prêt et je m'avance face au grand miroir mural que j'ai fixé dans la salle à manger pour contrôler ma métamorphose. Je n'ose y plonger les yeux, je tremble. Et puis, je décide de m'abandonner, de rencontrer Râm Mundâ. Je regarde.

Un Indien à la peau noir chocolat vêtu d'un lungi et d'une chemise sales avec un foulard pisseux autour du cou et des cheveux de jais hirsutes me dévisage. Il ne sourit pas, il semble triste et fatigué. Je ne le reconnais pas. Comment croire que c'est moi ?

Je touche mon visage. Je sens mes doigts le caresser mais, dans le miroir, je les vois courir sur une peau bistrée. C'est la mienne. Qui suis-je ? Cet Indien noir me regarde avec des yeux immobiles sertis de blanc éclatant. Il n'a pas l'air amical et je ne le trouve ni beau ni laid. Il est trop bizarre et je n'éprouve aucune affinité avec lui. Je suis bouleversé. Il ne subsiste rien de Marc Boulet.

Je me demande si je vais transpirer de la même façon dans ce corps indien, si je conserverai mon odorat, si mes goûts dans la bouche changeront, si j'apprécierai toujours la même musique et les mêmes films. Cet individu qui me regarde dans le miroir, ce Râm Mundâ, semble être indien depuis toujours. Il est si sombre, si sale, et des poils noirs foisonnent dans ses oreilles. C'est si laid. La teinture a révélé le duvet invisible qui couvrait mon corps. Qui était Marc Boulet ? Soudain, j'ai le sentiment d'avoir perdu mon passé. Personne ne me croira si je raconte que j'ai grandi à Paris dans la peau d'un Blanc, avec une éducation européenne. La métamorphose est trop parfaite et une grande tristesse m'envahit, comme si Marc Boulet était mort. Comme si ses actions, ses souffrances, ses amours ne vivaient plus que dans le souvenir de sa famille et de ses amis. Ils ne me reconnaîtraient pas dans la peau de Râm Mundâ.

Je n'existe plus. A trente-deux ans, je viens de renaître comme un être virtuel. Il me faudra sans doute plusieurs jours pour m'organiser une vie, une mémoire, une personnalité qui m'amèneront à la perception d'une identité réelle.

Comment vais-je plonger dans la société ? J'ai décidé de risquer une première sortie ce soir. Profitant de l'obscurité, je me glisserai hors de la maison sans que les voisins m'aperçoivent. J'irai me promener quelques heures dans le centre ville, dans des lieux où je suis allé cent fois, puis je rentrerai dormir à la maison. Avant de m'immerger pour de bon dans la peau d'un intouchable mendiant, je veux vérifier si ma nouvelle apparence est crédible et méconnaissable. J'ai peur d'attirer l'attention ou d'être reconnu par des amis ou des commerçants. Je dois absolument retourner sur les lieux que je fréquentais dans la peau de Marc Boulet.

Je suis très nerveux tout l'après-midi. J'essaie de dormir en attendant le crépuscule pour jouer mon va-tout. Je n'y arrive pas. Je dois me décontracter et je me sers un grand verre de whisky indien avec quelques cubes de glace. Je le sirote au lit en grillant cigarette sur cigarette. Impossible de m'assoupir, je ressasse mon angoisse. Mon déguisement est-il crédible ? Suis-je méconnaissable ? Comment vais-je manger, dormir dans la peau de Râm Mundâ ? Ces questions me nouent l'estomac. Je n'exagère pas. J'ai vraiment la trouille. Cette attente du crépuscule est trop pénible et j'avale un comprimé de somnifère.

Je me réveille vers dix-huit heures trente. Il fait nuit. Je ne peux plus reculer. J'ai un goût exécrable dans la bouche, peut-être celui de la frousse qui remonte de mes tripes. Je fume une dernière cigarette puis je noue mon lungi, j'enfile mon T-shirt et ma chemise de mendiant, je jette mon foulard autour du cou. Ce soir, je ne prends pas ma musette, ni mon matériel de couchage, je n'en ai pas besoin. Dans la poche de ma chemise, je glisse une trentaine de roupies en petites coupures (un demi-salaire journalier moyen) ; et au cas où il m'arriverait un gros pépin, je cache aussi mille roupies dans une poche secrète que Gloire a cousue sur mon caleçon. Par contre, je n'emporte pas mon passeport, ce serait trop compromettant si quelqu'un me fouillait. Je suis prêt. Je ne veux plus réfléchir à ma métamorphose ni en recalculer les risques, je désire sortir dans la rue au plus vite. Plonger.

Il est dix-neuf heures. Je descends l'escalier de mon appartement, puis, le visage caché sous mon foulard, je passe en courant devant le logement des Agravâl et je pousse la grille d'entrée de notre maison. Personne ne m'a vu.

Ça y est, je suis sur Ravindrapuri. Aucun lampadaire ne fonctionne. C'est au poil. Nuit et silence. L'avenue semble déserte.

Gloire m'a accompagné. Il faut nous séparer, je ne dois pas traîner ici. Si jamais un voisin arrive, s'il aperçoit ma femme avec l'Indien noir en lungi que j'incarne, il risque de venir voir de près de quoi il retourne. De même, je ne peux l'embrasser, ça attirerait l'attention. Le cœur serré, je lui fais un petit signe de la main et je pars.

Je garde mon foulard sur les cheveux pour dissimuler un peu ma tête et je ne prends pas le chemin habituel en remontant Ravindrapuri. Je ne veux pas risquer de croiser Râjâ Râm, Sitâ Râm ou d'autres amis. Je tourne à droite dans un lacis de ruelles et de masures qui longe un cimetière musulman et aboutit près du temple Tulsi Mânas sur la grande « rue du Bassin de Durgâ ».

Il n'y a aucun éclairage. Ni public ni privé. Mais on distingue les silhouettes et les visages dans l'obscurité. Et si quelqu'un me reconnaissait ? Et alors ? Je n'y peux plus rien. Je m'enfonce dans le dédale. A l'entrée, devant leurs masures, trois femmes préparent leur dîner sur un brasero en terre où brûlent des bouses séchées. Ça pue la friture rance et le piment en train de cramer. Je passe et les femmes ne me prêtent aucune attention. Plus loin, je croise un groupe d'hommes en train de se quereller. Ils ne me regardent pas non plus. Suis-je invisible ? Depuis la fin juillet, j'ai traversé plusieurs fois par semaine ce quartier et les habitants me dévisageaient toujours. Même la nuit. Sur mon passage, les têtes se tournaient et les conversations s'interrompaient quelques secondes. Ce soir, rien. Ça me rassure et l'étreinte qui me nouait l'estomac se relâche.

Je débouche sur la rue du Bassin de Durgâ. Je plonge dans un flot de lumières et un trafic incessant de cyclo-pousses, de voitures, de scooters et de vélos. Des centaines de piétons y zigzaguent. Je me laisse porter par le courant en direction du centre ville. Je remonte un peu le bas du foulard sur mon menton pour être moins reconnaissable. Les Indiens font ainsi pour se protéger du froid. Mon cœur bat à cent cinquante pulsations par minute. Au moins. J'ai les mains moites.

Les autres Indiens vont et viennent autour de moi, personne ne me regarde. Quand je traverse la rue, les véhicules foncent sur moi. C'est à moi de stopper, d'attendre. Avant-hier encore, quand je suis passé ici en Occidental vêtu d'un short et T-shirt, on ralentissait devant moi. Mon short – seuls les Occidentaux portent ce vêtement en public – servait de feu rouge.

Ce soir, pour la première fois en Inde, je suis anonyme. Je me fonds dans le décor. Rien dans mes habits, dans mon teint, ne me différencie dans la fourmilière humaine qui grouille sur cette rue. Je suis un homme sans visage.

D'habitude, les cyclo-pousses me collent au train, mais ce soir, c'est à moi de les chercher. Je veux quitter ce secteur au plus vite car Râjâ Râm et d'autres amis travaillent tout près. Un premier pousse garé devant le temple de Durgâ se vautre tel un contorsionniste sur sa brouette. Il refuse de me conduire dans le centre ville.

Dix mètres plus loin, un second pousse se tient appuyé sur le guidon. Il accepte de me conduire pour huit roupies. Le tarif normal est de cinq-six roupies. Je pensais que les pousses ne truandaient que les étrangers. Ce pousse voit bien que je suis indien et que je suis pauvre, vêtu ainsi. Je fais la moue, il reprend :

« Six roupies, et on y va !

– D'accord. »

Je grimpe sur sa charrette et il démarre. Il a une vingtaine d'années et porte un lungi aussi sale que le mien. Il pédale vite mais, à trois reprises, la chaîne de transmission saute du pignon arrière. Il bondit à terre et repose la chaîne. Ça prend deux ou trois minutes et ça paraît long car je suis à l'affût de tous les regards qui pourraient se poser sur moi et mon pousse en panne. Je ne rouspète pas, je ne lui demande pas s'il a besoin d'aide, je ne lui ordonne pas de réparer plus vite. J'ignore ce qu'un Indien dirait dans cette situation et je préfère me taire.

En fait, je m'inquiète pour rien car personne ne me regarde. C'est si bizarre. Je scrute les autres et, eux, ils ne me voient pas.

Le trajet dure vingt minutes. Nous traversons un quartier musulman après le carrefour de Bhelupur. Une procession d'une cinquantaine de personnes avec, à leur tête, des tambours, bloque la route quelques instants. Puis elle s'engouffre dans une ruelle éclairée sous une tonnelle de tubes fluo. Est-ce un mariage ? Hindou ou musulman ? C'est sans doute idiot mais, dans ce quartier, je me sens mal à l'aise. Les musulmans en surnombre ici pourraient profiter de cette interruption de la circulation pour agresser les voyageurs hindous coincés sur la route. Dans les quartiers pauvres, un musulman et un hindou se distinguent souvent au port du lungi et de la barbe. Inutile de vérifier si l'homme est circoncis pour savoir s'il croit en Mahomet ou Shiv. Il y a régulièrement des heurts entre musulmans et hindous dans ce secteur de Bénarès. Champ de guerre religieuse plusieurs fois par an sous couvre-feu. Je suis déguisé en hindou. Si jamais une bagarre éclate, on me prendra pour un hindou. Gare à ma peau ! Ça me donne pour la première fois la sensation d'appartenir à la communauté hindoue et ça me rassure un peu en calculant qu'elle compte sept cents millions d'individus.

Le pousse me lâche dans le centre, au carrefour de Godhauliâ. Je le paie et comme il traîne avant de se garer sur le bas-côté, un flic lui assène un grand coup de bâton sur les reins en le traitant d'enculé. Le pousse n'attend pas la suite et dégage. Je souhaite oublier cette scène révoltante. Je décide de descendre vers le Gange.

Voici donc Godhauliâ et la vieille ville ! Un labyrinthe de venelles et de culs-de-sac, fendu par la rue Dashâshvamedh. Cet axe large de quinze mètres et long de cinq cents conduit au *ghât* le plus sacré du Gange. Les *ghât* sont ces grandioses escaliers de pierre qui plongent dans le fleuve et constituent ses berges. Chaque jour, des milliers de pèlerins et de bigots convergent sur le *ghât* Dashâshvamedh pour prendre leur bain purificateur.

Godhauliâ ! Je préférerais ne pas mentionner ce lieu. Des milliers de commerces, une centaine d'hôtels à prix minimum-confort minimum et des dizaines de temples attirent les touristes et avec eux la faune la plus gluante du nord de l'Inde. L'étranger ne peut se promener sans être arrêté tous les cinquante mètres par un mendiant, un trafiquant, un gosse morveux, un colporteur, un fou, un peloteur pour les femmes, un véritable artiste peintre, un sage hindou, un chien ou une vache… C'est le zoo. Le zoo urbain. Un marais infesté de sangsues.

Des types vous accostent en anglais, en français, en italien avec un grand sourire comme s'ils proposaient leur amitié. Polyglottes et sympas. Ils vous aiment et ils vendent de tout, à prix d'ami, spécialement pour vous, dans un magasin tenu par leur frère. Ne sommes-nous pas tous frères ? Ils procurent : une chambre d'hôtel, de la soie, du patchouli, des tapis, de la drogue, des sitars, etc. Et puis ils changent au noir les dollars. Ça ne vous intéresse pas ? Alors ils ont un autre frère qui fabrique des statues de marbre. Vous cherchez de l'encens, des bijoux ou le schmilblick ? Ils peuvent vous faire visiter l'usine d'un cousin. « Aucune obligation d'achat ! »

Plus loin, en approchant du Gange, d'autres hommes veulent vous promener en barque, vous raser, vous masser, vous dire la bonne aventure. Les prêtres hindous sur les berges offrent même de vous bénir. Impossible de rester seul dans ce quartier. Si j'exagère, je demande que l'on m'arrache la langue et la peau des couilles. Je ne crains rien.

Je n'ai parlé que d'emmerdeurs masculins. Et les femmes, dans ce cirque ? Ici comme ailleurs à Bénarès, les rues sont envahies par les hommes. La plupart des femmes restent cloîtrées dans leurs maisons. Cela donne l'illusion d'une cité de mâles.

Tous ces tapeurs m'ont harcelé chaque fois que Marc Boulet passait à Godhauliâ. Ce soir, comment serai-je accueilli dans la peau de Râm Mundâ ?

A l'entrée de la rue Dashâshvamedh, je reconnais cet Indien d'une quarantaine d'années aux cheveux ondulés et vêtu d'un pantalon marron en acrylique. Il a une tête qui fait peur, osseuse et blafarde, très antipathique avec son museau de fouine vissé sous ses yeux pétillants. Il se débrouille en anglais et traîne chaque jour dans le secteur pour proposer aux étrangers ses services de courtier en n'importe quoi. Je l'ai rembarré à trois reprises en hindi et il se souvient du visage de Marc Boulet car nous avons échangé ensuite des mots que je n'ose pas traduire ici. C'est une sangsue particulièrement tenace, gluante et susceptible. Ce soir, il chicane deux touristes occidentales d'une vingtaine d'années. Une blonde et une brune. Des visages de poupon, des seins généreux pas désagréables à imaginer sous leur T-shirt et un accent britannique quand elles répondent à la sangsue. Une foule d'Indiens encerclent les trois protagonistes. J'approche. Réflexe de curieux. Et puis je veux savoir si la sangsue me reconnaîtra, si les autres Indiens me dévisageront. Personne ne me remarque. Je me plante en face de la sangsue. Rien à faire, elle ne m'identifie pas. Je dois être absolument quelconque. L'Indien lambda.

Je me sens indien. Je le dis non seulement parce que les autres me voient ainsi, mais aussi parce que le sort de ces étrangères m'amuse. Je me sens plus proche de la sangsue, je la comprends. Si elle racole les touristes, les importune et les arnaque, ce n'est pas pour s'amuser. C'est son gagne-pain et puis ces étrangers sont tous si riches. Comment les plaindre s'ils se font escroquer de quelques roupies ?

La fille brune crie : « C'est mon premier voyage en Inde… J'y reviendrai pas. Laissez-nous tranquilles ! Me touchez pas !… On n'a pas besoin de vous. Vous êtes sourd ?… » Et cetera, et cetera. Les filles se dégagent de notre foule et la sangsue leur colle au train. Nous emboîtons le mouvement. En désespoir de cause, les deux filles vont se plaindre à trois flics qui papotent devant une pharmacie. La peur de l'uniforme est grande car la foule se disperse sans attendre. Je m'éloigne aussi et continue ma descente vers le Gange. Je n'ai plus peur. Je me sens bien.

Personne ne m'accoste. Incroyable. Jadis, on m'aurait déjà harcelé vingt fois. Je suis invisible. Un élément de Godhauliâ que les touristes photographient pour se rappeler, de retour chez eux, comment c'était Bénarès et ses habitants. Je n'ai plus l'estomac noué.

Je vais encore tester la vraisemblance de mon déguisement dans une échoppe où j'avais l'habitude d'acheter mes cigarettes. Ce soir, je m'offrirai un sachet de noix d'arec parfumées. J'aime bien en chiquer, c'est plus amer que de la suie et de la bile mélangées mais ça détend l'esprit et le ventre. Ici encore, le marchand ne me reconnaît pas. Je lui cause en dialecte et il me répond de même. Il ne me parle pas en hindi standard et n'essaie pas de discuter comme les autres fois, intrigué par cet étranger qui parlait sa langue.

Il me tend la marchandise et rend la monnaie dans ma main.

Il m'a touché ! Suis-je encore trop propre ? Comment pourrait-il deviner mon identité d'intouchable ? Comment l'indiquer ? La noirceur de mon teint ne suffit donc pas.

Je descends sur le *ghât* Dashâshvamedh. Les lépreux, les mendiants, les bateliers, les barbiers y interpellent chaque étranger. Ce soir, ils m'ignorent et j'arpente seul cette berge du Gange. Impression bizarre.

Des dizaines d'estrades en bois plantées de parasols de palmes tressées s'alignent au bord du fleuve. Dans la journée, des prêtres brahmanes y bénissent les baigneurs pour quelques roupies et les badauds se reposent sur celles que les religieux n'occupent pas. A cette heure tardive, la plupart des estrades sont libres mais je m'assieds, exprès pour rompre ma solitude, à côté de quatre autres

Indiens. Derrière nous, sur une autre estrade, un couple de jeunes Allemands discutent de l'hindouisme avec un Indien BCBG en polo, pantalon propre un peu bouffant et chaussures de basket en cuir. Le chic indien dans le style Anil Kapur, le super-héros du cinéma hindi.

Les quatre Indiens assis à mes côtés observent comme moi le va-et-vient d'une cinquantaine de promeneurs ; quelques vaches et des chiens arpentent aussi le *ghât*. Entre nous cinq, serrés sur cette estrade de quatre mètres carrés, aucune communication. Silence. Chacun tue la soirée dans son coin, dans sa tête.

Je me suis fixé pour règle de ne pas engager de conversation le premier et d'imiter le comportement des Indiens que je rencontrerai. Le but de ma métamorphose est de vivre en Indien ordinaire et non de me singulariser, de susciter des réactions ou des amitiés. Si mes voisins ne sont pas causants, cela fait partie de leur caractère et ce n'est pas à moi de les dérider.

Je m'offre une pincée de noix d'arec et je la chique en solitaire. Je me sens très seul. Les Indiens me laissent tranquille et les étrangers ne me regardent plus. En Inde, les étrangers s'échangent des sourires quand ils se croisent dans la rue. Comme pour se dire : « Salut, mon frère ! Ça fait plaisir de te voir. Je sais ce que ce bled te fait endurer. Les arnaques, la chaleur, les moustiques, les diarrhées, la nourriture épicée, les chambres crasseuses… J'en souffre moi aussi. Nous sommes égaux, nous venons d'ailleurs, nous sommes différents de ces va-nu-pieds d'Indiens… » Souvent, une jolie étrangère me lançait une œillade. Je la lui retournais et ça nous procurait du plaisir à tous les deux, je crois.

Ce soir, les Européennes ne manquent pas sur le *ghât* et leur ballet s'avère une attraction appréciée à en juger par la façon dont la tête des badauds indigènes pivote sur leur passage. Moi aussi, je mate. En vain. Ces belles à peau laiteuse ne croisent jamais mes yeux. C'est comme si elles ne me voyaient pas, ou comme si elles évitaient mon regard d'autochtone phallo et collant, ou bien les deux ensemble. Je suis dans le gris. Gris indien. La foule. La masse.

Je repense à Gloire. Elle m'attend à la maison et elle se ronge les sangs à propos de son homme noir qui erre dans Bénarès. Elle s'imagine mille dangers, et puis elle est jalouse. Je m'en souviens, chaque fois que j'échangeais un regard avec une autre femme, elle lâchait : « Qu'est-ce que tu faisais ? Je t'ai vu lorgner cette fille. Je n'aime pas ça ! » Qu'elle soit tranquille ce soir, les Indiennes sont cloîtrées et les étrangères ne voient pas Râm Mundâ. Je regrette leurs regards. Ce n'est pas parce que je désire sexuellement toutes ces créatures mais parce que le sourire d'une jolie fille m'a toujours été agréable. Ma nouvelle identité me prive de ces rayons de soleil.

Je suis si seul. Invisible. Pour les Indiens et les étrangers. Je vais voir ailleurs si les gens ne sont pas plus communicatifs. Je m'assieds sur d'autres estrades, j'achète des *biri*, des cacahuètes grillées. Jamais quelqu'un n'engage une conversation avec moi. Je n'intéresse personne. A un moment, je tombe nez à nez avec mon pote le vendeur de flûtes. J'ai peur. Mais, lui aussi, il me regarde sans me voir. Il ne me sourit pas, ne me reconnaît pas. Comme toujours, il est en train de harceler des étrangers pour leur vendre ses pipeaux en roseau. C'est un type tenace, il peut vous suivre pendant cinq cents mètres. Avec sa tête de gargouille aplatie et son dos tordu, sa présence m'exaspérait quand il suivait Marc Boulet. Au début de ce mois, je me suis définitivement débarrassé de lui. Après dix refus polis, je lui ai dit :

« J'ai pas besoin de tes flûtes. J'en ai déjà une entre les cuisses. Sa musique me suffit. »

Ça lui coupa le souffle. Puis il rétorqua avec un regard méprisant qui remplaçait son ton suppliant usuel :

« Moi aussi, j'en ai une entre les cuisses. »

Ensuite, il tourna les talons et j'en fus bien content. Depuis, chaque fois que je le croisais, il se rappelait que j'avais déjà une flûte et il me lançait juste, tout penaud, un sourire. Je ne lui ai jamais répliqué que ma flûte était plus grosse ou plus jeune que la sienne. Ce serait de la vantardise déplacée. Je suis sans doute un être vulgaire et moqueur, mais je ne suis pas cruel et je n'aime pas écraser les autres.

Je quitte le *ghât* Dashâshvamedh vers vingt-deux heures et je longe un peu le Gange. Le flanc étendu sur la berge en pierre, une vache blanche agonise. Elle ne bouge pas, un filet de bave s'écoule de ses babines et ses gros yeux immobiles pleurent. Deux Indiens lui versent de l'eau dans la gueule avec le creux de leurs mains, ils y glissent aussi des morceaux de galette de pain. Je demande :

« Que se passe-t-il ?

– Elle est malade. »

Ils semblent ennuyés, la bête recrache tout et l'un d'eux soupire : « On va aller prier pour elle. » Et ils partent. Un batelier passe. Je l'appelle :

« Regardez ! Cette vache est malade. Que faire ?

– Oui. Elle est malade », répond-il.

Il s'arrête un instant, jette un œil et s'en va. Que faire ? Je ne suis pas vétérinaire. Je détale également et je décide de casser une graine. A l'entrée de la rue Dashâshvamedh, l'hôtel Kumâr est ouvert. En Inde, le mot *hotel*, prononcez « hoteul », désigne aussi les gargotes. Le « restaurant » est un établissement de bouche plus grand et de standing supérieur. Je commande le menu ordinaire à dix roupies. Il inclut un curry de patates, un autre d'aubergines, du riz, deux galettes de pain et de la purée de lentilles – l'indispensable plat du pauvre en Inde. Là encore, personne ne me prête attention.

J'entreprends une ultime tentative pour ne pas rester seul et je m'assieds dans la rue sur le comptoir d'une échoppe fermée. Sur cette planche de un mètre cinquante de long, nous sommes trois hommes et nous resterons là pendant quarante-cinq minutes sans nous parler. Je suis au milieu et j'essaie de chercher le regard de mes voisins. Peine perdue, ils n'ont d'yeux que pour la circulation sur la rue Dashâshvamedh. Toujours regarder sans voir. Ils restent muets, balançant leurs jambes dans le vide et rien au monde ne leur ferait tourner la tête vers moi. Nous sommes serrés les uns contre les autres mais quinze mille années-lumière nous séparent. Finalement, ils se lèvent et je décide de rentrer à pied à la maison. Je pourrais rester sur ce comptoir toute la nuit, personne ne viendrait me parler.

Ou me casser les pieds, au moins.

28 octobre.

Cette nuit, j'ai dormi tranquille.

Au réveil, je découvre que mon visage est un peu moins foncé. Le visage transpire plus que les bras ou les jambes et la teinture accroche moins dessus. Ce n'est pas dramatique, je suis encore sépia et, pour sortir la nuit, ça ira. Par contre, je me demande si la coloration tiendra une semaine comme prévu.

Après la tombée du jour, je me baladerai à nouveau dans Godhauliâ puis je rentrerai à la maison. Il serait dangereux de dormir dehors ; si la teinture s'atténuait encore sur mon visage pendant la nuit, je me réveillerais demain en public plus clair. Cela me trahirait.

Ce soir, Gloire me suivra de loin, comme si nous ne nous connaissions pas. Elle observera mon allure parmi les autres Indiens. Elle me prendra aussi en photo et en vidéo pour conserver un souvenir de ma métamorphose. Elle travaillera comme une touriste qui filme la rue, la foule, les magasins, et nous convenons de quelques endroits où je me trouverai au moment de ses prises de vues.

Je quitte la maison vers dix-huit heures et je cherche un cyclo-pousse devant le temple Durgâ. Un premier refuse de me conduire et me regarde avec dédain. Je hèle un second pousse qui roule en direction de Godhauliâ. Il ralentit et me lance que le voyage coûtera cinq roupies. C'est la première fois qu'un pousse m'annonce son tarif de but en blanc sans que je demande quoi que ce soit. Veut-il me prévenir que ce sera cher, trop cher pour moi ? Est-ce pour cette raison qu'il ne s'arrête pas pour me parler, persuadé que je ne le prendrai pas ? Il se trompe. Cinq roupies (un franc), c'est un prix honnête et qui convient aux critères européens avec lesquels je raisonne. Je ne le montre pas, je joue mon rôle de pauvre, je trottine derrière le pousse et je lui dis : « Cinq roupies ! Tant pis, c'est d'accord. Je dois être vite à Godhauliâ ! »

M'y voilà ! Rien n'a changé par rapport à hier. Personne ne me remarque. Je suis invisible, insignifiant. Gloire me suit. Elle filme la rue et le *ghât* Dashâshvamedh au moment où je passe. Dans une échoppe où j'achète un *pân*, Gloire me photographie avec la boutique et sa dizaine de clients afin de ne pas focaliser l'attention sur moi. Le vendeur tartine mon *pân* et le pose dans ma main. Un pote du vendeur qui a repéré que Gloire voulait un cliché d'un Indien en train de chiquer me jette en dialecte : « Vas-y, fous ton *pân* dans la bouche ! » J'obéis, Gloire me mitraille et nous, les Indiens, nous rigolons tous parce qu'une étrangère photographie l'un de nous en train de chiquer.

Un peu plus tard, Gloire filme au bord du Gange six Français qui marchandent le prix d'une balade en barque avec des bateliers. Une dizaine d'Indiens les regardent. J'en fais partie. Deux gars à côté de moi parlent des Français et, pour les désigner, ils utilisent le mot *bhosharivâlâ* qui signifie, je le rappelle, « enculé ». Ils commentent : « Ces enculés font ci… Ces enculés disent ça… »

Ce soir, ça ne me gêne pas qu'on appelle les Français des enculés. Je ne me sens aucun lien, aucune ressemblance avec eux. Ces gens, hommes et femmes, portent juste un short avec une chemisette ou un T-shirt. Ils semblent à moitié nus et ils font sourire d'oser se balader ainsi en public. N'éprouvent-ils aucun respect d'eux-mêmes ?

C'est vrai, il y a encore trois jours, je me promenais moi aussi en short. Cette tenue me semble lointaine, telle une erreur de jeunesse qui pourrait remonter à une existence antérieure, dans un monde disparu. Je me rappelle que je trouvais les Indiens ridicules dans leurs jupes-lungi. Et puis, leurs chemises, leurs nippes crasseuses et trouées les rendaient repoussants. J'avais tort. Ce lungi que je porte ce soir est plus habillé qu'un short riquiqui, il enveloppe davantage le corps et je me trouve à l'aise dedans.

A propos de l'hygiène, je me sens propre comme je suis et je me situe dans la moyenne des Indiens. Je ne me pose pas la question de savoir si les habits des étrangers que je croise sont moins tachés, moins troués. C'est secondaire. Ce qui saute aux yeux comme une mouche dans un bol de lait, c'est que ces barbares portent des habits d'intérieur, des sous-vêtements, pour sortir dans la rue. Comme des gosses. Et puis, certains ont des têtes bizarres. De quoi passionner les anthropologues. Les étrangers, on en rencontre qui ont les yeux bleus, les yeux verts, les cheveux jaunes, les cheveux rouges, la peau rose laiteux, parfois presque rouge clair et criblée de taches de rousseur. Ceux-là sont les plus laids et ils méritent bien le surnom de « singe rouge » dont les Indiens affublent les Européens en référence aux anciens colons anglais souvent rouquins. Un détail amusant : le concept européen d'yeux bridés et de peau jaune à propos des Asiatiques mongoloïdes n'existe pas en Inde, et Gloire, ma femme, chinoise, se fait également traiter de « singe rouge » dans les rues de Bénarès.

En fait, il ne faut pas en vouloir aux Indiens s'ils insultent les étrangers. Vous êtes trop drôles. Et puis, vos coutumes alimentaires et hygiéniques répugnent aux Indiens. Râm Singh, mon professeur d'hindi, m'avait raconté qu'il jetterait, ou mettrait de côté, la vaisselle qui aurait servi pour recevoir un étranger à dîner. Vous rendez impur ce que vous touchez. Ce n'est pas nouveau et je n'excuse pas Râm Singh. Le racisme comme le castéisme restent inacceptables. Mais ce soir, je perçois la laideur des Européens et cela me déplaît de penser que j'appartenais à ce groupe barbare. J'ignore qui je suis en ce moment, mais je sais que je n'ai pas envie de redevenir Marc Boulet

Je quitte le *ghât* vers vingt heures. Je remonte la rue Dashâshvamedh et je tombe sur une procession d'une centaine de personnes. Dans un tintamarre disco, ils dansent derrière un chariot où voyage une statue de la taille d'un homme représentant la déesse noire Kâli, une autre représentation de Durgâ, l'épouse de Shiv et la Mère divine. La procession descend vers le Gange pour jeter la statue dans le fleuve sacré et invoquer Kâli.

Je serai franc. En voyant cette frénésie religieuse, je ne me sens pas hindou et je reprends de la distance par rapport aux Indiens

A l'occasion de la présente fête de Divâli, des clubs religieux fabriquent des statues de Kâli ou de Lakshmi et, pendant plusieurs jours, ils les implorent et les célèbrent avec des offrandes dans une débauche de musique et de lumières. Ce soir, ils leur disent au revoir en les immergeant dans le Gange à Dashâshvamedh, le *ghât* central. Je l'ai lu dans le journal.

Je comprends pourquoi des escadrons de flics et de miliciens en civil armés de bâtons occupent le carrefour de Godhauliâ et la rue Madanpurâ. Cette voie traverse un quartier musulman et la procession de la statue de Kâli du club Nava Sangh doit y cheminer pour atteindre Dashâshvamedh. La moitié des flics portent des fusils et des gilets pare-balles et ils se serrent par endroits les uns contre les autres. C'est impressionnant. Ont-ils peur ?

Les processions religieuses sont l'occasion pour les hindous et les musulmans d'en découdre. Une pierre, un pétard balancés par un fanatique ou un provocateur sur la communauté adverse et ça tourne à l'émeute sanglante. En 1991, la procession du club Nava Sangh s'est transformée en boucherie et vingt personnes sont mortes dans les affrontements hindou-musulmans des 7 et 14 novembre.

Je décide de rentrer à la maison à pied, comme hier, par la rue Madanpurâ. C'est le chemin le plus court et je veux voir l'atmosphère qui règne dans ce quartier musulman.

Ce soir, la police interdit la circulation des véhicules sur la rue Madanpurâ et une foule compacte de piétons a envahi ce kilomètre de macadam. Ils attendent par milliers la procession. Voir une statue de Kâli apporte la bénédiction de la déesse.

Au bout de trois cents mètres, je pénètre dans le secteur musulman. Les volets des magasins et des maisons sont tous clos, et l'entrée des ruelles qui partent de Madanpurâ est barrée par un cordon de flics. Derrière les volets ne transparaît aucun rai de lumière. Quartier fantôme. Hier, vers minuit, ce lieu était si animé. Une cinquantaine de musulmans avec leurs calottes blanches, leurs barbes de boucs et leurs lungi à petits carreaux étaient assis sur des bancs, au bord de la chaussée. Ils sirotaient du thé ou savouraient des omelettes que préparaient deux gargotiers ambulants.

Cette nuit, la promenade de milliers d'hindous au milieu de la chaussée contraste avec la désolation du décor, les bas-côtés squattés par les flics en gilet pare-balles et les immeubles sans vie, plongés dans la pénombre et d'où peut partir un coup de feu anonyme. Vêtu comme je le suis, je servirais de cible à un extrémiste musulman. Cette sensation d'un danger fatal me rend solidaire des autres passants. Je me sens à nouveau hindou, un élément de cette communauté. Je sais que si un musulman m'attaque ce soir, tous les hindous de la rue réagiront. Ça m'exalte. Être hindou, ce n'est pas une affaire de foi mais avant tout d'appartenance, d'acceptation dans un groupe social. Au milieu de la rue, noir et en lungi à gros carreaux, je suis à ma place.

Qui suis-je ?

Sûrement plus Marc Boulet. C'est certain. Sur Ravindrapuri, je croise Ranjit Kumâr, mon meilleur pote à Bénarès. C'est un intouchable de la caste des cordonniers. Il travaille dans l'un des deux ateliers de tailleurs du carrefour de Ravindrapuri. J'aime bien son humour et je le rencontrais chaque jour dans mon ancienne peau de Français. Cette nuit, Ravindrapuri est déserte et il me frôle en me croisant. Il me voit, c'est obligatoire, mais il ne m'identifie pas et poursuit sa route. Je respire, j'ai eu chaud.

Gloire m'attend à la maison et je suis bien content quand elle me raconte que j'ai l'air absolument indien, indifférenciable dans la foule de Godhauliâ. Elle devait me chercher pour me distinguer.

Je me regarde dans le miroir. Oui, Râm Mundâ me fixe. Mais un truc cloche. Sous la lampe, des traces de gras et de sueur noircies par la teinture apparaissent sur mon visage. Je décide de le laver au savon pour rendre mon teint uniforme. Et tant pis si ça enlève toute la coloration. Elle est si fragile à porter par cette chaleur. Et surtout inutile. Ce soir, des mendiants sur le *ghât* Dashâshvamedh et un adolescent intouchable qui ramassait des vieux papiers et des plastiques dans la rue avaient le teint clair. En revanche, ils étaient très sales et vêtus de haillons. En fait, je suis trop propre pour incarner un mendiant intouchable. Voilà le vrai problème !

Je savonne mon visage avec un gant. Une teinte de fond, caramel foncé, subsiste. Je n'ai plus de traînées noires et rouges sur les joues, le front et le nez. Demain, j'abîmerai mes habits, puis je plongerai définitivement dans ma nouvelle vie.

29 octobre.

Je passe la matinée à salir mes habits.

Je les barbouille de graisse, de rimmel, puis je les macule de plaques de nitrate d'argent pour figurer des taches plus denses de cambouis ou de sauces. Maintenant, ils ressemblent à des torchons sur lesquels un garagiste se serait essuyé les mains pendant un mois. Je peaufine le lungi et la chemise. J'y pratique des trous avec une cigarette et je défais la couture de la chemise au niveau d'une épaule et des deux manchettes. Je fabrique aussi avec des ciseaux deux déchirures par-devant et je taille et j'effiloche tout l'intérieur et le sommet du col. C'est parfait ! De vraies loques.

Je quitterai la maison vers vingt-deux heures, dans le calme de la nuit, et j'irai tenter ma chance à la gare. Ce doit être un lieu épatant pour demander l'aumône, car il abrite avec le *ghât* de Dashâshvamedh la concentration la plus forte de mendiants à Bénarès. A vue d'œil, ils sont des dizaines, peut-être une centaine dans chaque endroit.

Est-ce mon dernier jour avec Gloire ? Elle ne dit rien, mais elle a insisté ce midi pour me préparer un festin : un énorme poulet marengo avec des pâtes au basilic. J'adore ça. Est-ce que j'en remangerai un jour ?

L'après-midi, j'essaie de faire la sieste. L'angoisse me cisaille le ventre et un goût acide monte dans ma bouche. J'attends le départ. Sans retour ? Je compte les heures qu'il me reste à passer dans ce lit, étendu à côté de ma femme. Si tout va bien, dans quelques mois, ma métamorphose sera terminée et nous serons réunis à Paris. Et si tout va mal ?... Je prends un somnifère pour dormir, tout oublier jusqu'au soir.

Vingt heures et j'ai très peur. Cette épreuve est-elle la plus pénible de mon existence ? Dire que je bourlingue depuis douze ans autour du globe... J'essaie de me souvenir si une sensation identique m'habitait avant ma première métamorphose en Chinois, il y a sept ans. Ce matin d'octobre 1985, au fin fond du Xinjiang, j'avais pris le car de Kashgar à Makitt déguisé en Chinois blanc musulman. Je partais enquêter clandestinement sur la drogue dans une région interdite aux étrangers.

La trouille, c'est comme la douleur : difficile de se rappeler son intensité quand c'est fini. Je sais que Kashgar-Makitt, c'était une piste de deux cents kilomètres et deux jours de car à travers le désert. En plus, ne parlant pas la langue turque locale, je prétendais être sourd-muet. Je risquais gros avec la justice communiste chinoise, je devais avoir une frousse terrible.

Je m'en souviens. Le premier jour vers seize heures, le car s'arrêta soudain à Shache à une soixantaine de kilomètres de Makitt et le chauffeur brailla que nous repartirions le lendemain à l'aube. La poisse. J'espérais atteindre Makitt au plus vite. Chaque halte multipliait les risques d'être démasqué. J'étais coincé. Sans ouvrir la bouche, j'achetai un bon pour un lit dans le dortoir de la gare routière, puis comme je ne voulais pas rester en compagnie des autres voyageurs, je sortis me promener jusqu'au crépuscule. Je découvris derrière la gare des champs de marijuana. A la vue de tous. Cela me réchauffa le cœur : je n'étais pas venu pour rien et il y aurait sûrement matière à un reportage.

Puis je dînai dans le seul restaurant du bled. Une gargote en terre battue tenue par des Chinois hans, des colons aux yeux bridés. Un menu sale accroché sur le mur énumérait en chinois les mets servis. Bouche fermée, je passai ma commande en pointant sur le menu les mots « riz blanc » et « viande », incapable de saisir les autres idéogrammes griffonnés d'une écriture bâclée. Quel idiot ! Le feu de l'action passé, ça me revenait : les Hans consomment surtout du cochon, et ce restaurateur han bien sûr m'en servit. Oui, du lard de porc avec quelques cubes de maigre ; et moi qui jouais le rôle d'un musulman ! Que faire ? Refuser mon plat en mimant que je n'avais plus faim ou bien passer pour un musulman qui consomme du cochon ?

Je décidai de manger, ça attirerait moins l'attention, et puis j'avais très faim. Je dînai en cinq sec, le nez dans le bol de riz, et je retournai dans mon dortoir. Le soleil se couchait. Je m'alitai aussitôt et je me cachai sous une couette puant les pieds, comme si tout le canton l'avait utilisée avant moi. Mais quelle importance après tout ? Je gambergeais à mort. Impossible de dormir de si bonne heure ; et mes voisins de chambrée m'appelaient pour discuter, me demander l'heure, tuer le temps, etc. Moi, le sourd-muet, je ne pouvais même pas sursauter en les entendant m'interpeller, encore moins leur dire de me foutre la paix. Une heure plus tard, mes voisins ne me relançaient plus et je pus m'assoupir.

Mon grand-père maternel me racontait que « la vie est un plat de merde et qu'on en mange tous les jours ». Ce n'était pas un gai luron et je crois qu'il n'aurait pas dû parler ainsi au môme espiègle que j'étais, car cela m'éloignait de lui. Quinze ans après, sur la route de Makitt, sa philosophie me revenait. Ce matin-là, la platée était copieuse. Shache-Makitt, sur une carte, ne représentait que soixante kilomètres, mais nous roulions depuis cinq heures et toujours pas de Makitt en vue. Étais-je dans le bon car ? Où allait-il ?

La piste cahoteuse serpentait d'oasis en oasis, entre leurs champs de coton et de maïs. Le soleil nous cuisait comme dans une étuve sèche et le car fonçait, sautant de dos d'âne en dos d'âne, soulevant des nuages de sable qui nous faisaient tousser. Les autres passagers, après trente heures de route, me regardaient durement. En fait, c'est l'impression que me donnaient leurs yeux fatigués et une angoisse incontrôlable me pétrifiait. Si l'un d'eux découvrait mon imposture ? Je m'imaginais bon pour le goulag chinois. Où me conduisait donc ce car ?

Vers midi, il entra enfin dans Makitt. Une sorte de cantonnement avec ses maisons basses en terre alignées sur un quadrillage de rues. Makitt, cité brun clair, sans couleurs, sans visage, sans âme. La ville était déserte. Peut-être à cause du soleil au zénith qui la bombardait et cloîtrait les hommes chez eux. Aux carrefours, des haut-parleurs installés sur des poteaux crachaient les programmes de la *Radio du peuple*. Du lavage de cerveau. La propagande résonnait dans les rues vides et décuplait la sensation d'un flicage serré de la population. Elle me poussa à sortir de la cité. Clandestin sans possibilité de louer un lit dans un hôtel, sans rendez-vous, sans contact local, et avec pour premier objectif de rester inaperçu, de ne pas me faire coincer par les flics, je passai mon premier après-midi à Makitt en me promenant dans les champs.

Quand le jour tomba, j'en étais toujours au même point. Où dormir ? Le froid piquant des nuits de désert balayait sans transition la canicule. Je décidai de rentrer en ville. Alors, ce fut miraculeux. Les problèmes se résolvent toujours – j'ai appris ça dans mes voyages –, et j'eus la veine incroyable de rencontrer Mehmet dans les faubourgs, un paysan ouïgour qui m'hébergea une quinzaine de jours et me montra la production du haschisch…

La suite de l'histoire appartient à mon livre *Dans la peau d'un Chinois*. Je me demande seulement si cette métamorphose en Indien est plus risquée.

Vingt-deux heures. J'ai enfilé mes habits sales de mendiant, et ma musette contient mon matériel de couchage, mon écuelle pour quêter, un petit miroir, un rasoir, un crayon et du papier pour noter des informations essentielles. Je suis prêt et je sortirai quand Ravindrapuri sera déserte. Je guette sur mon balcon. Le docteur

Agravâl, mon voisin, promène son chien devant la maison. L'animal pisse et gambade. Ça dure dix minutes. C'est long.

J'ai les tripes nouées et ce soir je n'ai rien pu avaler de solide. Je voulais partir avec l'estomac plein, être tranquille jusqu'à demain soir, car j'ignore comment je trouverai à manger en mendiant à la gare. Tans pis ! J'ai bu juste un demi-litre de chocolat froid.

Je voudrais être dehors, dans l'action. Cette attente me torture. Agravâl rentre avec son chien et maintenant, devant notre porche, deux passants discutent. Je patiente encore cinq minutes, puis j'embrasse ma femme une dernière fois, je descends l'escalier et je sors dans Ravindrapuri noire et vide.

La gare se trouve à cinq kilomètres, mais il n'est plus question de prendre un des rares pousses qui circulent encore à cette heure. Je dois vivre comme un mendiant. Je marche : le sport des pauvres. Je passe Bhelupur, le populaire Kerala Coffee House en train de baisser son rideau de fer et les deux magasins d'alcools anglais déjà fermés. Seules quelques échoppes qui servent de cabines téléphoniques sont ouvertes. Rues désertes. Je ne rencontre que des meutes de chiens galeux qui se coursent et aboient sur mon passage. Je les dérange. La nuit, Bénarès leur appartient. Aux carrefours, des vaches efflanquées fouillent du mufle des tas d'ordures. Elles mâchouillent de vieux papiers et des sacs plastique déchirés. Par endroits, il n'y a aucun éclairage public et la rue est plongée dans une obscurité totale. J'avance à tâtons. Une sueur froide me fait frissonner ; si je marche sur un chien, il va me sauter dessus, si un homme m'agresse avec un couteau, je ne pourrai le voir, ni l'esquiver avant de sentir la lame rentrer dans mon ventre… C'est absurde : qui voudrait attaquer un loqueteux comme moi ?

La physionomie de Bénarès change à chaque kilomètre. Après le vieux quartier de Bhelupur aux maisons basses, lézardées, après les enclaves musulmanes, je traverse Sigrâ. La rue ne serpente plus. Elle s'élargit et devient une chaussée à quatre voies. Je dépasse une station d'essence, une église chrétienne et des grands magasins de motos en forme de hangars cubiques. Ville moderne. Je longe le marché de légumes en gros de Chanduâ Shatti. Toujours personne. Mais les trognons, les déchets de légumes attirent des dizaines de vaches. La horde sacrée nettoie cette esplanade et, en face de ces tas d'ordures végétales, le vaste temple de la Mère Inde se dessine dans la pénombre. Hare* Krishna ! Krishna, dieu des laitiers, est notre salut. J'en ai marre. La poussière colle sous les lanières de mes tongs. Elle m'arrache la peau des pieds et ça me fait boiter. Je n'atteins la gare que vers minuit.

La vie humaine réapparaît. Tout d'abord quelques gargotes dans les rues alentour qui servent du thé ou des omelettes, puis les lumières de la gare et des régiments de pauvres couchés côte à côte sur l'asphalte de son parvis de plusieurs hectares.

La gare ferroviaire de Bénarès est le centre du monde. Ce n'est pas une figure de rhétorique. Tout du moins pour les hindous**. Cette longue bâtisse crème flanquée de deux tours coniques, qui rappellent le dôme du célèbre Temple d'or derrière Godhauliâ, est le point de transit vers le paradis pour tous les pèlerins qui débarquent du train à Bénarès.

Au centre du parvis, une cinquantaine de personnes écoutent trois musiciens qui jouent des odes à Krishna. Ils sont assis par terre sous une bâche tendue sur des piquets en bambou, tout contre un petit sanctuaire dédié à Hanumân, le roi des singes. J'écoute un peu les chants, puis je décide de chercher un coin tranquille où dormir. Personne ne prête attention à moi et je me balade incognito.

Sous le hall de la gare et juste devant, deux centaines d'êtres humains sont couchés. La lumière crue de l'intérieur du bâtiment les éclaire, ça doit gêner le sommeil. En fait, ces gens avec leurs valises et leurs baluchons semblent être des voyageurs en attente d'une correspondance. Beaucoup sont mieux habillés que moi et je réalise que ma place n'est pas parmi eux. Ce ne sont pas de vrais sans-logis, encore moins des mendiants.

Je sors de la gare et je me dirige vers l'armée de miséreux qui campent en permanence dans le coin droit du parvis. Chaque fois que je venais à la gare, je les apercevais avec leurs gamelles cabossées en alu, leurs fripes, des cartons et du bois, tout un bric-à-brac empilé sur l'asphalte. Les plaques de crasse couvrant leur visage,

* S'écrit et se prononce *Are* en hindi. Cette interjection signifie : « O ! Oh ! Salut ! »

** Pour les bouddhistes aussi. La grande horloge centrale est installée dans une roue, celle de la Loi, le symbole de la doctrine que Bouddha prêcha pour la première fois à Sârnâth, dans la banlieue nord de Bénarès, il y a plus de deux mille ans.

leurs mains et leurs pieds me répugnaient et je contournais ce secteur du parvis, comme s'ils souffraient d'une maladie contagieuse.

Ce soir, en fait, je distingue deux groupes dans cette armée. Le premier, une cinquantaine d'individus qui se serrent sur une bande de trottoir, avec des couettes, des caisses et même quelques bâches qui servent de tentes. Le second, cent à deux cents personnes, squatte, sans aucun abri, le vaste parking qui commence au pied du trottoir. Je choisis de m'installer dans ce dernier groupe : il y a plus d'espace. Sur le trottoir, les corps se pelotonnent les uns contre les autres, et c'est un lieu surélevé, délimité, exclusif où j'ai peur de me faire jeter si j'essaie d'y nicher.

Minuit passé. Deux lampadaires au sodium éclairent faiblement le parking. En approchant, je découvre que ce second groupe n'est pas endormi. Il est constitué de familles de quatre ou cinq membres. Ils s'activent autour de tas de feuilles de *mahuâ*. Ces feuilles vertes, luisantes et larges comme une main sont utilisées en guise d'assiettes jetables ou pour emballer du *pân* ou d'autres amuse-gueule. Les tas mesurent un mètre cube et doivent contenir des milliers de feuilles. Les familles les trient, les mettent en liasse de quinze centimètres d'épaisseur et nouent le tout avec une paille. Un boulot dingue au cœur de la nuit, dans la pénombre.

Ce travail indique sans ambiguïté l'origine de ces gens. Ce sont des cueilleurs de feuilles de *mahuâ*, c'est-à-dire des *musahar*, une caste très méprisée d'intouchables de souche aborigène. Leur nom signifie « chasseur de rats », et je suis étonné de les rencontrer sur un parvis de gare. Les *musahar* vivent dans la jungle et se nourrissent de tout ce qu'ils peuvent dénicher. Un article paru dans le magazine *India Today* de début octobre expliquait comment cette communauté misérable, poussée par la famine dans l'État du Bihâr, enfume toujours les trous de rats pour faire sortir ces bêtes, les capturer et les consommer rôtis. A Bénarès, les *musahar* ont la réputation de manger les grenouilles et les coquillages, ce qui les rend répugnants et intouchables pour les autres hindous, mais sympathiques à mes yeux car je raffole de ces animaux.

Derrière le campus de l'Université hindoue de Bénarès, le village de Chhittupur abrite un îlot *musahar* d'une vingtaine de huttes en terre d'un mètre de hauteur et couvertes de paille. En août, j'y suis allé jeter un œil mais, en apercevant l'extrême dénuement de telles habitations, je n'ai pas osé m'approcher.

Ce soir, je n'ai ni peur ni honte de pénétrer en territoire *musahar*. Je me sens proche d'eux, et s'ils me demandent ce que je viens faire sur ce parking, eh bien, je leur dirai : « Je suis Râm Mundâ. Un aborigène. Un frère. J'aimerais dormir près de vous car les coutumes de ma caste sont semblables aux vôtres. » Je raconterai ensuite que j'effectue un pèlerinage à Bénarès – ce qui est anodin – et que je vis de l'aumône.

Souci inutile ! Je me faufile entre les *musahar*, mais personne ne me remarque. Je reste invisible.

Chaque famille compte au moins deux adultes et autant de gosses à moitié nus qui, dès l'âge de trois-quatre ans, trient aussi les feuilles. Les hommes portent comme moi un lungi et une chemise sales et troués. Les femmes sont drapées dans des saris déchirés et grisâtres. Elles fument comme les hommes, ce qui choque toujours en Inde et indique un statut d'intouchable ou d'élite occidentalisée. Derrière les tas de feuilles, des feux de bois se meurent et des pots vides en alu noirs de suie traînent à côté. Le dîner est terminé et j'ignore s'ils ont mangé du rat ou des grenouilles. En fait, je m'en fous. Je n'ai pas le cœur moqueur, je veux me reposer et me faire des amis.

Au milieu du parking, je repère un espace libre et j'y déballe mon tapis de sol, ma couverture et mon mini-oreiller. L'asphalte est couvert de gravillons, il y a aussi des reliefs de nourriture, un peu de farine et des cendres. Tant pis ! Je ne peux pas faire de chichis et me nettoyer une place, ce qui attirerait l'attention. Je fais le vide dans ma tête et je m'allonge. Le tapis de sol sous moi, la couverture par-dessus et l'oreiller sous mon crâne. Personne ne m'a regardé, personne ne m'a rien demandé.

Je suis étendu sur le dos et c'est inconfortable. Dans la rue, les Indiens dorment ainsi ou en chien de fusil. Rarement sur le ventre. Moi, j'aime dormir sur le ventre, mais c'est moins prudent : on est sans défense contre un éventuel agresseur et, à trente-deux ans, je dois apprendre à dormir sur le dos. Cette position fait partie de ma nouvelle existence.

Je ne suis pas à l'aise et les gravillons me labourent le dos. Pourtant, les *musahar* les supportent et ce ne sont pas des fakirs.

Je dois, moi aussi, m'habituer aux gravillons. Ce qui m'inquiète vraiment, ce sont les maladies, les parasites, les puces, la gale, les araignées, les scorpions… Y en a sûrement par ici. A nouveau, tant pis !

A mes pieds, sur ma droite et à ma tête, trois familles sont en train de trier trois tas de feuilles. Sur ma gauche, un couple ronfle, blottis l'un contre l'autre, sous une couette éventrée qui laisse paraître sa bourre grise de coton écru. Je les envie, je voudrais m'assoupir.

Je regarde les familles à mes pieds et à droite. Elles comptent chacune une dizaine de membres. Les femmes et les fillettes trient les feuilles, leurs hommes les regardent et leur font la causette. Pas à voix basse. Comme les balayeurs, ils gueulent pour discuter et le tohu-bohu de leurs caquetages se mêle à la musique des dévots de Krishna et aux klaxons des autocars et des camions qui foncent le long du parvis, sur la route nationale Delhi-Calcutta. Hare Krishna ! Tut tut ! Vroum vroum ! Impossible de fermer l'œil. Je n'avais jamais imaginé combien le bruit pouvait rendre nerveux.

Je plonge le regard dans la nuit. Elle est magnifique. Des milliers d'étoiles scintillent dans le ciel. Cela semble un cliché, mais tous ces points lumineux qui témoignent de l'immensité de l'univers me réchauffent le cœur. J'en ai besoin.

L'horloge de la gare indique une heure trente ; les familles se sont couchées, la musique de Krishna et la circulation routière s'interrompent enfin. Ce n'est pas un répit car les conversations des quelques *musahar* qui restent éveillés deviennent alors plus stridentes dans le silence. Ils crient, ils se disputent pour une histoire de dix roupies (deux francs). Aucun égard pour la masse qui cherche le sommeil. Ils ne sont que trois : un type, la trentaine, le teint clair, vêtu d'un lungi bleu délavé et d'une chemise crème boutonnée de travers, un petit gars noir d'une vingtaine d'années mesurant un mètre cinquante, et un barbu immense en chemise et pantalon blancs. Ils circulent entre les dormeurs. Le petit et le barbu marchent derrière le visage pâle qui réveille à présent les hommes de chaque famille, l'un après l'autre. Il parle d'une voix traînante :

« Y a un mec parmi vous qu'a bouffé mes médicaments. Bande d'enfoirés ! Réveillez-vous ! J'ai soif. C'que j'ai soif ! (Il secoue un dormeur.) Eh, debout, toi ! T'as pas à boire ?… Tu vas me donner de l'argent pour acheter un sachet (d'alcool) et pis on va le boire ensemble. T'entends ?… (Pas de réponse. Il réveille un autre type.) Toi, j'te connais pas. J'te préviens, ici c'est moi le chef. Ici, partout. T'as compris ? Tu dois m'obéir. Tu vas me donner une liasse de feuilles et moi, j'te protégerai. (Le type se redresse, sans doute pour ne pas chercher d'histoires, il tire une liasse de feuilles de sous une bâche et la lui remet.) Alors, si t'as un problème, j'm'en occupe. D'accord ?… Eh ! T'as pas à boire ? (Le type dit non et le « chef » se remet à gueuler au parking tout entier.) C'est pas croyable, y en a pas un qu'a à boire. Enfoirés ! »

Mes voisins de gauche remuent sous leur couette puis l'homme soupire : « C'est encore une histoire d'alcool ! » Le chef et ses deux acolytes approchent de mon secteur et continuent de réveiller les hommes. J'ai peur et je me cache le visage sous la couverture. J'ai bien fait, ils m'oublient et vont plus loin. Soudain, j'entends un grognement rauque près de ma tête. J'écarte ma couverture et mon regard tombe sur un porcelet rose en train de me renifler l'épaule gauche. En me voyant bouger la couverture, il pousse un cri aigu et s'enfuit. Un porc me flairait ! Je n'intéresse qu'un porc !

30 octobre.

La grande horloge de la gare indiquait trois heures quand je l'ai vue pour la dernière fois. Ensuite, j'ai réussi à m'endormir.

Mon sommeil est court.

A trois heures trente, le froid me réveille. A l'entrée du parking, le chef et ses deux sbires réclament toujours à boire et, à quatre heures, le chef hurle soudain en passant entre les dormeurs : « Quatre heures ! Debout, debout ! »

Nuit noire. Mais les trois quarts des *musahar* se lèvent et, sur la nationale Delhi-Calcutta, j'entends les camions vrombir et klaxonner de nouveau. Je reste couché, c'est plus sage pour surveiller l'action sur le parking, et puis je n'ai pas envie d'aller me balader en ville à quatre heures du matin, je n'y suis pas habitué. Les *musahar* recommencent à ranger leurs feuilles. Ceux qui ont fini emballent les liasses – une cinquantaine par famille – dans un carré d'étoffe. Puis ils appellent un pousse. Il y en a toujours sur le parvis de la gare. Ils jettent l'énorme baluchon de plusieurs mètres cubes sur le siège, grimpent par-dessus à deux ou trois personnes, et le pousse, chargé comme un baudet, démarre. Vas-y, déhanche-toi sur le cycle ! Manque juste le fouet. Vas-y, pédale ! Direction Nâi Sarak, les puces situées avant Godhauliâ, à trois kilomètres d'ici. Les conversations des *musahar* m'apprennent qu'ils y vendent leurs feuilles.

Le froid piquant qui annonce l'aube me glace les côtes. Mes voisins sont partis glaner du bois mort, des cartons, des plastiques, et ils allument des feux avec leurs trouvailles. Leurs familles se serrent autour et se chauffent les mains. Les adultes tirent sur une *biri* ou chiquent une pincée de tabac. Un nouveau jour commence et ça semble délicieux dans leur bouche. Ils me donnent envie mais je n'ai pas de *biri* sur moi.

Des marchands de thé arpentent le parking avec leur théière fumante et des tasses en terre jetables. Quelques *musahar* en achètent. Je gèle. J'ai hâte que le soleil se lève. Ce sera un peu avant six heures. Encore une heure trente de nuit froide à endurer, et puis je m'en irai. Le plastique en train de brûler sur les feux empuantit l'atmosphère, mais ça ne semble gêner personne. Sauf moi. Je profite des odeurs sans la chaleur. J'aimerais me joindre à l'un de ces feux, m'y réchauffer. Mais comment m'introduire dans une famille ? Alors, je regarde de loin. Misérable. Qui ça ? Moi !

Putain, j'ai vraiment envie de fumer ou de siroter un thé ! Ça me réchaufferait le corps et ça m'occuperait l'esprit pendant cinq minutes. Mais je n'ai pas emporté de *biri* avec moi et serait-il raisonnable de démarrer ma première journée de mendiant intouchable en m'offrant un thé ? Un vrai mendiant peut-il se payer ce genre de petit luxe ? Les mille roupies (deux cents francs) que j'ai cachées dans mon caleçon et la trentaine de roupies dans la poche de ma chemise, je veux les conserver en cas de coup dur. Je vais essayer de vivre avec les aumônes que je recevrai. Pour l'instant, je n'ai rien gagné, donc je n'ai droit à rien. Je ne suis pas masochiste mais je dois suivre cette règle si je veux découvrir les sensations d'un mendiant indien.

Six heures moins le quart. A l'est du parvis, dans la direction du Gange, une lueur métallique, brillante et rosée, illumine le ciel. Dans un moment, le puissant soleil tropical explosera de tous ses feux. La plupart des *musahar* sont partis. Avec leurs liasses de feuilles, leur vaisselle et leurs couvertures. Quelques femmes sont restées et continuent de trier les feuilles ou pétrissent de la pâte à pain. Je me lève. Je range ma couverture et mon drap de sol dans mon sac, puis je me dissimule un peu sous mon foulard et je me regarde dans le petit miroir que j'ai emporté pour me raser et vérifier mon teint. Ma coloration est encore un peu partie, mais avec la poussière qui s'est collée sur ma peau en dormant par terre, mon visage a pris la teinte grise du parvis. Je n'ai jamais possédé une mine aussi triste, cette expression lugubre, désœuvrée, fatiguée qu'affichent souvent les Indiens. Je n'ai jamais semblé plus indien et je n'aime pas ce visage.

Sur le côté du parking, il y a des urinoirs publics. Tout simples, juste trois murs fins sans toiture et grands ouverts vers la chaussée. J'ai une envie, j'y vais. L'endroit est crasseux. Le sol est jonché d'étrons, et ces matières bouchent aussi la rigole d'évacuation. Dix centimètres de hauteur d'urine jaune dorée y stagnent. Après tout, urinoir se dit « maison de l'urine » en hindi. Ce qui ne signifie pas « maison du caca » et les *musahar* qui ont oublié leur grosse commission ici doivent s'en moquer. C'est répugnant d'y pénétrer. Je pisse comme tout le monde depuis l'extérieur et le jet d'urine en tombant sur le sol crotté éclabousse mes pieds nus. Ça m'écœure. Je regarde mes pieds. Noirs de poussière, ils sont maintenant mouillés d'urine. Si je les lave, je deviendrai trop propre, et puis la teinture risque aussi de fondre. Aucune solution ! Sinon m'accepter ainsi.

Je ne traîne pas dans ces urinoirs car je suis incapable d'y aller à la selle. Inquiétude. Pour les sans-logis comme moi, existe-t-il, en dehors du bas-côté des rues, des WC publics moins sales ? Ne plus soulager ses besoins dans un lieu décent et privé, cela fait-il partie de ma nouvelle existence ?

Je file dans la gare. Même chose. Une eau fangeuse inonde les urinoirs et les cabinets individuels attenants à la salle d'attente. Il faudrait chausser des bottes pour y accéder. En plus, un gardien réclame une roupie pour déféquer. Tout ça me coupe l'envie de faire et je laisse tomber.

Dans les deux halls d'entrée où se vendent les billets, les dormeurs de la veille ont levé le camp. Je passe sur le quai en repérage. La lumière diffuse du soleil rasant baigne les quatre plates-formes de la station. Deux passerelles métalliques les relient entre elles. Je passe de quai à quai. Il n'y a pas de train en gare, et je ne remarque aucun mendiant ni sur les quais ni sur les passerelles. Est-ce trop tôt ? Autrefois, quand je venais à la gare dans la journée, j'y voyais toujours des gosses, des vieux en guenilles, un ou deux lépreux et un unijambiste faire la manche. Ils imploraient les voyageurs en répétant : *« Bâbu ! Bâbu ! » Bâbu*, littéralement « seigneur », est une formule de politesse pour « monsieur ».

Quelques voyageurs arpentent les plates-formes devant des valises, des baluchons. Des colporteurs de cigarettes, de pommes et de journaux les interpellent. Il fait doux et une agréable odeur d'humus se mélange à celle de la fumée des locomotives à vapeur qui chauffent sur les voies d'évitement. L'air sent bon la gare, le départ, une nouvelle existence où tous les espoirs sont permis. Je délire ! Le 16 juillet, deux jours avant de quitter Paris, je me rappelle ma conversation avec Jean-Claude Guillebaud, mon éditeur. Il me demandait si j'avais peur de partir et j'avais répondu :

« Oui. Mais une nouvelle vie m'attend. Pas seulement pour en tirer un livre. Je vais recommencer ma vie à zéro, en Indien intouchable. Et la fortune me sourira peut-être sous cette nouvelle identité. Je deviendrai peut-être ministre comme Jagjivan Râm* ? Qui sait ? » Je disais ça pour plaisanter mais je rêvais également et je me persuadais que rien n'est impossible.

Je ne crois plus aux vertus transformatrices de ce voyage. Dans la peau de Marc Boulet ou de Râm Mundâ, je reste un homme ordinaire, sans génie, sans idées pour réussir dans la société humaine. Cela n'a rien à voir avec ma nationalité. Et puis, les intouchables que j'ai rencontrés jusqu'à présent restent plus indigents que la moyenne de la population malgré l'abolition constitutionnelle de l'intouchabilité, il y a presque un demi-siècle. Ce 19 août, le Parlement a élu Kocheril Raman Narayanan, un intouchable membre d'une caste méridionale de cueilleurs de noix de coco, au poste de vice-président de l'Inde. Enfin ! L'Inde n'a

* Célèbre politicien issu de la caste des cordonniers.

jamais eu un président, un vice-président ou un Premier ministre intouchable alors qu'un Indien sur quatre appartient à cette classe. Mais la nomination de K. R. Narayanan à ce poste honorifique de coupeur de ruban ne signifie pas que le castéisme est mort. Juste de la poudre aux yeux. Consultez la liste des hauts fonctionnaires, celle des chefs de partis politiques, étudiez leurs noms ! Le pouvoir central appartient toujours aux hautes castes. Une aristocratie. Je le sais, j'aurais statistiquement plus de chances de briller dans la peau d'un brahmane (d'un Dikshit ou d'un Sharmâ, par exemple) que dans celle d'un Mundâ naissant sur un parvis de gare parmi des *musahar*.

Je m'assieds sur un banc au bout du quai numéro trois et je savoure le calme. Je suis seul. Le soleil me caresse, je veux repousser le moment où je vais commencer à mendier sur une plate-forme ou une passerelle. Soudain, je me rappelle la trentaine de roupies qui gonflent la poche de ma chemise et je les range dans mon sac. Personne ne doit savoir que j'ai un peu d'argent sur moi. J'ai le trac.

Deux jeunes types me sortent de mon angoisse. Ils me parlent. Ils ont dû me prendre pour un habitant de la gare car ils me demandent où sont les toilettes sur le quai. Je réponds :

« Je sais pas.

– T'habites pas ici ?

– Si.

– Alors tu sais rien ? »

J'ai envie de répliquer : « Vous pouvez aller pisser au bout du quai », car j'ai vu des voyageurs faire ainsi tout à l'heure.

Je me tais. J'ignore si les Indiens se donnent ce genre de conseil entre eux. Notre conversation n'est pas palpitante et ils me tutoient, mais c'est la première fois depuis que je suis indien qu'on m'adresse la parole. Je voudrais embrasser ces deux frères. Je leur demande : « Où allez-vous ? » Ils répondent Sultanpur – une ville dont j'ignore tout. Et cela n'a aucune importance, ils ne cherchent pas à poursuivre notre causerie.

Une rame d'une dizaine de wagons se forme au quai numéro un. J'y vais. En Inde, les fenêtres des trains sont munies de barreaux de fer, leurs vitres restent ouvertes en général et les quais sont surélevés, un peu comme dans le métro parisien, ce qui permet aux mendiants de tendre la main à l'intérieur de chaque compartiment en marchant le long des wagons. Je vais mendier ainsi en longeant le train.

Pourquoi attendre ?

L'action s'enchaîne très vite et c'est mieux ainsi. Si je prenais le temps de réfléchir, je reculerais. Qu'est-ce que je ressens tout à coup ? Mon cœur cogne dans ma poitrine, mon pouls me cisaille les tempes. Ça ne va pas. J'ai trop honte et le trac me serre la gorge. Mais je suis fou. J'allonge ma main droite devant une première fenêtre au milieu de la rame. Je murmure les yeux fixés, immobiles, sur un voyageur d'une cinquantaine d'années : « *Bâbu*, donnez-moi de l'argent ! » J'ai entendu les mendiants quêter ainsi. Sans me regarder, cet homme balance la tête pour m'indiquer avec mépris de dégager.

Je me présente devant la fenêtre voisine. Et les cinq qui suivent. Sans succès. Les voyageurs m'ignorent et je bouge de moi-même, ou bien ils me font signe de la main ou de la tête d'aller me faire pendre ailleurs. L'un d'eux ajoute : « Va plus loin ! » Je sais, merci. Je suis déçu mais pas trop surpris que personne ne me donne rien. Il y a un million et demi de mendiants en Inde. Ils ne suscitent plus la pitié. Pourtant, ils doivent vivre de l'aumône, sinon ils changeraient de métier. Est-ce que je m'y prends mal ?

Je ne médite pas sur cette question. Je continue de faire la manche, je passe à un autre wagon. Cela semblerait bizarre pour les voyageurs que j'ai dérangés si je m'arrêtais. Je décide d'insister devant un homme de quarante-cinq ans, propret, en polo noir et portant des lunettes fines, il semble assez aisé. Je reste planté face à sa fenêtre, la main tendue, le regard implorant presque mouillé, répétant sur un ton las : « *Bâbu !* » Quel comédien ! Le voyageur me dévisage avec des yeux de poisson mort. Tout le monde a déjà vu un poisson crevé. Ça ne sourit pas. La scène dure une minute. J'en ai marre et j'ajoute toujours à mi-voix : « J'ai faim. » Ce qui suscite une réponse : « Va voir plus loin. J'ai rien pour toi ! »

Menteur !

Le voyageur de la fenêtre voisine, lui, me parle :

« Que veux-tu ?

– De l'argent. (Je le lui ai déjà dit en m'approchant.)

– Quoi ?

– De l'argent.

– Pour quoi faire ?

– Pour manger, j'ai faim. » Je mets la main gauche sur mon estomac.

Le type rétorque : « T'es jeune. Travaille ! » Je ne sais quoi répondre et, sans espoir, je quête devant la fenêtre suivante.

Surprise. A peine ai-je allongé la main, que ce grand type de quarante ans fouille dans sa poche. Je rêve ! Cherche-t-il du fric pour moi ? Oui, c'est ça. Il sort une pièce de vingt centimes et la pose dans ma paume. Je porte ce sou à mon front en signe de respect, comme si c'était un don divin. Je suis si heureux, vous ne pouvez pas imaginer.

Mendier, ça marche. Ce premier sou ne représente que quatre centimes en francs français, mais il me procure une sensation de béatitude comparable à la plénitude du plaisir pendant un orgasme. Je n'exagère pas. Je devine soudain que je pourrai vivre dans la peau de Râm Mundâ.

Je continue de faire la manche jusqu'à la queue du train. Il reste deux wagons. J'essuie des refus, des sourires moqueurs, et puis un autre homme de quarante ans, vêtu lui aussi comme un citadin de classe moyenne en chemise et pantalon, me donne deux piécettes de dix centimes. J'ai gagné quarante centimes en quêtant sur un demi-train. Ça représente huit *biri* ou une demi-tasse de thé. Ce n'est pas si mal et je file acheter une *biri* sur un autre quai. Je ne veux pas que ceux qui m'ont fait l'aumône me voient dilapider leurs dons. Ça me gênerait.

Pas de chance. Dans la gare, les colporteurs refusent de me vendre à l'unité leurs *biri*. Les deux colporteurs que j'ai approchés l'un après l'autre me répondent sur le même ton méprisant : « Ici, les *biri*, c'est au paquet ! Une roupie et demie. » Je ne les possède pas. Tant pis. J'attendrai et je m'attaque aux trains suivants.

Vers huit heures trente, j'ai réuni de quoi m'acheter mes *biri*. J'ai fait deux trains. Le premier, très long, allait à Calcutta, je crois, et j'y ai récolté une roupie en trois dons. Le second, un omnibus à moitié vide aux wagons déglingués, m'a rapporté soixante centimes en trois dons également. Mon gain total se chiffre à deux roupies depuis ce matin et je me paie mon paquet de *biri* et une boîte d'allumettes. Puis je grimpe sur la passerelle nord et je m'assieds en tailleur par terre, adossé contre la rambarde, à l'ombre. J'allume une clope et je tire dessus. La fumée de la feuille d'eucalyptus qui brûle est agréable.

J'ai sorti l'écuelle de ma musette et l'ai placée à mes pieds avec deux pièces de dix centimes dedans. Je nourris l'espoir que les passants y jetteront des sous. J'ai déjà vu des vieux mendiants travailler ainsi sur cette passerelle. Eux, en outre, ils interpellaient chaque passant. Après ma nuit blanche parmi les *musahar*, je n'en ai pas la force, je veux souffler un peu. La gare reste déserte. Juste quelques voyageurs vont et viennent suivis de coolies en veste grenat. Ils transportent les valises empilées en équilibre sur le sommet de leur crâne. Un numéro de cirque.

Personne ne me jette de pièce. Les voyageurs m'ignorent et, quand ils baissent le regard sur moi, ils me fusillent avec des yeux froids, méchants. Pourquoi ? Je ne leur tends pas ma sébile. Je respire un peu d'air et je me montre en public. Ma présence les gêne ?

Je me repose environ une heure sur la passerelle, puis un balayeur de la gare me déloge. Il soulève la poussière avec son balai et me l'envoie en pleine figure en passant devant moi, comme si je n'existais pas. Ensuite, il jette des seaux d'eau sur le sol et rebalaie. Cette fois, en arrivant à ma hauteur, il me lance : « Dégage ! » Il pourrait être moins rude, mais c'est vrai, je gêne. J'obéis sans piper et je redescends mendier le long des trains.

La station s'est réveillée. Une dizaine de petits intouchables cireurs de chaussures – métier exercé par la caste des cordonniers – arpentent les quais pour proposer leurs services aux rares personnes chaussées de souliers en cuir. Je croise enfin d'autres mendiants : un vieux mieux habillé que moi, un aveugle entre deux âges au visage grêlé, une femme d'une trentaine d'années dans un sari raide de crasse noire et en lambeaux. Chaque fois, j'ai la trouille. Vont-ils m'interdire de mendier ici ? C'est peut-être leur territoire. Je suis nouveau et j'ai lu des articles en France sur les mafias de mendiants en Inde. La gare de Bénarès est-elle contrôlée par un gang ? Je ne sais pas. Ces trois mendiants m'ignorent. Ils me croisent ou me dépassent en jetant un œil juste pour ne pas quêter où je me trouve. Ils ne disent rien, ils ne sourient ni ne grimacent. Et voilà. Et ils continuent de tendre la main ou une sébile là où je suis passé avant eux et je fais de même dans la direction d'où ils viennent. Je me dis que j'aurai peut-être de la chance là où ils n'en ont pas eu et aussi là où ils en ont eu. C'est ce qui se produit. Sur les portions de trains qui ont déjà été quêtées, je récolte encore des aumônes.

Désormais, je travaille avec ma sébile et je fais la manche le long de cinq trains, puis je m'offre une pause. Une rame complète compte une quinzaine de wagons, ça mesure un demi-kilomètre, c'est long et fatigant à mendier, et les trains se succèdent l'un derrière l'autre à des quais différents. Enfin, je ne me plains pas. J'ai gagné quatre roupies. Soit presque une roupie, c'est-à-dire vingt centimes français, par train.

Ça va.

Midi approche. J'ai un peu faim et très soif. Il y a plusieurs fontaines sur chaque plate-forme et je m'arrête devant l'une d'elles pour y boire. C'est la première fois en Inde que j'absorbe de l'eau du robinet non bouillie ou désinfectée avec des comprimés. L'eau du robinet pullule de germes mais, dans la peau d'un mendiant, je ne peux pas acheter de l'eau minérale à dix roupies le litre à la buvette de la gare. J'ai peur d'attraper des amibes, une hépatite virale ou la typhoïde. Ces maladies et beaucoup d'autres sont endémiques ici.

Que boire ?

Je dois imiter les Indiens : ils consomment dans leur immense majorité l'eau du robinet telle quelle. Et si j'attrape une colique carabinée – la diarrhée est un mal commun dans tout le sous-continent indien –, ça fera partie de ma nouvelle existence.

Je bois au moins un litre dans mes mains. Le robinet de la fontaine fuit et m'asperge un peu avec la pression. Je m'en moque, l'eau est si agréable. J'aime cette douche. Ensuite, je remonte me reposer sur la passerelle nord. Je fumerai une *biri* et ça calmera ma faim.

A l'aise, appuyé contre la balustrade, je me suis assis par terre en face d'un autre clochard. Peut-être pour lier amitié. Il est grand avec des traits fins et un teint clair. Sa trentaine d'années, ses longs cheveux noirs pas peignés, sa barbe folle, son linge blanc cassé qui lui sert de pagne et sa chemise ocre trouée lui donnent un air de Jésus-Christ. Il ne mendie pas. Et il me mate. Et je le mate. Ni haine ni bonté dans ses yeux immobiles. J'aimerais échanger un sourire, faire sa connaissance, mais il vient de tourner la tête et il fixe les passants qui vont et viennent.

J'ai placé mon écuelle devant moi, bien en vue. Personne n'y pose une pièce. On me jette juste les regards méchants habituels. Je ne tends pas ma sébile, ça m'aiderait sans doute, mais ce serait épuisant, il y a cohue à cette heure sur la passerelle. Je suis par terre et des centaines de jambes me frôlent comme si je n'existais pas. Et elles n'appartiennent pas à des jeunes femmes en mini-jupes. C'est tout juste si elles ne me marchent pas dessus. J'étouffe et je m'offre une *biri*. Ça m'occupera la tête que j'ai vide comme une vieille noix de coco rance. J'allume ma clope, je m'applique à frotter mon allumette vers l'extérieur et non vers moi comme je le faisais quand j'étais français, et je tire une grosse taffe. Ça peut surprendre, mais ça me permet de respirer. Jésus-Christ en me voyant fumer sort une *biri* d'un paquet. C'est important car ça signifie : les vrais sans-logis indiens se paient des *biri*. En plus, Jésus-Christ possède lui aussi sa boîte d'allumettes. Je suis bien dans la norme.

Je vais pisser dans la « maison de l'urine » au bout du quai numéro un et puis je reprends ma place sur la passerelle. Jésus-Christ est parti.

J'attends Gloire. Nous sommes convenus d'un rendez-vous sur la passerelle vers treize-quatorze heures. Elle me surveillera de loin sans m'approcher, comme avant-hier à Godhauliâ. Inquiète, elle veut s'assurer que tout se déroule bien pour moi et elle en profitera pour me filmer dans la gare. Ensuite, je retournerai me faire un ou deux trains et je devrais alors posséder cinq ou six roupies, ce qui me suffira pour déjeuner. Cette idée d'un repas me réjouit.

Gloire arrive vers treize heures. Elle passe devant moi sans me voir. Je ne peux ni l'appeler ni lui parler, ça attirerait l'attention sur moi. Elle poursuit sa route et s'accoude au bout de la passerelle.

Comme pour guetter mon arrivée. Mais, chérie, je suis là ! A trente mètres de toi, assis par terre, contre la rambarde de droite. Tout seul et en évidence. Dix minutes s'écoulent et elle repasse devant moi sans me reconnaître. Cela m'exaspère. Je suis un mendiant indien dans une gare indienne et ma femme ne me distingue plus dans le décor local. Que suis-je devenu ? Suis-je si anonyme, si négligeable pour que son regard balaie l'espace sans s'attarder sur moi ? Quand réussira-t-elle à me voir ? Je me hais. Non à cause de la couleur de ma peau ou de ma crasse mais à cause de la solitude où me plonge cette identité de mendiant. Envie de pleurer.

« Reviens, Gloire ! Regarde-moi ! Montre-moi que j'existe ! Pour toi au moins ! » Un quart d'heure plus tard, elle arpente à nouveau la passerelle. Cette fois, elle plante les yeux sur chaque Indien. Ça y est, elle m'a identifié. Je le sais. Elle ne me fait aucun signe mais elle sort son caméscope et filme dans ma direction.

Je fais la quête le long de deux trains, je gagne une roupie soixante-dix, puis je bois un coup d'eau sur le quai numéro six et je sors déjeuner.

Du côté opposé au Gange, au bâtiment principal de la billetterie et au parvis des *musahar*, la gare donne sur l'ancien cantonnement britannique. Un quartier calme et verdoyant avec ses villas coloniales isolées au milieu de parcs immenses, ses hôtels de luxe et ses églises chrétiennes. Des gargotes s'y alignent à proximité de la dernière voie ferrée. Elles sont misérables : un fourneau en terre, quelques tables et des bancs en planches de bois brut installés sous une bâche déchirée. Mais ça sent bon le pain chaud et les épices qui mijotent.

Je m'assieds seul à l'une des cinq tables de la seconde gargote. Trois énormes gamelles en alu pleines de ragoût de légumes, de purée de lentilles et de riz blanc trônent sur une des tables à l'entrée de l'établissement, à côté du fourneau en terre. Un mec torse nu et en sueur, avec un chiffon graisseux en guise de cache-sexe, y rôtit des galettes de pain sur une plaque de fonte. Il y a du débit. La nourriture semble fraîche, et cela m'a attiré.

Aux autres tables, trois types mangent goulûment. Un vrai plaisir pour leur palais et leurs doigts. Ils les trempent dans une petite soucoupe de curry végétarien, ils malaxent longuement la sauce et les légumes avec un bout de galette de pain. Alors ils baissent la tête. Et vlan ! Ils avalent la galette ruisselante de sauce jaune, sucent leurs doigts et recommencent. Ça a l'air délicieux.

La surface de ma table est poisseuse et le sol en terre humide de la gargote est jonché de détritus et de grains de riz cuits. Un jeune homme dynamique en chemise et pantalon blancs vient prendre ma commande. Comment la passer ? Habitué aux riches repas indiens pour Occidentaux, aux plats aux noms élégants, j'ignore comment les Indiens pauvres réclament à manger dans leurs gargotes qui ne proposent qu'un ou deux ratas. Je suppose qu'il n'y a pas de menu ici et je ne peux demander ce qu'ils servent. C'est si limité et sans doute évident pour un Indien. Ma question semblerait bizarre. Dans le nord de l'Inde, les légumes et la viande encore davantage sont des luxes et le menu quotidien se compose de purée de lentilles accompagnée de riz ou de pain. Je sais que les Indiens se contentent de dire pour indiquer un repas correct : « Aujourd'hui, j'ai mangé des légumes et du riz » ou bien « des légumes et du pain ». Ils ne précisent pas le nom des légumes comme si cela n'importait pas. Ni le genre de curry.

Je dis au garçon : « Apporte des légumes et des galettes de pain. »

Il approuve d'un balancement de tête et me sert deux grandes galettes chaudes de pain, plus, dans une soucoupe, deux cubes de patates et trois haricots verts nageant dans la sauce jaune et pimentée du curry standard. Ça sent bon. Et c'est exquis. Je mange avec les doigts de ma main droite, rompant la galette en morceaux que j'utilise comme autant de cuillères pour saisir le ragoût liquide. Depuis mon arrivée en Inde en juillet, je m'y suis entraîné et je me nourris sans difficulté avec la main droite. Je me régale et recommande une galette. Elle m'est servie avec un peu de rab de curry. Très fluide. Le pain me sert d'éponge pour l'absorber.

Je dois profiter de ce repas, je ne pourrai peut-être pas m'en payer un autre ce soir. Autrefois, à Godhauliâ dans les gargotes pour touristes, je commandais chaque fois deux ou trois plats consistants avec juste un peu de pain pour pousser et je refusais les rab de sauce. Aujourd'hui, c'est le contraire, beaucoup de pain et peu de sauce.

Je le répète : je me régale. Un bon repas, c'est quoi ? C'est un repas qui satisfait l'estomac et la tête. Celui-ci en est un. Je découvre que, lorsqu'on a faim et que l'on ignore quand on pourra se remettre à table, la plus simple des nourritures peut vraiment rendre un homme heureux. Plonger l'être dans une douce béatitude. Et ce déjeuner, j'ai mendié, j'ai été humilié, méprisé pour me l'offrir. Je ne veux pas dire que je l'ai mérité : ça, ça importe peu après tout. Pour moi, ce repas, c'est juste comme une chouette fille que j'aurais draguée pendant un mois avant de conclure. J'en avais très envie. Et je suis comblé.

Je me rince les doigts derrière la gargote avec une timbale d'eau et je paie. Trois galettes, ça fait trois roupies, le ragoût liquide est gratuit. Comme le pain en France dans les restaurants, c'est bien l'accompagnement et non le plat. Je retourne dans la gare et je mendie jusqu'au crépuscule. Je m'offre aussi un coup d'eau et une pause *biri* sur le quai numéro un.

Dix-sept heures trente, le jour tombe. Depuis ce matin, j'ai gagné dix roupies soixante centimes, soit deux francs français. Pas mal. Un manœuvre ou un pousse gagne une trentaine de roupies par jour. Il me reste environ six roupies et j'ai de quoi dîner ce soir, mais je peux résister à la faim. Alors je choisis d'économiser en prévision de lendemains moins généreux et j'achète deux bananes à un colporteur pour une roupie. Ça me permettra de tenir jusqu'à demain midi. Ensuite, je sors me balader sur le parvis. Les *musahar* sont de retour, mais ce ne sont pas les mêmes qu'hier. Épuisé par la nuit blanche précédente et la journée passée à mendier, je décide de m'asseoir pour les regarder et puis je me coucherai. Je reprends ma place de la veille, au centre du parking. Ce soir, de si bonne heure, je m'y ferai peut-être des amis.

Les familles autour de moi rangent des tas de feuilles, et des casseroles en alu fument au-dessus des feux de bois. Des fillettes trient des lentilles ou pétrissent de la pâte à pain. Un peu en retrait sur ma droite, un homme et une femme, avec dans un bras un bébé qui lui suce le sein, mangent du riz blanc parsemé de rondelles rouges, sans doute des carottes. Le riz est très collant. Ils roulent avec leurs mains droites une boule de la taille d'un œuf de poule et ils l'enfournent. Ça leur gonfle la bouche et ils mastiquent lentement avec un large sourire tout en remodelant une nouvelle boule.

Je m'allume une *biri*. Devant moi, il y a un couple d'une vingtaine d'années avec un bébé d'un an et des poussières qui essaie de marcher. L'homme au teint d'ébène me fait signe de lui lancer ma boîte d'allumettes. Je la lui porte, trop content qu'il m'ait remarqué. Il met le feu à un bout de chambre à air et le glisse sous un petit tas de branches. Ça pue, mais les flammes mordent le bois. Je me chauffe un peu les mains et je dis :

« Fait froid !

– Ouais… D'où tu viens ? il demande.

– Du Bihâr. Je suis un aborigène. Un Mundâ.

– Ah ? Nous aussi, on est des aborigènes », il lâche blasé et il s'offre une *biri* avant de me rendre mes allumettes.

« Vous êtes tous des *musahar* sur ce parking ?

– Ouais. Ici, nous sommes une trentaine de familles *musahar*.

– Et les gens à côté sur le trottoir ?

– Eux, c'est des musulmans. Y sont pas des nôtres. Toi aussi, t'es hindou ? »

J'hésite avant de répondre. Puis je me rappelle le baratin que j'ai préparé :

« Oui, nous, les Mundâ, on croit à Shiv et Durgâ et Râm.

– Nous aussi.

– T'as un beau bébé. Comment y s'appelle ?

– Sushilâ. »

C'est donc une fille. Lui, il se nomme Sukhu. Je lui raconte que je ne suis pas marié, ce qui implique aussi en Inde que je suis sans enfants, et Sukhu me confie que les enfants procurent aux parents les plus grandes joies de leur vie. Je lui demande depuis combien de temps il est marié. Il réfléchit puis répond en plissant les yeux comme si son esprit calculait : « Ça fait beaucoup de jours ! » (sic). Il se tourne vers sa femme qui confirme : « Oui, ça fait beaucoup de jours. »

Ils ne savent pas compter les mois ou les années. Incroyable ! Je rappelle que leur bébé a plus d'un an et qu'ils sont donc mariés depuis au moins deux ans vu le contexte indien qui interdit les relations sexuelles prémaritales.

Changeons de sujet. J'explique que je suis venu en pèlerinage à Bénarès, puis Sukhu m'apprend qu'il cueille les feuilles dans la jungle de Rae Bareli, à plus de deux cents kilomètres d'ici.

Comme lui, les autres *musahar* du parking font l'aller et retour en train tous les trois jours entre Bénarès et Rae Bareli, ou un autre district de jungle. Sa femme et sa fille l'accompagnent. Je lui demande de préciser.

« Aujourd'hui, nous arrivons de Rae Bareli. Nous allons trier les feuilles cette nuit et demain nous les vendrons à Nâi Sarak, puis nous repartirons à quatorze heures par l'express de Delhi. Ensuite, nous cueillerons des feuilles et, le surlendemain, nous rentrerons à Bénarès. »

Je signale que l'express de Delhi met six heures trente pour atteindre Rae Bareli dans des wagons bondés, aux banquettes dures. Sukhu récolte à chaque voyage de quoi confectionner une cinquantaine de liasses de feuilles qu'il vend deux roupies et demie. Soit cent vingt-cinq roupies (environ vingt-cinq francs français) au total. Il possède une hutte à Lohtâ, un village dans la banlieue de Bénarès. Ses parents y vivent et le jeune couple y rentre de temps à autre. Sinon, ils dorment toute l'année à la belle étoile et vivent avec un revenu de moins de mille roupies par mois – c'est moi qui établis cette estimation ne voulant pas infliger à Sukhu une nouvelle épreuve de calcul –, la moitié d'un salaire mensuel moyen ou deux cents francs français. Ils parcourent chaque mois des milliers de kilomètres pour gagner cette pitance. Le prix du transport jusqu'à Rae Bareli doit en manger pas mal. Je demande à Sukhu combien coûtent les billets de train.

« On n'achète pas de tickets !

– Et y a pas de problèmes avec le contrôleur ?

– Non.

– Ça marche ainsi ?

– Ça marche ainsi ! »

Je n'insiste pas. Ce n'est peut-être pas exceptionnel de voyager sans billet en Inde. Nous parlons encore un peu, puis je retourne à ma place et je me couche. Sukhu ne me retient pas pour dîner ou lier une vraie amitié, et je ne le reverrai plus. Ce n'était qu'un type à qui j'ai prêté mes allumettes. Je suis si seul et le bruit sur le parvis reste infernal. La musique de Krishna, les camions, les engueulades des *musahar*... La fatigue me fait tomber dans le sommeil. Comme dans un trou.

31 octobre.

Le froid, la nuit, le bruit.

Quatre heures du matin, je ne dors plus. Le chef des *musahar* braille. Je l'écoute un peu. Toujours la même rengaine. A boire ! Toujours et encore. Et personne pour lui clouer le bec. Ça ne servirait pas à grand-chose, c'est sûr. On ne peut pas empêcher les ânes de braire ni les corbeaux de croasser, c'est leur nature. Je sens que cette journée qui commence sera longue et sans intérêt si je reste ici. Je décide de descendre à pied vers le Gange. Ça me changera les idées.

La ville est déserte, rien à signaler. J'arrive à l'aurore au *ghât* de Dashâshvamedh. Je m'assieds en haut des marches et je fume ma première *biri* en regardant le soleil grimper en face, sur la rive inhabitée du Gange. Il n'y a pas encore foule sur le *ghât* Dashâshvamedh. Une rampe de fer épouse les escaliers de pierre vers le fleuve et une vingtaine de mendiants s'y alignent. Je me souviens que je suis un des leurs et je m'assieds moi aussi contre la rampe sur un palier libre.

J'ai toujours vu des mendiants à cet endroit de Bénarès. Les pèlerins qui affluent pour se baigner les attirent. La charité est un devoir hindou et les dévots aiment s'en acquitter sur ce *ghât* sacré. Attention ! La pitié ne les motive pas. Ils essaient de se conformer à l'ordre universel où le riche donne aux pauvres, ils accomplissent un acte généreux qui améliorera leur propre *karma* et donc leur prochaine réincarnation.

Un vieux interrompt mes réflexions pompeuses sur la métempsycose et la bonté de l'homme. En chemise et pantalon non troués, ce type est trop bien vêtu pour être un mendiant. D'où sort-il ? Il prétend que je ne peux faire la manche ici car d'autres mendiants réservent cette place et les autres marches inoccupées le long de la rampe. Ils vont arriver... Je ne cherche pas d'histoires. Il me reste cinq roupies sur ce que j'ai mendié hier, c'est suffisant pour déjeuner, et je me lève, peinard, libre. Quand la tempête s'annonce, il faut savoir rester tranquille et tuer le temps. Je réessaierai de quêter ici un autre jour et je pars savourer le soleil en haut du *ghât* voisin, celui du docteur Râjendr Prasâd. Il est large et planté de deux châteaux d'eau. Je m'offre une seconde *biri* et j'attends là jusque vers huit-neuf heures. Je ne pense à rien. Il y a des moments comme ça dans la vie où on se laisse exister, c'est tout, comme un légume, et il n'en reste rien.

Soudain, je réalise que j'ai faim. Je m'inquiète.

Et si je ne réussissais plus à mendier à la gare ?

Bah ! Je trouverai toujours une solution et de quoi manger. Parce qu'il le faut, parce que je veux vivre. J'ai confiance, et puis une légende raconte que personne ne peut souffrir de la faim à Bénarès. C'est le paradis sur terre. Shiv, sa divinité tutélaire, y envoya sa femme Annapurnâ, la déesse de la nourriture abondante, pour protéger ses habitants. Je me souviens, j'en ai entendu parler : sur la rue Dashâshvamedh, il existe un petit temple du Bâbâ Khichari, en face de l'entrée de la ruelle qui conduit au Temple d'or. Le matin, on y distribuerait de la nourriture gratuite aux pauvres. Je me lève et je vais voir si aujourd'hui il y aura à manger pour moi.

Bâbâ est un terme honorifique pour les saints et les vieillards. En passant autrefois à Godhauliâ, j'ai vu à l'intérieur de ce temple, derrière des grilles rouges, une statue de pierre blanche. Elle représente le Bâbâ Khichari. On m'a raconté que c'était le dieu du *khichari*. Son existence m'étonne, mais comment s'y retrouver dans la forêt des dieux hindous ? Dans la banlieue sud de Bénarès, le Bâbâ Gullâ et le Bâbâ Detrâ sont bien les dieux de la marijuana.

Je m'explique. En hindi, le mot *khichari* signifie « mélange ». Il désigne aussi une bouillie de lentilles et de riz. On la cuit avec du curcuma et du sel. On peut l'enrichir d'épinards, de tomates, de chou-fleur, de potiron... Comme son nom l'indique, c'est une mixture, et c'est le mets traditionnel du samedi à Bénarès. Il est savoureux et très populaire, mais il n'est pas servi au restaurant ni à des invités car il est bon marché. Il constitue un repas complet en soi, avec ses céréales et ses légumes, et c'est pour cela que les bonnes œuvres hindoues servent du *khichari* aux pauvres, m'avait raconté mon prof Sanjay. Cela leur évite de préparer des menus compliqués. Dans le *khichari*, il y a tout, et ce plat serait déifié par le Bâbâ Khichari.

J'arrive devant le temple du Bâbâ Khichari. En plein air, au bord de la chaussée encombrée de pousses et de vaches, une énorme marmite pleine de *khichari* fume sur un fourneau en terre. Un petit gros musclé d'une quarantaine d'années touille la bouillie jaune avec une spatule en fer d'un mètre de long. Il peine à remuer la pâtée collante et transpire à grosses gouttes. Il porte un T-shirt jaune maculé de suie et de sueur et un lungi vert passé qu'il a retroussé telle une mini-jupe. Il est repoussant. La nourriture n'est pas prête et, sur un signe de tête méprisant, il m'ordonne de dégager. Son dédain m'indiffère : je suis trop content, tout à l'heure il m'offrira à manger.

Je m'assieds par-derrière sur le trottoir et j'allume une *biri*. Je n'ai rien avalé depuis hier et j'ai hâte que le *khichari* soit servi. La bouillie jaune vif est rudement appétissante, et l'idée que je vais me régaler dans moins d'une heure semble très très douce. Une dizaine d'autres hommes de vingt à trente ans en hardes terreuses, deux gosses à demi nus et quelques femmes intouchables avec leur sari sale et leur balai sous le bras patientent à côté de moi. Nous ne nous parlons pas, nous n'échangeons aucun regard. Comme si nous, les pauvres, nous n'avions rien à exprimer. Ce n'est qu'une illusion. C'est juste la faim, l'ennui, le manque de sommeil qui nous ôtent le désir de communiquer.

Trop fatigués pour sympathiser. Mais pas pour se quereller... Lorsque le cuistot sonne la cloche pour indiquer que c'est prêt, nous nous ruons et nous nous bousculons devant la marmite. Au préalable, il a présenté une gamelle de bouillie à la statue du Bâbâ Khichari puis il l'a reversée dans la marmite. Ce rite a dû bénir l'ensemble du *khichari*, nourriture divine, et nous nous poussons pour en avoir. Pourtant, il y en a au moins cinquante kilos, bien assez pour tout le monde.

Les deux assistants du cuistot, un jeune et un vieux, nous ordonnent de nous asseoir en rang sur la chaussée, le dos à la circulation automobile et bovine qui est dense à ce carrefour. Nous nous accroupissons sans réfléchir au danger d'être écrasés ou encornés et le jeune assistant nous jette par terre des assiettes en feuilles de *mahuâ*.

Je répète : il les jette. Ça lui évite de nous toucher car, vu nos hardes, nous appartenons en majorité à des basses castes. Donc, une feuille devant chaque convive. Celui-ci la ramasse, l'essuie et l'installe à plat devant ses pieds sur le sol terreux.

Incroyable ! Mon voisin me pique ma feuille et la glisse sous la sienne. Le salaud ! Il a raison, ce sera plus étanche et sa bouillie sera moins en contact avec la chaussée. Je rouspète :

« C'est ma feuille.

– Demandes-en une autre !

– Rends ma feuille !

– Non !

– C'est la mienne !

– Non ! »

Imaginez la scène : deux loqueteux sont accroupis dans la poussière d'une rue animée et se disputent une assiette en feuille.

Le jeune assistant arrive avec un seau en fer-blanc plein de bouillie et il la sert à chaque convive avec une casserole en guise de louche. Bientôt mon tour. Je ne veux pas me disputer mais je dois manger et je gueule sur mon voisin. Il me rend ma feuille. Je l'essuie et je la place devant mes pieds.

L'assistant m'y verse une casserole de bouillie. En tombant, ça fait schplaf ! Une casserole constitue la dose individuelle. Et hop ! au suivant, il lâche une casserole sur la feuille de mon voisin. Schplaf ! Au suivant !

C'est très chaud et, pour manger plus vite, nous refroidissons notre portion en l'étalant de la main droite. C'est si chaud, ça me brûle le bout des doigts. Aux autres aussi, ils se les secouent comme pour calmer la sensation de piqûre. Nous avons l'estomac dans les talons : comment résister, ne pas commencer à manger ? Alors je me brûle davantage en portant un peu de bouillie à ma bouche.

En France, je me nourrissais avec des couverts et je goûtais la température des aliments et leur texture sur ma langue. En Inde, je découvre la nourriture avec les doigts avant la bouche ; et comme Râm Mundâ est affamé, ce sont les doigts et non le palais que je me brûle dans ma précipitation, et ça fait assez mal. Alors je me répète qu'il faut attendre que ça refroidisse. Je patiente. Quinze secondes. Mais je vois les autres manger et je repique une boulette de bouillie. Je me brûle encore les doigts. Enfin, j'ai quelque chose dans la bouche, c'est agréable.

Est-ce délicieux ? Ce *khichari* est moins bon que sa couleur safran ne le laissait espérer. Il est trop salé, trop pâteux et il libère un arrière-goût de brûlé. Pendant la cuisson, le petit gros a dû laisser roussir le fond de la marmite. Certains plats français, comme la crème caramel, réclament ce goût de brûlé. Là, le brûlé donne un mauvais goût. Pourtant, je trouve ce *khichari* savoureux. Tout du moins au début du repas : j'ai si faim.

Ma portion doit peser un kilo. On dirait une montagne de riz et de lentilles sur ma feuille. Je cale à mi-course. Si c'était du pain ou de la purée, ça glisserait tout seul, mais pas le riz bouilli avec seulement des lentilles, sans viande ni légumes. J'en avale environ une livre, ensuite ça coince. Sans doute une question d'habitude, car les autres convives continuent de se régaler. Certains ont nettoyé leur assiette et ils réclament du rab au cuistot. Pour eux, ce *khichari*, c'est de la brioche.

Bizarre. Mon estomac n'est pas plein et je n'ai plus d'appétit. Ce n'est pas comme en France. Là-bas, quand je n'avais plus faim, je me sentais lourd et satisfait.

Autrefois, j'aimais bien le *khichari*. Ma femme m'en préparait avec des épinards et des tomates et elle versait dessus quelques cuillères de beurre fondu avant de le servir. Son *khichari* me comblait. Celui de ce matin ne contient que quelques rondelles de potiron. C'est fade.

Je dois me forcer à finir ma portion car personne ne quitte sa place avant. Ce serait sans doute inconvenant de gâcher cette nourriture que Dieu offre aux pauvres. Je mange, bouchée après bouchée, je m'y oblige. Et je regarde mon voisin se goinfrer et reprendre du rab comme s'il faisait des réserves pour l'hiver. Je lui demande :

« Ce soir, ils servent encore à manger aux pauvres ?

– Non.

– Et ailleurs ?

– Non. »

Je comprends. Si je ne termine pas ma plâtrée, je vais claquer du bec cette nuit. Surtout que la bouillie ne tient pas au corps.

C'est ainsi, être pauvre : il faut posséder un estomac de bœuf. Quand tu trouves à manger, il faut savoir en profiter. Tu dois ingurgiter de quoi faire tourner le moteur pendant au moins vingt-quatre heures.

Je me le répète et ça m'aide à finir mon assiette. Ensuite, je vais boire un coup d'eau à la fontaine d'à côté et je remonte vers Godhauliâ.

Marcher. Marcher. Je hais la marche dans cette ville. Quand la mousson ne transforme pas ses rues étroites en torrents de boue, une épaisse poussière me brûle la gorge et les yeux, et le méchant soleil des tropiques chauffe, chauffe. Ce n'est pas le gentil soleil d'Europe qui fait bronzer et donne envie de se promener. Celui-là, il tanne la peau et fait suer à grosses gouttes. « Il brûle la terre, il pompe la matière cérébrale des hommes, il empêche les chiens d'aboyer », écrivait Albert Londres dans *Terre d'ébène*. C'est plus vrai à Bénarès que partout ailleurs où j'ai traîné mes tongs. Marcher, toujours marcher, c'est pénible mais un pousse coûte trop cher.

Je file vers le nord-est, au *ghât* Râj, près du grand pont de fer qui enjambe le Gange. Râjâ Râm m'a raconté que se dresse là-bas un immense temple pour les intouchables. Un temple dédié à Ravidâs, leur saint patron. J'ai envie de le visiter, de me sentir chez moi, parmi d'autres intouchables. Je me sens si seul et, je le sais, ce n'est pas du chiqué, je fus, je suis et je resterai jusqu'à ma mort un intouchable. Dans la peau de Râm Mundâ comme dans celle de Marc Boulet.

Ravidâs est un saint intouchable et il est originaire de Bénarès. Il y naquit il y a environ cinq siècles dans une famille de cordonniers. Dans le faubourg de Sir, à la lisière du campus de l'Université hindoue de Bénarès, un temple a été édifié sur son lieu de naissance. J'y suis allé en septembre. Le temple mesure une dizaine de mètres de hauteur. C'est un édifice de briques sans caractère et l'une de ses deux tours est restée inachevée. Sur le côté, pousse un rejeton du tamarinier qui aurait ombragé la hutte de la famille de Ravidâs. Voilà pour commémorer la naissance du dieu du quart de la population indienne ! Je n'ai repéré ni pèlerins, ni touristes, ni boutiques de souvenirs aux alentours. L'endroit distille la misère et l'ennui d'un village indien ordinaire. Des paysans vêtus de loques poussiéreuses, des masures de terre, des vaches osseuses qui chient sur les chemins et des chiens pelés qui aboient sur votre passage.

Ravidâs est un personnage intéressant. Au XVe siècle, il milita contre les superstitions, les traditions et les injustices sociales perpétrées au nom de la religion hindoue. Intouchable, il serait devenu néanmoins le gourou de centaines de milliers d'hommes et de femmes, dont la célèbre princesse et poétesse Mirâ Bâi. Son message égalitaire, fondé sur la fraternité et le droit au respect pour tous les individus, le fait considérer par ses fidèles comme un révolutionnaire. Il s'opposa à l'intouchabilité et répétait à propos du système des castes :

> « Ne demandez pas à quelle caste appartient quelqu'un !
> Que ce soit la caste de Dieu ou celle de Ravidâs,
> Il n'existe pas de mauvaise caste ! »

C'est la première fois que je vais dans les quartiers nord-est de Bénarès ; je demande mon chemin. Je n'interroge que des passants aussi mal vêtus que moi. Je ne suis pas fou. Je ne cours pas le risque d'approcher des membres des hautes castes. Cela me gênerait de leur raconter que je cherche le temple de Ravidâs, ce qui indique que je suis un intouchable. Je n'éprouve pas de honte à en être un, mais je n'ai pas envie de le crier sur les toits devant des gens qui me méprisent. Pourquoi courir le risque d'être rabroué ?

Ma route est simple. C'est tout droit, à trois kilomètres. Le temple se trouve au pied du grand pont métallique, au bord du Gange. Il surgit au milieu des berges arborées de ce faubourg paisible, il saute aux yeux et pourtant je n'ai jamais rien lu à son sujet dans un guide touristique. Pourquoi ?

Il est gigantesque. Il mesure une trentaine de mètres de hauteur et sa façade habillée de marbre blanc domine les eaux vertes du fleuve sacré. L'édifice serait magnifique s'il n'était pas inachevé – lui aussi –, si des échafaudages ne le défiguraient pas.

C'est curieux, cinq tours le coiffent : un clocher chrétien, un minaret musulman, un campanile sikh, un stûpa bouddhiste sur chaque coin du toit, et au centre, plus haute et plus large, la tour hindoue. Ravidâs prêchait l'égalité entre tous les hommes et toutes les religions. C'est judicieux d'avoir planté au sommet de son temple le symbole des principales religions, mais la taille plus importante et la position centrale de la tour hindoue signifient aussi la supériorité de l'hindouisme. Cet agencement me gêne et me semble déplacé sur ce monument. Il me rappelle aussi que des masses innombrables d'intouchables se sont converties au fil des siècles à l'islam, au christianisme ou au bouddhisme pour sortir du système d'esclavage hindou. Affirmer la suprématie de l'hindouisme quand on est intouchable et l'afficher au sommet du temple de votre saint patron, c'est accepter le système des castes et l'intouchabilité. C'est creuser sa propre tombe. En pire, en demandant en plus d'y être enterré vivant. Cela me rend triste. Je remarque aussi que personne ne traîne devant ce grandiose palais de Ravidâs. Il semble désert, peut-être même fermé. Je veux savoir. Je pousse la grille et je grimpe les marches qui conduisent à l'entrée du temple. Un jeune type, menu et vêtu d'une chemise blanche et d'un pantalon noir bien repassés, m'accoste en haut. Il me vouvoie, je le remarque aussitôt. C'est la première fois depuis ma métamorphose que l'on me traite avec ce respect.

« Vous désirez ?

– Je veux prier. C'est ouvert ?

– Entrez ! »

J'ôte mes tongs et je suis le jeune homme dans le temple. Nous traversons une immense salle. Elle est déserte et, pour tout mobilier, il y a juste au centre une petite table et quatre chaises. L'endroit sent le chantier, le plâtre frais. Le sanctuaire est installé au fond dans une sorte de cabinet blanc hexagonal. Le jeune homme me fait signe d'y entrer avec la main.

Je suis gêné. J'ai souvent regardé les hindous prier dans les temples, joindre les mains, se prosterner et faire des offrandes devant le sanctuaire mais je ne l'ai jamais fait moi-même. J'ai peur d'accomplir un geste incorrect qui me trahirait. Mais je ne peux reculer, cela semblerait trop bizarre. Je suis venu prier, je dois m'exécuter. Je me fourre toujours dans des situations tordues. Je crois que j'aime ce qui me fait battre le cœur plus vite. C'est bon.

Donc, je m'agenouille, j'appuie mon front sur le seuil du sanctuaire en signe de respect et j'y pénètre. Dans la pénombre, sur une table drapée de rouge, un poster représente Ravidâs en vieillard en train de méditer sous un arbre. Son visage porte la barbe fournie et les longs cheveux blancs des sages. Ce poster constitue l'idole du temple. Dessus, pend un collier d'œillets d'Inde. Des pétales de fleurs et les habituelles boules de sucre que les croyants offrent aux dieux hindous traînent devant. Cela fait foutoir et les bâtons d'encens qui brûlent rendent plus âcre le relent de poubelle du lieu. Ce n'est pas spécial à ce sanctuaire, c'est juste l'odeur des offrandes en train de moisir. Sur la gauche de la table, une valise en métal sert de tronc et attend les aumônes en espèces.

Je m'agenouille devant le poster et je prie, les deux mains jointes. Je prie pour que mon existence dans la peau d'un intouchable me fasse le moins possible souffrir. Je ne crois en aucun dieu et je sais bien que ma prière ne sert à rien. Je la fais pour m'occuper la tête, montrer de la conviction dans ma comédie, car mon guide me surveille. Je pense au tricheur que je suis. Je me sens honteux de singer la foi des intouchables.

Puis-je agir autrement ? Non. Et puis, je triche pour devenir leur frère. Pas un ennemi. Cette idée me déculpabilise.

Je me redresse. Je tire de mon sac, de ma réserve de fric, un billet de dix roupies et je le glisse dans le tronc. J'avais envie de donner quelque chose.

Je sors du sanctuaire et le jeune gardien du temple m'invite à m'asseoir à la petite table perdue au milieu de cet immense temple. Il ouvre le registre des visiteurs :

« Votre nom ? Votre adresse ?

– Je m'appelle Râm Mundâ. (Il existe deux sortes de D en hindi et il fait une faute d'orthographe à Mundâ comme s'il ignorait tout de ma caste. Je le corrige :) Mundâ ça s'écrit avec ce D… J'habite dans le Bihâr, à Bandgâv. Bandgâv, ça s'écrit comme un « village fermé ». Je suis aborigène, je suis un enfant de Dieu.

– Moi aussi, je suis un enfant de Dieu. Vous êtes le bienvenu ici.

– J'appartiens à la caste des Mundâ. Et vous ?

– Je suis de la caste de Ravidâs. Je suis un cordonnier. »

Un cordonnier m'avoue enfin sa caste sans détour. Dans la peau de Râm Mundâ, je vérifie que j'inspire plus confiance aux autres intouchables.

Il enchaîne : « Que faites-vous à Bénarès ?

– Je suis venu en pèlerinage… Et puis, j'avais entendu parler du gourou Ravidâs et je voulais voir son temple. »

Un autre jeune homme entre. Ses habits sont tachés de plâtre et il semble également travailler ici. Il se joint à nous sans s'asseoir :

« Vous venez du Bihâr ?… Là-bas, le castéisme est très fort. Les journaux rapportent continuellement que les brahmanes et les Rajpoutes brûlent les maisons des enfants de Dieu et violent leurs femmes. »

Mon premier interlocuteur, mieux habillé et sans doute un responsable du temple, demande :

« Est-ce pire qu'ici ? »

Que répondre ? Prudent, je dis :

« Je ne sais pas. Je suis arrivé avant-hier soir à Bénarès.

– Ah ! Eh bien, ouvrez les yeux ! A Bénarès, en ville, personne ne se connaît et la ségrégation entre les castes demeure subtile. Il faut ouvrir les yeux pour la voir. »

Je leur parle de mon repas gratuit ce matin à Godhauliâ et de l'assiette que l'assistant du cuistot m'a jetée pour éviter de me toucher.

« Oui, c'est ainsi en ville, reprend le responsable. Et dans les villages, c'est comme chez vous au Bihâr (l'entendre appeler le Bihâr mon chez-moi me fait tout drôle), les castes vivent chacune dans leur quartier et il ne se passe pas une semaine sans qu'un enfant de Dieu soit battu ou brûlé ou violé ou volé. J'ai lu dans un journal qu'il y avait plus de vingt mille crimes par an commis contre les enfants de Dieu dans notre pays et ça augmente chaque année. C'est abominable ! »

Je sais qu'il n'exagère pas. Moi aussi, j'ai lu de telles informations. Je demande :

« Que pouvons-nous faire ?

– Il faut nous défendre. »

Nous défendre ? Comment ? Les castes intouchables ne sont pas unies. Je veux le brancher sur l'inadmissible intouchabilité entre les intouchables et je parle des Mundâ :

« Nous, les aborigènes, nous considérons tous les hommes égaux. Mais j'ai entendu dire que les autres enfants de Dieu, les cordonniers, les croque-morts, les balayeurs, les blanchisseurs se considèrent intouchables entre eux.

– Je sais. Nous nous déchirons entre nous, c'est insensé. Il faut supprimer toutes les distinctions de caste, tous les systèmes de ségrégation et d'esclavage. Il faut créer une société juste où chaque individu a droit au respect et possède des chances égales de réussir.

Le message du gourou Ravidâs est toujours d'actualité, il doit nous guider ; c'est écrit là, regardez ! »

Il me montre une brochure où la pensée du saint est comparée à l'étoile polaire. Il poursuit :

« Sans la participation de toutes les forces sociales, l'édification d'une Inde moderne est impossible. C'est pour perpétuer les enseignements du gourou Ravidâs que le bien-aimé Jagjivan Râm* a lancé en 1979 la construction de cet immense temple. A Bénarès même, la ville natale du gourou Ravidâs. »

Il a sans doute raison. Mais je ne relance pas la conversation car il me semble qu'il récite une leçon et ne parle pas avec son cœur. Ce qui m'intéresserait vraiment, c'est de savoir s'il boirait mon eau et ce qu'il pense de la prédominance de la tour hindoue sur le toit. Je n'ose pas lui poser ces deux questions, elles sembleraient étranges dans la bouche d'un hindou. J'approuve mollement son laïus et je sors du temple.

Derrière le *ghât* Râj, au bout du pont de fer, se trouve une petite gare ferroviaire. Je passe sur le quai et je bois dans mes mains une grande lampée d'eau à une fontaine. Je me sens bien. On ne m'a pas tutoyé dans le temple de Ravidâs, on ne m'y a pas regardé de biais, et pourtant je suis vêtu des mêmes loques crasseuses. Je n'aurais jamais pensé un jour attacher tant d'importance au fait d'être vouvoyé. En France, comme avant en Inde, ma famille, mes amis et des étrangers me tutoyaient parfois par familiarité ; mais aujourd'hui, dans la peau de Râm Mundâ, les gens me servent également du « tu » pour me signifier leur mépris. Je ne le supporte pas. Cette visite au temple des intouchables m'a requinqué. Je me sens à nouveau une personne, un homme digne de respect, et je me dis que j'ai droit à une place dans la société. Je ne suis plus seul, je suis traité comme un frère par les fidèles de Ravidâs.

En sortant de la gare, je décide de m'offrir un thé dans la gargote en face. J'allumerai aussi une *biri* et ce sera vraiment parfait. J'aime me faire plaisir quand je suis heureux, ça multiplie mon bonheur.

La gargote est installée sous une bâche et un gamin d'une dizaine

* Cf. note page 109.

d'années attise le grand fourneau de terre où fume une théière maculée de coulées jaunâtres de lait qui a débordé. Je commande un thé et je vais m'asseoir seul sur un banc de bois. Le môme sert d'abord deux hommes mieux vêtus que moi qui viennent de s'asseoir sur un autre banc, puis il me lance en posant mon thé sur le rebord du fourneau : « C'est prêt. Viens le chercher ! »

Je n'en reviens pas. Il m'a versé le thé dans un pot de terre jetable alors qu'il sert les autres clients dans des verres. Il a jugé que je suis un intouchable. En plus, il ne m'apporte pas mon thé et il me tutoie. Je hais ce gosse. Si petit, si méchant. Je bois vite sans griller de *biri*, je paie et je m'en vais. J'en ai marre.

2 novembre.

La gare de Bénarès. Je m'y sens un peu chez moi.

J'y suis rentré après ma visite du temple de Ravidâs et je n'en ai pas bougé depuis.

J'ai marché au moins dix kilomètres avant-hier matin. J'en avais plein les bottes et des croûtes noires de poussière et de sueur mélangées couvraient mes pieds et mon visage. Ma gorge était si sèche que ça me faisait mal aux oreilles d'essayer de saliver. J'aurais voulu prendre un bain chaud, puis tremper mes lèvres dans la mousse d'une bière glacée et me reposer dans un lit avec ma femme pendant vingt-quatre heures. J'en avais très envie.

Impossible. Même pour la bière. Une bouteille coûte trente roupies à Bénarès, ce qui représente trois ou quatre jours à mendier.

Alors, de retour dans la gare, je me suis lavé les pieds à une fontaine, j'ai avalé des gorgées d'eau tiède et je me suis étendu tout seul sur un quai pendant une heure. Ensuite, j'ai quêté le long des trains jusqu'au crépuscule et, hier, dimanche, j'ai retravaillé toute la journée.

Je n'ai lié aucune amitié. Je m'enlise dans la solitude et j'ai eu plusieurs fois envie de pleurer. Je me retiens, je pense que demain ou après-demain ma nouvelle existence s'arrangera, je m'y habituerai.

La nuit, je continue de coucher parmi les *musahar*. Il y a toujours le même foin sur le parvis et je ne réussis pas à dormir.

Je suis lessivé. C'est pour ça que je mendie par périodes de deux heures. Ensuite, je m'offre une pause *biri* et une sieste de deux autres heures, puis je recommence à faire la manche. C'est mon rythme et, de toute façon, je ne peux faire tous les trains. Il y en a presque cent qui s'arrêtent chaque jour dans la gare de Bénarès, vingt-quatre heures sur vingt-quatre. Elle ne ferme jamais.

Je ne mendie pas après la tombée du jour; c'est de l'énergie gaspillée. Hier soir, j'ai essayé le long d'un train qui venait du Punjab. Dans la pénombre de leurs compartiments, les voyageurs semblaient endormis et personne ne m'a fait l'aumône. J'ai également décidé de ne plus mendier sur la passerelle. J'ai repéré un lépreux au visage et aux membres ratatinés qui s'y débrouille bien l'après-midi, mais à moi, on ne me donne jamais rien, sans doute parce que mon corps est normal.

Question fric, ça va. J'ai gagné une dizaine de roupies et j'ai déjeuné hier dans une gargote le long de la nationale Delhi-Calcutta. Je ne souffre pas de la faim.

Pourtant je suis à bout.

Ce lundi matin, j'attaque mon quatrième jour dans la peau d'un mendiant. Il me semble que cela fait un mois que j'ai débarqué à la gare. J'en connais chaque recoin et j'ai appris les ficelles du métier. Je me suis même habitué à ne pas faire mes besoins dans un lieu décent, propre ou privé, et quand j'ai une grosse envie, je sors de la gare, je m'accroupis et je vide mon intestin. Ça ne me gêne plus, car personne ne me regarde, et puis je n'ai pas d'autres solutions. La curiosité, l'attrait de cette existence nouvelle sont passés. Reste à croupir dans la routine et à se maintenir en vie. Survivre ou plutôt sous-vivre. Je n'ai plus goût à rien.

Je raconterai d'abord la seule bonne nouvelle de cette aventure.

A ma grande surprise, les autres mendiants m'ignorent. Il n'y a aucun contact entre nous. Je revois les mêmes têtes : le vieux propret, l'aveugle au visage grêlé, la femme en hardes. Et j'en croise de nouvelles : une lépreuse sans mains, un homme quelconque et dans la force de l'âge, c'est-à-dire comme moi, un autre plus jeune, au teint sépia, aux cheveux jaunes de poussière et collants et juste vêtu d'un pagne grossier en jute. Les mendiants vont et viennent et chacun vit sa vie. Les cheminots me laissent également tranquille. Quand une rame entre en gare, il y a foule sur le quai, et les porteurs de valises et les pousseurs de chariot se ruent dans tous les sens. Moi, je les gêne en longeant les wagons, mais ils ne me bousculent pas, ils ne me roulent pas dessus. Ils crient : « Laissez passer ! » pour signaler leur présence et, si je ne les ai pas vus, ils me tapent sur l'épaule pour me signifier de m'écarter. Aucune animosité dans leur attitude, pour eux j'ai le droit de travailler sur ce quai.

Je mendie le long d'une dizaine de rames par jour et chacune rapporte cinquante centimes à une roupie (soit dix à vingt centimes français). C'est pas le Pérou mais, avec quatre ou cinq rames, je peux déjeuner et j'ai trouvé des astuces pour optimiser mes gains.

Je quête avec mon écuelle en alu et j'y dépose une ou deux piécettes au préalable. Elles attirent l'œil des gens à qui je demande l'aumône et leur signifient que quelqu'un d'autre m'a donné avant eux. Je crois que certains culpabilisent car je récolte ma roupie par rame plus souvent avec ce truc.

Quelques voyageurs me donnent une grosse pièce ou un billet d'une roupie, mais ils récupèrent la monnaie dans ma coupelle. Alors, je n'y laisse jamais plus de cinquante centimes. Cette conjoncture se produit en général quand un type est en train d'acheter un journal ou une cigarette à un colporteur dépourvu de monnaie. Je sers de bureau de change et il me reste trente, quarante, soixante centimes de profit. Valable. Il existe aussi des gens qui calculent. Ils veulent me donner mais pas trop. Peut-être qu'ils souhaitent aussi se munir de monnaie pour faire l'aumône aux mendiants suivants.

Un train reste quinze à trente minutes en gare et, pendant ce temps, nous sommes deux ou trois personnes à y faire la manche. Je comprends que ce défilé de quémandeurs irrite les voyageurs et je ne leur en veux pas. Enfin, pas trop. Je me rappelle que, dans mon existence précédente, je ressentais aussi ce ras-le-bol. Le manège des mendiants se répète au fil des arrêts sur la ligne de chemin de fer et il conduit le voyageur à contempler avec indifférence les pires loqueteux, les lépreux et les monstres humains aux membres difformes, les *elephant men* qui quêtent dans l'univers des trains.

C'est dur d'émouvoir.

Quand je m'approche de leur fenêtre, les voyageurs ne me regardent pas ou font semblant d'ignorer ma présence trois fois sur quatre. Ainsi, je commence par taper avec ma sébile deux ou trois coups sur le rebord. Le bruit sec, métallique, leur fait tourner les yeux vers moi et, à ce moment, je leur serine seulement : « *Bâbu* ! Donnez-moi de l'argent ! *Bâbu* ! » Jamais de « s'il vous plaît » bien sûr, puisque c'est inusité. Cogner ma sébile m'évite donc de trop répéter mes suppliques pour capter leur attention. Ensuite, soit le voyageur m'envoie paître, soit – environ une fois sur dix – il me donne quelque chose.

Le premier cas se subdivise en quatre situations avant que le voyageur excédé par ma vue ne me chasse d'un geste de la main ou de la tête. *Primo*, il me regarde impassible et reste muet. *Secundo*, il porte la tranche de sa main droite contre son front comme s'il me bénissait. *Tertio*, sur un ton hypocrite ou bien agressif, il m'indique de mendier plus en avant comme si là-bas il y avait des types pleins aux as et généreux. Enfin, *quarto*, dix ou vingt pour cent des radins m'offrent une leçon de morale. Maintenant, je sais tirer du sang de ces cailloux. Ils chantent tous la même litanie :

« Pourquoi veux-tu de l'argent ?

– Pour manger.

– T'es jeune. Travaille ! »

J'ai justement trouvé une réplique à ce conseil. Son efficacité m'épate moi-même. Je n'ai plus à disparaître honteux et j'arrive à émouvoir. Pour noyer le poisson, je commence par raconter à nouveau :

« J'ai pas d'argent. J'ai faim. *Bâbu* ! »

Alors le type rétorque, logique :

« Si tu travailles, t'auras de l'argent.

– Mais je suis aborigène. J'trouve pas de travail. »

Tous les Indiens savent que les populations tribales constituent la classe sociale la plus misérable et la plus méprisée d'Inde. En entendant que je suis un aborigène, les voyageurs écarquillent les yeux, ils me scrutent de la tête aux pieds tel un animal rare et ils ne cherchent plus à me faire la morale. Alors, une fois sur deux, ils me donnent une pièce. Ou déroutés et trop grippe-sou, ils haussent les épaules et me prient avec un sourire mielleux d'aller mendier plus loin.

Ces leçons de morale me rappellent celles que j'entendais servir aux clochards dans le métro parisien. Paris-Bénarès, les comportements humains sont universels. A l'époque, je ne réalisais pas comme ça peut être humiliant pour un mendiant d'entendre seriner à longueur de journée que, s'il travaillait, il aurait de l'argent. C'est humiliant parce que les gens qui répètent ça nous prennent pour des idiots, des attardés. Bien sûr que nous, les mendiants, nous y pensons tout seuls. Ces leçons ne font que nous aigrir, nous couper de la société.

Les voyageurs qui donnent sont tous des hommes bien vêtus et de trente à cinquante ans. Les femmes, les jeunes, les vieux et les pauvres, ceux qui voyagent en lungi ou en pantalon usé, ne me font pas l'aumône. Quant aux riches, l'infime minorité de millionnaires qui sont bourrés de roupies, ils se calfeutrent dans des compartiments climatisés, derrière des vitres fumées et baissées. Je ne peux leur tendre ma sébile depuis le quai et un contrôleur empêche les personnes indésirables de monter dans leurs wagons.

Quelques voyageurs me donnent de la nourriture. Je me rappelle ce type, hier matin. La quarantaine, un *kurtâ** élimé et un visage buriné de paysan. Il est assis en tailleur sur sa banquette de bois et il grignote un gâteau peu appétissant en forme de boule ocre et friable. Il me parle en ricanant. Un rire jaune.

« Pourquoi te donner de l'argent ? Dis !

– J'ai faim.

– T'as faim ? Et bien, voilà ! Dégage ! »

Et hop, il jette dans mon écuelle le reste du gâteau qu'il rongeait. Il me prend pour une poubelle. Je tais ma honte et mon dégoût ; je ne veux pas me plaindre et déclencher une dispute. Je fourre la demi-boule dans mon sac et je mendie à la fenêtre suivante. Une fois le train parti, je balance le bout de gâteau sur la voie ferrée.

* Tunique traditionnelle, ample, sans col ni manchettes et qui s'enfile par la tête.

J'ai vu les autres mendiants jeter des rogatons. Des gens nous font ces aumônes. Elles les débarrassent de notre présence et leur donnent bonne conscience sans débourser un centime.

Nos rebuts ne sont pas gâchés. Outre les chiens, les rats et les vaches qui traînent sur les quais, la gare héberge des hommes encore plus pauvres que nous. Ils se nourrissent de détritus et il n'est pas rare de les voir chasser d'un coup de pied un animal pour fouiller à leur tour dans un tas d'ordures. Rien ne se perd dans la gare de Bénarès. S'ils ramassent un mégot qui brûle, ils le fument et affichent un sourire de plaisir.

Ces hommes sont couverts de plaques noires de crasse et coiffés d'une tignasse poisseuse et hirsute. Ils ne possèdent rien. Ni sac, ni couverture, ni sébile. Rien, sauf un cache-sexe et un lambeau d'étoffe sur le dos. Ces clochards ne mendient pas le long des trains, et je me demande pourquoi. C'est vrai qu'ils semblent un peu fous. Ils parlent tout seuls et affichent des regards vides, inquiétants. Ils arpentent les quais à la recherche de déchets de nourriture et ils dorment par terre, sans tapis de sol. Vautrés dans la poussière, comme ça, à demi nus au milieu des quais ou sur la passerelle. J'ai repéré quatre de ces sauvages, tous solitaires, trois jeunes hommes et une femme de quarante ans. Elle était décharnée et l'étamine trouée qui la drapait laissait deviner ses poils pubiens et sa poitrine flétrie, comme séchée par une existence trop dure. L'un des hommes, lui, ne se couvrait même pas le bas-ventre, il ne portait qu'une chemise terreuse et déchiquetée. Il était assis au pied de la passerelle et il léchait des vieilles peaux de banane. Sa peau était anthracite, si noire que je ne pouvais distinguer son pénis entre ses cuisses.

Je n'aime pas regarder ces gens, ils me mettent mal à l'aise car, face à eux, je me sens riche et gâté par la vie. Cette possibilité de chuter encore plus bas me terrifie. En plus, nous courons tous le risque de devenir estropié, aveugle ou cul-de-jatte, de perdre une partie de notre chair. Il n'y a pas de fond à la misère.

Je me sens un mendiant indien ordinaire. Très sale et très méprisé. Je ne m'aime pas et je hais aussi la société. Je suis effondré. Des centaines de fois par jour, on me chasse comme un être nuisible. Et, comme un chien affamé accepte d'être battu avec un os, je ne réplique jamais. En France, société égalitaire, les mendiants osent se défendre car ils restent des citoyens.

Plus que les donneurs de leçons de morale, de tous les voyageurs qui m'envoient promener, j'exècre ceux qui me bénissent de la main et me conseillent d'aller quêter plus loin. Ce sont les plus hypocrites. Leurs sourires mielleux m'inspirent une aversion totale. Ne me donnez rien, tant pis et d'accord ! Mais je ne veux plus être béni et ne parlez plus de ce pays de cocagne qui se trouve en tête de chaque train. Ne me menez plus en bateau ! Je suis si misérable et vous êtes les pires saloperies que la terre ait enfantées pour manquer d'honnêteté à mon égard.

Je rencontre aussi des voyageurs agressifs. Surtout dans les trains omnibus, ils sont moins chers que les rapides et remplis de paysans aux traits marqués. Ces types en groupe de trois ou quatre lèvent la main et me menacent en ricanant comme des hyènes : « Tu t'en vas ou j'te frappe ? »

Je m'écrase et je dégage, car je ne suis qu'un mendiant sans défense et sans droit.

C'est facile, c'est lâche de maltraiter un pauvre hère comme moi. Mais je ne devrais pas trop leur en vouloir. J'étais comme eux auparavant. Marc Boulet aimait se moquer des mendigots, des crève-la-faim et autres va-nu-pieds. Il ne leur donnait jamais de pièces. Ces gens le harcelaient, l'exaspéraient. Ils paraissaient mériter le dédain dont il les gratifiait. Lui aussi, il s'amusait à bénir les mendiants ou à leur offrir un biscuit s'ils insistaient qu'ils avaient faim. Il pensait lui aussi que les mendiants étaient trop nombreux pour qu'on puisse tous les satisfaire.

Foutaise ! Il ne donnait à aucun.

Même en Inde, avec cinq ou six francs par jour, c'est-à-dire trente roupies, Marc Boulet aurait pu faire l'aumône à des dizaines et des dizaines de mendiants ; et ça ne l'aurait pas ruiné. Je réalise qu'il agissait ainsi par radinerie couplée à un manque de pitié. Elle ne réussissait pas à émouvoir son portefeuille. Je regrette cette attitude et, je le promets, si je sors indemne de cette galère, je donnerai une pièce à toute personne qui tendra la main devant moi.

Comment puis-je aujourd'hui en vouloir aux gens qui me repoussent ?

C'est plus fort que ma raison, je les hais. Je voudrais leur cracher au visage. Leur faire ravaler le mépris qu'ils me dispensent. Je suis sale et pauvre, et sans doute un jeune feignant, et je les ennuie. Mais je reste un homme. Leur semblable. Avec deux bras, deux jambes, un estomac et une tête qui parle leur langage. S'ils refusent de me donner, c'est leur droit et ils peuvent l'exprimer sans me lancer un regard et des mots méchants.

Je me sens inutile et sale. Je me dégoûte. Même mon odeur de sueur me répugne. Et quand j'examine mes pieds et mes mains, les seules parties de mon corps visibles pour moi, je ne peux croire que j'en suis arrivé là. Mes pieds surtout. Des plaques noires comme du goudron les tapissent et entre les orteils poussent des croûtes molles semblables à de la mélasse avec la transpiration. Je ne me lave plus les pieds. Je ne le désire pas. Je m'en fous. Pourquoi être propre ? Chaque jour, je mendie de l'aube au crépuscule et la nuit je somnole sur un parvis de gare. Voilà ma vie ! C'est pas grandiose. Je me moque que l'on me juge beau ou laid, propre ou sale. Ça ne changera pas mon quotidien. D'ailleurs, je n'ai envie de rien. Sauf de manger du pain, de boire de l'eau, de fumer des *biri* et de dormir le plus souvent possible car, ainsi, je perds connaissance, j'oublie que j'existe. Je ne désire surtout pas me laver ni chercher un meilleur boulot, même si cela était possible. Ce serait trop fatigant et je fais la manche parce que c'est devenu une habitude et une obligation pour m'acheter à manger et à fumer. Je suis un mendiant d'âge moyen, crasseux et sans infirmité particulière, un produit ordinaire de la société indienne. Un accessoire du décor de la gare. Je m'écœure. Ce matin, je n'ai même pas osé me regarder dans le miroir. J'ai peur de découvrir ma sale gueule.

Il est dangereux de ne pas vérifier si la teinture tient sur mon visage. Reste-t-elle crédible ? Je ne m'en inquiète pas car les gens ne me prêtent aucune attention.

Je pense à ma mère, à mon père, à ma sœur, à mes amis. Leurs images sont très douces et quelques larmes mouillent mes yeux. S'ils me voyaient mendier devant ces trains indiens, ils ne me reconnaîtraient pas. Quand je leur raconterai cette expérience, ils s'imagineront, avec le recul du temps qui passe, que je jouais une farce dans la peau de Râm Mundâ, que je participais à une mascarade. Ils penseront : « Marc s'est déguisé en intouchable et il a fait la manche dans une gare indienne. C'est intéressant, c'est bizarre, c'est marrant. » Ils ne sentiront pas le principal : ma souffrance morale. Combien il est pénible d'être sale, de s'abaisser à mendier, de devenir un objet de mépris pour les autres, de se sentir intouchable. Ma mère en ce moment doit s'inquiéter pour ma santé et ma sécurité, et elle passe peut-être des nuits blanches dans l'angoisse de perdre son fils. Mais elle ne peut imaginer ma détresse, ma solitude, ma honte.

Je suis sans droit et sans pouvoir. Et je m'écrase en toute circonstance. En Occident, société égalitaire fondée sur les droits de l'homme, un mendiant peut se rebiffer si on le menace ou si on se moque de lui. Les gens ont d'ailleurs peur de ses réactions. En Inde, dans la société hiérarchisée des castes, l'individu qui en sollicite un autre lui est inférieur. Le mendiant doit tout accepter, soumis, docile.

Je suis perdu.

Je pourrais interrompre cette aventure. Rentrer à Ravindrapuri. Redevenir Marc Boulet.

Je résisterai à cette tentation.

Ma métamorphose ne date que de quelques jours, elle ne peut être complète. Je dois poursuivre l'expérience et voir comment je réagis.

3 novembre.

Ce matin, la vie s'annonce moins pénible. Un voyageur de trente-cinq ans m'a fait l'aumône sans que je le lui demande. C'est formidable.

Je raconte. Je quêtais le long de mon premier train. Dérangé par des porteurs de valises, je passais en vitesse devant un wagon lorsqu'un type habillé chic avec un polo jaune m'a hélé de l'intérieur d'un compartiment. Il m'a fait signe d'attendre devant sa fenêtre, puis il a fouillé dans sa poche et il m'a jeté une grosse pièce d'une demi-roupie. Comme pour chaque aumône que je reçois, j'ai porté la pièce à mon front en signe de respect et de remerciement, alors il m'a dit de partir.

Sa générosité me procure un plaisir immense. J'ai enfin l'impression de compter pour quelqu'un. Ce type s'intéresse vraiment à mon sort pitoyable car il m'a appelé de lui-même. Ensuite, il m'a donné sans me mépriser et sans me laisser m'humilier en le sollicitant.

Aujourd'hui, je me sens mieux. En milieu de matinée, j'ai déjà gagné sept roupies et je sors me payer un thé en face de la gare.

Impossible. Toutes les gargotes, tous les magasins sont fermés et la circulation sur la route nationale Delhi-Calcutta est paralysée. Une vingtaine de jeunes hommes bien vêtus, en chemise et pantalon, sont assis sur des bancs posés en travers de la chaussée. L'un d'eux porte un drapeau représentant une fleur de lotus sur un fond orange avec une bande verte sur la gauche. C'est l'emblème du BJP*, le parti hindou d'extrême droite.

Ce groupuscule est devenu en une dizaine d'années le second parti indien avec plus de vingt pour cent des députés au Parlement fédéral. Pourtant, il n'offre aucun programme révolutionnaire. Il ne propose que le vieux vin du chauvinisme et de l'intégrisme religieux, présenté dans une nouvelle bouteille. L'étiquette annonce en gros : « Dieu, patrie et justice. Vive Râm ! » Râm, le dieu et le prince parfait, symbole du gouvernement idéal. « Retournons à l'âge d'or de son royaume ! » C'est-à-dire le passé lointain. Comme si le monde était parfait autrefois !

Marche arrière toute !

Le BJP lie la politique à la religion avec un zeste de socialisme étatique. Cela séduit en Inde, comme aux quatre coins du monde, avec la résurgence des nationalismes en cette fin de XXe siècle. La différence avec le BJP, c'est qu'il dirige déjà les gouvernements de quatre États de l'Inde, dont celui de l'Uttar Pradesh où se trouve Bénarès et qui compte cent quarante millions d'habitants. Le BJP se tient aux portes du pouvoir central. Lors des prochaines élections législatives, le gouvernement fédéral du second pays le plus peuplé de la planète peut devenir fasciste.

* Ou *Bhâratiya Jantâ Pârti*, c'est-à-dire le Parti du peuple indien.

Le BJP me rappelle le Front national en France. Comme ce dernier, il joue à fond la carte de la démagogie pour conquérir des électeurs mal à l'aise dans la société. La France chrétienne et gauloise, l'Inde hindoue et aryenne.

Le BJP suggère que les villes au nom musulman soient rebaptisées avec des noms hindous. Il réclame la démolition des mosquées bâties sur l'emplacement de temples hindous pendant le règne des empereurs musulmans (ce qui remonte à plusieurs siècles avant la colonisation britannique !) et la reconstruction des sanctuaires originaux. Il exige que l'« invasion » de travailleurs du Bangladesh soit stoppée et que les clandestins soient expulsés. Il désire instituer une théocratie hindoue, une nation pure, où l'alcool et la viande de vache seraient prohibés. Il propose de supprimer l'enseignement de l'anglais dans les écoles primaires pour promouvoir l'hindi. Il revendique la supériorité ethnique de la race aryenne et veut récrire les manuels d'histoire en fabulant que les Aryens sont originaires d'Inde et ne sont pas des envahisseurs qui déferlèrent des steppes d'Asie centrale. Dans le sud du sous-continent peuplé de Dravidiens, il affirme que la théorie d'une race dravidienne différente de la race aryenne – celle des habitants du nord – est un mythe propagé par les colonialistes britanniques pour diviser le pays. Etc, etc. Cela me fait froid dans le dos, surtout dans la peau de Râm Mundâ. Intouchable, aborigène et non-aryen, ma position sociale reculerait encore dans la « nation hindoue » dont rêve le BJP. Je serais officiellement un sous-homme.

Mais la propagande du BJP est également alléchante pour l'hindou que je suis, s'il l'accepte sans réfléchir. Même des intellectuels comme mes voisins Agravâl de Ravindrapuri se sont laissé entortiller. Cette propagande nous répète que nous sommes les hommes les plus civilisés de la planète, et c'est agréable de le penser. Vous, les Européens, vous nous considérez comme un peuple de mendiants, de crève-la-faim. Vous vous trompez. Être l'un des pays les plus misérables du monde et affirmer la supériorité de sa civilisation n'est pas contradictoire. Si nous sommes devenus pauvres, c'est à cause des musulmans et des Anglais qui nous ont colonisés. Aujourd'hui, cela continue avec les multinationales étrangères qui nous exploitent. Le BJP serine très fort ce vieux refrain nationaliste et il propose lui aussi une sorte de socialisme protectionniste en guise de programme économique.

Je serai franc. Les cocoricos du BJP ne me flattent pas en tant qu'Indien. Quand j'étais chinois, j'appartenais déjà au peuple le plus vieux, le plus intelligent, le plus civilisé de la planète. Cela recommence maintenant dans la peau de Râm Mundâ. Quelle absurdité ! Le BJP, comme le Parti communiste chinois, raconte n'importe quoi pour laver les cerveaux. Juste quelques exemples :

Le BJP veut rebaptiser la célèbre ville d'Allahabad. Il suggère qu'elle doit ce nom à Allah, le dieu des musulmans. Ce serait une atteinte à la fierté nationale dans un pays à majorité hindoue. En réalité, Allahabad est la version anglaise du nom hindi *Ilâhâbâd* que nous utilisons tous et qui proviendrait du nom de Ilâ, un ancien roi de cette région voisine de Bénarès. Quel rapport avec Allah ?

Autre manipulation. Le BJP veut chasser les Bangladeshis parce qu'ils sont étrangers et volent le travail des Indiens. Par ailleurs, il souhaite la réintégration du Pakistan et du Bangladesh dans la mère patrie indienne. Alors ?

Ou encore. Dans l'Uttar Pradesh, foyer de l'hindouisme, la consommation de la viande bovine est interdite, mais Om Prakash Singh, un politicien de Bénarès, ministre du gouvernement BJP de cet État, protégerait les barons d'un juteux trafic de vaches à destination des boucheries du Moyen-Orient. La presse en a parlé. Comment le BJP peut-il donc se proclamer le protecteur des vaches, et donc de l'hindouisme ?

Ce matin, le BJP organise une grève générale en Inde pour protester contre l'inflation galopante. Le leader de la vingtaine de membres du BJP qui paralysent la route Delhi-Calcutta l'explique. Il a trente-cinq ans. Il porte un pyjama blanc traditionnel qui ne camoufle pas sa bedaine, signe de respectabilité. Il se tient debout au milieu de la chaussée et prononce un discours :

« Les prix du pain, du lait, de l'essence, du butane ont augmenté de vingt pour cent pendant les trois derniers mois. Cela coûte environ trois cents roupies de plus par mois à chaque famille. Ce n'est plus supportable… Et pour les paysans, le prix des engrais flambe aussi. Mais le gouvernement du Congrès* refuse de payer décemment leurs productions. Il préfère importer trois millions de tonnes de blé à un tarif double de celui qu'il paie à nos paysans. La politique du Congrès revient à subventionner les agriculteurs étrangers plutôt que nos propres petits fermiers. C'est scandaleux. Et le Premier ministre Narasimha Rao offre le contrôle de notre économie aux capitaux étrangers. Il vend des parts de nos entreprises publiques aux multinationales. Il doit démissionner, il ne représente pas les intérêts du peuple indien. Les banques étrangères sont en train de rapatrier chez elles sept milliards de roupies… »

Autant d'informations tronquées ou truquées. Il n'y a pas foule pour les écouter. Nous sommes une vingtaine de badauds sur le trottoir, plus une quinzaine de flics qui détournent les pousses et les camions en amont du barrage et ne laissent passer que les piétons. Les flics épaulent les activistes du BJP et ça ne me surprend pas. Dans la constitution indienne, le maintien de l'ordre public incombe au gouvernement de chaque État. Ainsi dans l'Uttar Pradesh, le BJP commande la police, et ses agents protègent la grève dirigée contre le pouvoir central. Voilà l'Inde !

Ces grèves générales s'inscrivent dans la tradition du mouvement gandhien de désobéissance civile et non violente. Toutes les activités économiques cessent alors en signe de protestation.

De nos jours, chaque mouvement politique utilise cette arme. Les grèves générales sont devenues de la routine. A Bénarès, il y en a environ une par mois décrétée par une quelconque organisation. La population est lasse et les commerçants, les transporteurs ne ferment boutiques que par peur des représailles. Les militants du parti qui sponsorise la grève détruisent les biens et les marchandises des gens qui osent travailler.

D'ordinaire, la portion de route devant la gare est noire de monde mais, ce matin, elle semble déserte. Cela me choque. On dirait qu'il y a une sorte de couvre-feu. Tous les commerces sont fermés. Même ici, à la gare. Et le gros leader continue de cracher son venin. A côté de moi, un spectateur de mon âge, également en lungi, soupire :

* Le Parti du Congrès, le parti de la dynastie des Nehru-Gandhi, possède actuellement le pouvoir fédéral.

« Y nous ennuient avec leur grève. On peut pas bosser. »

Je lui demande : « C'est quoi ton boulot ?

– J'vends des fruits ici. Et toi ?

– J'suis en pèlerinage. J'viens du Bihâr.

– Tiens, c'est bizarre, t'as pas l'accent. »

Je réponds, gêné : « J'suis un aborigène. C'est pour ça. Je viens de la jungle.

– Ah ! dit-il comme s'il comprenait. Salauds de politiciens ! Avec cette grève, encore une journée de perdue. Y se plaignent de la flambée des prix mais c'est eux qui nous rendent la vie dure en nous obligeant à fermer. L'inflation, c'est pas nouveau. Tout ça, c'est qu'du cinéma pour faire mousser le BJP. Y se foutent pas mal de nous. »

Il a raison, le BJP pourrait choisir d'autres actions pour combattre le gouvernement du Congrès. Cette grève empêche les pousses de pédaler, les colporteurs de vendre, les gargotiers de nourrir leurs misérables clients. Seuls les chiens conservent le droit d'aboyer.

Les grèves des autres partis se déroulent de la même façon et elles rendent les pauvres encore plus pauvres. Les politiciens indiens répètent tous qu'ils nous défendent, nous les miséreux, et moi je répète que ce sont tous des salauds. Ils méprisent le droit de manger de ceux qui gagnent leur pain au jour le jour. Ils sont riches et membres de hautes castes ; nos problèmes ne les intéressent que pour prendre nos bulletins de vote. Salauds !

Je découvre que, dans la peau de Râm Mundâ comme dans celle de Marc Boulet, ma haine de la démagogie reste la même. Mon dégoût des politiciens n'a pas changé. Je n'arrive pas à croire leur baratin, et l'intouchable que j'incarne se sent en plus jaloux de ces jeunes militants du BJP. Ils squattent une chaussée et les flics les protègent. Ce n'est pas grand-chose et ce ne sont peut-être que des hommes de main, mais ça m'impressionne. Ils affichent un certain statut social, ils sont bien habillés et doivent posséder un foyer, un gîte. Cela me fait envie. Être propre, dormir dans un lit, manger un repas préparé par une épouse ou une mère, cela me manque. En fait, j'envie leur place, mais je refuserais de l'occuper car ce sont des emplois de tricheurs, de salauds.

Personnellement, la grève ne m'a pas gêné pour quêter. Des trains avaient du retard mais c'est tout le temps ainsi. J'espère que le trafic ferroviaire restera normal et que je pourrai encore mendier dans l'après-midi. Gagner ma vie.

En fait, cette agitation du BJP me divertit. Tous les jours, ma vie est si monotone. Pour une fois, il y a du spectacle ! Le temps passe plus vite. Et c'est peut-être cela le plus important pour moi : tuer le temps.

Je déjeune à nouveau du côté de l'ancien cantonnement. Dans ce coin de verdure, les gargotes ont osé ouvrir. Puis je mendie et je fais la sieste jusqu'au crépuscule. Rien à signaler.

Le soir, je me promène devant la gare. Tous les commerces ont rouvert. Je passe devant une gargote et l'odeur du pain frais m'excite l'appétit. J'ai envie d'une purée de lentilles brûlante et de pain. Cela me coûterait juste une paire de roupies. Et merde ! Je peux me l'offrir. Je gagne environ dix roupies par jour. J'en dépense trois pour déjeuner, il me reste de quoi dîner. C'est décidé, désormais je ne me priverai plus sur la nourriture et je ferai mes deux repas quotidiens si mes finances le permettent.

Je me régale avec la purée de lentilles et, en sortant du restaurant, je décide de profiter de ma bonne humeur pour me regarder dans mon miroir. Je m'isole dans un coin du parvis pour le faire. Ça va, ma teinture s'est peut-être éclaircie mais, avec la poussière, la crasse, je ne vois guère la différence. Mon visage reste parfait. Sauf ma barbe. Elle date de huit jours, elle devient un peu longue ; je la rase grossièrement avec le petit rasoir jetable que j'ai emporté. Je n'utilise ni eau ni savon pour ne pas modifier mon teint. Je me raserai ainsi une fois par semaine sans appuyer et ça me conservera mon visage indien, gris et fatigué.

4 novembre.

Oui, tuer le temps, voilà ma principale occupation. Mes journées s'étirent avec une lenteur exaspérante. Je n'ai rien à faire sauf mendier et attendre.

Midi, je suis en train de me reposer sur la passerelle, adossé à la balustrade. Souvent, je me suis installé dans des gares pour étudier la foule. J'ai fait ça à Varsovie, à Belgrade, à Bangkok, à Pékin, à Mexicali, etc. Je connais des centaines et des centaines, peut-être un millier de gares. Elles sont toutes différentes ; et leurs trains, et leurs usagers. Les gares-frontières sont les plus intéressantes, bien sûr, mais j'aime toutes les gares et j'y ai passé des heures à baguenauder comme d'autres visitent des musées. Ils se passe toujours quelque chose dans une gare, même la plus petite. Je ne m'y suis jamais ennuyé.

Aujourd'hui, c'est différent. Ma vie a basculé et je ne traîne plus dans cette gare de Bénarès par plaisir. Je préférerais être ailleurs mais je n'ai pas le choix. Je ne suis plus un spectateur du zoo humain que constitue la gare. Je suis un de ses animaux.

Cette gare est devenue ma prison et il me semble que la vie matérielle, palpable, ne peut exister au-dehors. Je ne pense plus qu'à moi. Je n'imagine plus que des hommes s'agitent dans d'autres décors, à des dizaines ou des milliers de kilomètres. Ce ne sont que des êtres virtuels, sans intérêt. Le monde réel, c'est moi et la gare de Bénarès. C'est aussi le monde normal et je ne l'aime pas.

Dans mon univers, il y a des trains, des quais, des gargotes, des cheminots, des flics, beaucoup de voyageurs, des *musahar*, des petits cordonniers et quelques autres mendiants. Voilà ! J'en ai ras le bol de ce monde. Je suis méprisé comme un chien, je mange peu, je dors mal. Je crois que j'ai perdu plusieurs kilos et je me sens épuisé. Chaque fois que le soleil se lève à l'horizon, le programme recommence. Je hais les aubes. Quêter, être humilié, se sustenter, somnoler. Quelle vie ! Aucun rêve, aucun espoir d'une amélioration. Je tourne en rond. A quoi sert-il de vivre ainsi ? Je voudrais prendre un train et partir. Pour aller où ? Pour mendier dans une autre gare ? Quel intérêt ? Je suis condamné à mourir d'ennui.

Je suis pourtant quelqu'un de patient. Je vais raconter un truc bizarre. J'adore la pêche à la ligne et, en France, je pouvais rester des heures devant un bouchon immobile sans m'ennuyer. Mais l'attente dans la gare de Bénarès, ce n'est pas une partie de pêche. Pour m'aider à passer le temps, je m'imagine parfois que j'ai devant moi un bouchon et que j'attends la touche d'un énorme brochet. J'attends que le bouchon plonge. Ça marche cinq minutes et puis je réalise qu'ici il n'y a ni eau, ni poisson, ni fleuve, ni nénuphars. Il n'existe aucun espoir, aucun but, sauf ceux de tuer le temps.

Ennui.

Alors, je regarde les passants. Pourquoi ? Parce que je ne peux pas faire tout le temps la sieste quand je ne mendie pas et que c'est moins fatigant de garder les yeux ouverts. C'est désespérant.

Une famille s'installe à ma droite. Ils étendent un drap par terre et s'asseyent dessus en tailleur. Les voyageurs campent aux quatre coins de la gare en attendant leur train qui est le plus souvent en retard. Cette famille comprend les parents, deux enfants et une grand-mère. Le mari, la quarantaine, est chic avec sa chemise citron et son pantalon noir repassés. La femme semble plus jeune. Elle a mon âge et le teint sépia. Elle mesure un mètre cinquante et porte un sari rouge à une dizaine de plis, drapé avec soin.

Ils appartiennent sans doute à une caste supérieure. Ils me regardent sans me voir, juste pour maintenir entre nous une distance de cinquante centimètres.

L'homme est assis de mon côté, contre la rambarde, et la femme nous fait face. Elle est menue avec des traits de poupon. Elle est mignonne mais je ne la désire pas. Et ce n'est pas à cause du duvet noir qui recouvre ses bras. Les femmes velues me dégoûtaient autrefois, mais les poils de cette femme ne me gênent pas, je les trouve normaux pour une femme, en Inde. Celle-là est désirable, mais je ne la désire pas. Je crois que je ne désire aucune femme.

Cela n'a aucune importance car elle ne semble pas avoir envie de moi. Elle ne me sourit pas et n'évite pas non plus mon regard. Je l'indiffère, je suis sûr qu'elle n'a même pas encore vu mon visage. C'est ainsi avec toutes les femmes depuis que je suis indien. Leur mépris me rend asexué et je m'en fous, je n'ai pas envie de faire l'amour, je me sens sale et trop répugnant.

En y repensant, j'ai tout de suite remarqué le teint chocolat foncé de cette femme. J'ai acquis cette habitude indienne de définir les gens à la couleur de leur peau. C'est devenu un élément fondamental pour moi et, je le reconnais, une Indienne blanche comme la crème m'attire plus qu'une à la peau noire comme un buffle. Maintenant, chez un individu, le teint, c'est ce que je vois en premier avec sa taille et son sexe. J'essaie ensuite de deviner sa caste ou sa religion grâce à ses habits.

J'écoute leur conversation. Ils sont venus en pèlerinage à Bénarès et ils rentrent chez eux à Delhi. Ils attendent la formation de l'express 4057 qui relie chaque jour la capitale à la ville sainte. Un voyage de huit cents kilomètres et de seize à dix-sept heures, minimum. L'homme est inquiet, il n'a pas de réservation de couchettes. C'est normal ; en Inde, les trains sont toujours bondés.

Je suis venu à Bénarès par ce train, pour y finir dans la peau d'un mendiant. C'était il y a trois mois, j'étais européen et à l'époque j'avais bénéficié des quotas réservés aux étrangers pour obtenir une couchette.

Des étrangers arrivent pour prendre l'express Bénarès-Delhi. Ils passent devant moi sans me voir et je n'essaie pas de leur tendre ma sébile. Je fus l'un d'eux, je sais ce qu'ils pensent : la misère de l'Inde, c'est normal. Moi, je ne suis qu'un pauvre Indien dans une gare indienne. C'est trop banal pour les apitoyer. Ils ont vu des mendiants nus à Bombay et des squelettes à demi crevés sur les trottoirs de Calcutta. A Agrâ, des monstres atteints d'éléphantiasis les ont approchés et des mômes aveugles, sourds et muets – tout à la fois – se sont prostrés à leurs pieds dans les trains. J'ai connu tout ça lors de mon premier voyage en Inde. Cela me donnait la nausée et me blindait face à la misère ordinaire, ce que je concevais comme telle, car la misère ne peut jamais être ordinaire. Je le sais aujourd'hui, c'est trop douloureux, inhumain et scandaleux. Je sais aussi que l'Européen fait l'aumône uniquement par pitié, il ne donne pas comme l'hindou pour accomplir un devoir religieux ou moral. Ce serait un effort inutile de quémander aux rares étrangers qui transitent dans la gare, je n'ai aucune chance avec eux, je ne peux les émouvoir.

Si les étrangers comparent l'Inde et les Indiens à une mosaïque incompréhensible, les étrangers me semblent en tant qu'Indien encore plus contrastés. Il y a vraiment toutes sortes d'étrangers qui défilent sur ma passerelle. Des blancs, des jaunes, des noirs, avec des cheveux et des yeux de toutes les couleurs de l'arc-en-ciel. Bien sûr ! Mais ce n'est pas tout. Les étrangers portent eux-mêmes leurs valises et leurs sacs. Certains sont harnachés comme des baudets avec un énorme sac à dos par-derrière et un autre accroché par-devant. Je ne rigole pas, ce sont de vrais ânes. Si j'étais dans leur situation, riche comme eux, je louerais un porteur. Stop ! En ce moment, deux grands Européens en tunique marron de moine bouddhiste passent devant moi. Dans leur dos est écrit en anglais : « Libérez le Tibet ! » Jouer l'homme sandwich pour la cause tibétaine en aube bouddhiste quand on est européen, il faut être illuminé. Je ne suis pas le seul taré dans cette gare, et cela fait plaisir.

Je reviens à mes ânes. Louer un porteur ne leur coûterait qu'une paire de roupies. La belle affaire ! Regardez ce couple de Français, ils titubent sous le poids de leurs bagages. Je suppose qu'ils sont français, car la fille a le *Guide du routard* à la main. Dans l'autre main, elle tient une bouteille d'eau minérale. Et sur son dos, trente kilos de barda. Son mec a aussi son litre d'eau minérale et trente kilos de barda. Ils transportent leur maison, ma parole. En tout cas, ils suent à grosses gouttes et, je le répète, ce sont des ânes. Ils économisent sur un porteur quelques roupies et gaspillent deux dizaines de roupies en buvant de l'eau minérale.

Pour nous, les Indiens, l'eau, ça ne s'achète pas, c'est gratuit, et les porteurs, comme leur nom l'indique, c'est fait pour porter, et les voyageurs pour voyager, les mendiants pour mendier, les chiens pour aboyer, etc.

Le point de vue de ces Français est différent. Je pensais comme eux avant. Ce n'est pas l'avarice qui leur fait économiser le service d'un porteur mais plutôt le scrupule d'engager un esclave et de courir en outre le risque que celui-ci les roule. Et pour l'eau du robinet, ils ont la trouille d'attraper des maladies en en buvant. Alors, ils se coltinent leur fatras sur le dos et des bouteilles d'eau dans les bras. Leurs vacances en Inde, c'est dans la peau d'un docker. Et c'est bien fait ! Ils voient tout en noir. Ils ne respectent pas l'ordre du monde.

Écoutez ! Depuis six jours, je couche dans la rue, je bois l'eau du robinet et je n'ai ni la fièvre ni mal au ventre. Les étrangers s'imaginent l'Inde plus sale qu'elle n'est. Dimanche matin, j'ai même vu sur un quai deux Japonaises qui se brossaient les dents en utilisant de l'eau minérale. Celles-là, elles ont perdu le sens de la réalité, elles devraient visiter notre pays avec un masque à gaz, des gants et des bottes en plastique. Utiliser une demi-bouteille d'eau pour se laver les dents, cela représente le prix de deux déjeuners pour moi. Cela me révolte. La misère ne peut être ordinaire ; elle est injuste. Pourquoi ne puis-je donc pas, moi aussi, me laver les dents à l'eau minérale ? Je ne suis plus un homme ?

Je me le demande souvent.

Je ne possède aucun ami, aucune famille. Je suis comme une bête et je ne compte que sur moi.

5 novembre.

Voilà dix jours que je suis indien, et la nouveauté de cette existence a disparu. Totalement. Je ne remarque même plus la dureté du macadam quand je m'allonge dessus. Ni les étrons dans les « maisons de l'urine », ni la crasse sur mes pieds.

Mon existence suit un rythme monotone, épuisant. Chaque nuit, je m'allonge sur le parvis de la gare sans trouver le sommeil et, chaque jour, je me lève à l'aube un peu plus fatigué. Chaque jour, je mendie et je suis humilié. Chaque jour, je me nourris de purée de lentilles ou de curry de pommes de terre. Chaque jour, je bois de l'eau et je fume une dizaine de *biri*. Chaque jour, je me sens maigrir et perdre mes forces. Ma routine n'a rien à envier à celle des vaches et des chiens qui traînent dans la gare. La différence entre eux et moi, c'est qu'ils ont des puces pour leur tenir compagnie. C'est leur problème, et je préfère encore rester seul.

Ce matin, je n'ai goût à rien. Sauf à fumer et boire de l'eau. La nourriture ne me fait même plus envie. Je dois réagir, sinon je vais me laisser dépérir.

Je mendie deux à trois heures et je décide de m'aérer la tête. Je sors vers l'ancien cantonnement. Je remonte une route fraîche bordée de grands arbres, puis je déboule en ville sur l'avenue poussiéreuse de Râjâ Bâzâr.

Les boutiques sont encore fermées. Sous une arcade, un être humain est allongé par terre. Un drap crasseux le recouvre et je ne peux deviner ni son âge, ni son teint, ni son sexe. Je me reconnais en lui, et ma misérable existence s'impose aussitôt à ma conscience. Dans la gare, ici ou ailleurs, ce sera partout pareil. Comment échapper à son sort ? Comment être heureux ?

Je me couche un peu plus loin sous une autre arcade. C'est le meilleur remède à mon désespoir : essayer de dormir pour ne plus cogiter.

La lumière me gêne, alors je me cache le visage sous mon foulard. Je réalise que je suis en train d'imiter l'autre clochard. Mais je n'arrive pas à dormir. Impossible de vider mon esprit. J'entends les passants marcher sur le trottoir. Ils se parlent, ils rient, ils s'interpellent. La vie semble légère, intéressante pour eux. Certains me frôlent et, à travers mon foulard, je surveille leur silhouette qui se tourne un instant vers moi. Je ne peux distinguer la nature de leurs regards et c'est mieux ainsi. Vautré en plein jour sur un trottoir d'une rue importante de Bénarès, la tête plongée dans la nuit de mon foulard, je préfère ne plus contempler le dégoût que j'inspire aux autres.

Pourquoi me suis-je imposé une telle expérience ? Je voulais tenter une aventure. Découvrir une société exotique, gagner de l'argent, écrire un livre aussi, et puis je rêvais de célébrité. Je pensais qu'en jouant une grande partie, je possédais une chance de devenir riche et connu.

Peu m'importe de savoir si je me trompais ou non. C'est devenu hors de propos. Je n'existe plus que dans le présent, luttant pour ma sous-vie quotidienne, et je regrette cette métamorphose. La curiosité, l'espoir, la convoitise, l'ambition sont autant de liens qui m'ont enserré dans cette folle aventure.

A Paris, je possède un petit appartement de deux pièces, près de Strasbourg-Saint-Denis. C'est un nid confortable, équipé d'un frigo, d'un lit, de quatre chaises, d'une table, d'une baignoire, d'une vraie cuvette de WC, et elle est propre. J'ai même un four à micro-ondes. Une vraie fortune pour Râm Mundâ.

J'ai péché par cupidité et par curiosité. Je n'ai pas su jouir de la vie comme elle venait. J'aurais mieux fait de rester chez moi, en France, et de m'y trouver un boulot peinard. Pourquoi ? Parce que je serais heureux.

Je croyais que notre unique passage sur terre, il fallait l'utiliser pour entreprendre des choses extraordinaires. Afin de survivre à sa mort par des actes méritoires. Je me trompais. Ce qui compte, c'est de vivre heureux. Tout le reste, c'est du vent.

Quand je repense à ma fortune en France, c'est douloureux. J'ai l'impression d'avoir tout perdu. Toute cette richesse me semble fictive et certainement pas la propriété de Râm Mundâ. J'ai tout perdu. Et je crève à petit feu à Bénarès.

Soudain, une idée terrible me traverse l'esprit. Si je mourais pour de vrai, maintenant, sur ce trottoir, que se passerait-il ?

Oublions les autres, ils ne m'intéressent plus. Que se passerait-il après ma mort ?

C'est bien ça. Je serais délivré de mes souffrances, de mes humiliations. Je serais débarrassé du fardeau de l'existence. Finies la cupidité, les ambitions et la curiosité toujours insatisfaites.

Je ne souhaite pas mourir et je ne ferai rien pour précipiter ma fin ; mais si ma mort survient maintenant, eh bien, ça m'est égal de ne plus exister.

La vie ne sert à rien. Dans ce monde, je n'ai que des devoirs, des engagements et de la souffrance.

Je pense à ma femme chérie que j'adore et qui m'adore. La vie est formidable en sa compagnie. Je l'ai oublié et je dois devenir dingue pour penser que mon existence ne vaut plus la peine d'être vécue.

J'ai envie de pleurer mais je me contrôle. Je n'ai pas besoin de fondre en larmes. Je dois me ressaisir.

Je veux vivre et profiter des années qu'il me reste.

Je possède dix roupies d'économies. Alors je me lève et je décide d'aller en ville voir un film. Cela me changera les idées, et puis le cinéma est une distraction populaire en Inde. Des misérables comme moi peuvent y aller, ma présence ne choquera pas.

Je marche vers Godhauliâ. Il y a de nombreux cinémas là-bas. J'ai de la chance, le cinéma Sarasvati projette *Sangit* (Musique). C'est le nouveau film de Mâdhuri Dikshit, mon actrice indienne favorite.

J'achète neuf roupies cinquante un billet de parterre pour la séance de midi et j'entre. Autrefois, j'achetais toujours des places de balcon mais je ne peux plus me l'offrir, ça coûte trois roupies de plus.

La salle est comble en bas. Une fosse. Il y règne une chaleur moite, étouffante ; ça pue la sueur et tous les sièges sont éventrés. La mousse sort des housses et les ressorts labourent les fesses.

Soudain, l'écran s'illumine et j'oublie tout. Tout ce qui fait partie de l'existence de Râm Mundâ.

Je le dis tout de suite, ce film est magique. Je me sens comme un gosse en train de regarder un dessin animé de Walt Disney.

En mieux même, car Mâdhuri Dikshit crève l'écran. Quand cette fille danse sur la chanson : « Je suis à toi ! », ça fait plus d'effet que Cendrillon et Blanche-Neige réunies. Je connais encore la différence entre la craie et le fromage.

Mâdhuri, en petit corsage et jupe volante, gigote et swingue et saute et roule du cul et remue ses énormes nichons. Cela me procure une délicieuse sensation de vertige dans la tête et le bas-ventre. Je ne suis pas le seul à m'imaginer que Mâdhuri est à moi. Dans la salle, les spectateurs sifflent et hurlent de plaisir : « Mâdhuri ! Mâdhuri ! » Cette bestialité me rappelle le refrain de Ty Ty, le héros d'Erskine Caldwell dans son roman *Le Petit Arpent du bon Dieu* : *« Quand un homme voit une belle femme, il sent comme une envie de se baisser et de lui lécher quelque chose. »* Mâdhuri fait bander les foules indiennes, c'est-à-dire des centaines de millions d'hommes. Ce n'est pas rien.

Dans *Sangit*, ses fans sont gâtés. Elle joue deux rôles et le super-héros Jackie Shroof lui donne la réplique. C'est un film de super-stars, comme nous disons en hindi.

Mâdhuri incarne une jeune aveugle, danseuse dans un peep show. Jackie Shroof, un pauvre chanteur des rues au grand cœur, l'arrache à ce travail humiliant et la recueille dans l'immeuble en chantier où il loge comme un clochard. Ils tombent amoureux l'un de l'autre, et après de multiples rebondissements, selon l'éternel schéma perdu-retrouvé du cinéma hindi, la belle aveugle retrouve, grâce au ménestrel, sa mère qui est millionnaire et est également interprétée par une Mâdhuri Dikshit grimée. Pour conclure, la danseuse épousera Jackie Shroof, et sa vertu et son rang social seront récupérés.

Vous jugez sans doute cette histoire débile. J'aurais pensé de même, il y a encore dix jours, et je n'aurais apprécié que les séquences de ballets. Il y a trois mois, je me moquais de *Betâ*, un autre film de Mâdhuri. Je me demandais si la tête des Indiens cultivait autre chose que les poux pour voir et revoir ce super-navet. Je regrette ma méchanceté.

Aujourd'hui, je suis indien et je ne crois pas être moins intelligent. Mais le cinéma hindi me touche. Profondément. Je plonge dans l'intrigue et je rêve. Je ne remarque plus tous les défauts techniques de réalisation, l'invraisemblance et la naïveté du scénario.

Dans l'univers merveilleux de *Sangit*, les clochards sont policés et vêtus d'étoffes propres. Ils fréquentent des gens riches qui habitent des villas dignes de celles de Beverly Hills. Il n'y a ni tas d'ordures au bord des routes, ni vaches faméliques, ni pollution sonore, et les taudis, les hôpitaux, les bureaux, les magasins sont tous bien rangés. Chaque chose à sa place, propre, nette. Une Inde féerique. Et dans la peau de Râm Mundâ, je la confonds avec le monde réel car le scénario aborde de vrais problèmes sociaux, connus de tous.

Par exemple, dans la dernière partie du film, Jackie Shroof veut faire greffer des yeux à Mâdhuri Dikshit. Il montre à un docteur une couverture du magazine *India Today* sur le commerce des greffons. On aperçoit un corps humain avec les étiquettes du prix des différents organes négociables : un œil quatre-vingt mille roupies, un rein vingt-sept mille roupies, un morceau de peau mille roupies. Je le sais, en Inde, des pauvres vendent leur chair, elle servira de greffon pour des malades riches. Cette idée d'une automutilation pour raison économique me bouleverse mais, comme toujours dans le cinéma hindi, chaque problème est transcendé en quelque chose de positif. Par amour pour Mâdhuri, Jackie Shroof propose de se suicider et de lui léguer ses yeux. Bien sûr, elle ne le laissera pas faire…

Pendant trois heures, je vis dans le monde de Mâdhuri et de Jackie Shroof. Un monde d'amour, de beauté et de justice. C'est exactement ce dont j'avais besoin pour sortir de mon existence misérable. J'oublie mes dix jours dans la peau de Râm Mundâ : toutes les humiliations, la mendicité, le mépris, la solitude, la crasse, le manque de sommeil, le macadam, le bruit, la purée de lentilles, l'eau du robinet, les leçons de morale.

6-7 novembre.

L'hiver arrive. Chaque nuit, la température baisse davantage. Elle doit à présent avoisiner les dix degrés.

Ce n'est pas du verbiage sur la météo. Il fait froid et, le soir, je couche dans la gare. J'y suis bien et je n'apprendrais rien de neuf en restant en plein air parmi des *musahar* qui m'ignorent.

Je m'allonge sur les quais. Des auvents les couvrent et les kiosques et les entrepôts qui s'y alignent m'abritent de la fraîcheur nocturne.

La gare s'avère également moins bruyante que le parvis. Des centaines de voyageurs attendent sur les quais avec leurs valises et leurs baluchons, mais ils restent tranquilles et le vacarme des trains qui passent ne me gêne pas. Il est momentané et je me rendors aussitôt.

Je ne suis pas seul, étendu ainsi sur le macadam des plates-formes. Des dizaines d'autres pauvres squattent chaque quai. A la différence des habitants du parvis, beaucoup ne vivent pas en famille. Ce sont des hommes comme moi, solitaires et dans la force de l'âge. Ils s'ignorent les uns les autres et ne semblent pas appartenir à une caste particulière. De nouveau, personne ne me chasse, personne ne me parle, personne ne me regarde.

Voilà exactement une semaine que je mendie dans la gare. Et je continue. Et rien de neuf. Sauf que je commence à jouer à la loterie. Des multitudes de pauvres tentent ainsi leur chance pour sortir de la misère et je veux essayer, moi aussi, cette solution. Si jamais je gagne, même un petit lot de quelques centaines de roupies, je n'aurais plus besoin de faire la manche pendant un mois. Ce serait très chouette. Je me dis que j'aurai peut-être enfin un peu de veine dans cette aventure.

A Bénarès, on peut acheter des tickets des loteries privées et d'État des quatre coins de l'Inde. Cela représente environ quatre-vingts tirages différents chaque jour et il existe des billets à tous les prix, de une à cinq cents roupies. A chaque carrefour, des échoppes et des colporteurs en vendent, et certains travaillent vingt-quatre heures sur vingt-quatre. Ils ont toujours de la clientèle.

J'achète mes tickets à l'un des marchands devant la gare. Chaque jour, j'en choisis deux de la loterie Raj Shree à deux roupies pièce. C'est un investissement raisonnable pour moi et le premier prix s'élève à cent mille roupies, soit vingt mille francs. Sûr que ça changerait le cours de ma métamorphose si je le remportais. Je pourrais vivre dans la peau d'un riche intouchable. Je ne mendierais plus, je louerais un appartement et puis j'investirais mon argent. Je verrais surtout comment les gens traitent un intouchable qui a réussi.

Tout cela, c'est du rêve. La loterie Raj Shree émet quatre millions de billets par tirage et j'ai peu de chances de tomber sur le bon numéro. Mais on ne sait jamais, bien sûr. J'ose rêver…

Devant chaque vendeur de loterie, un attroupement d'une dizaine de joueurs se forme en permanence. Rien que des hommes. Des pauvres, sales et vêtus de lungi dans mon genre, d'autres en chemise-pantalon appartenant aux classes moyennes. Le vice du jeu les réunit. Ils commentent les résultats de la veille et discutent des probabilités pour tel ou tel nombre d'être tiré dans l'avenir. Comme si la loterie obéissait à des règles scientifiques !

En attendant de décrocher le premier prix, ils parlent de toucher les petits lots. Ils calculent le dernier chiffre du prochain numéro gagnant. Il rapporte seize roupies pour un billet de deux roupies, soit quatorze roupies de bénéfice. Ce n'est pas mal si on achète plusieurs billets avec le bon dernier chiffre : à défaut de faire fortune, on peut se faire des revenus à la loterie. Bien sûr, pour répéter ça chaque jour, il faut posséder une bonne martingale. Sinon, avec une chance sur dix de trouver le dernier chiffre et un gain de huit contre un, on y perd vite ses plumes.

Les joueurs qui calculent sont des sortes de « pros » de la loterie. Cela ne veut pas dire qu'ils en vivent, mais simplement qu'ils tentent de rentabiliser au maximum leur investissement. Quand j'achète mes billets, je les écoute parler pour profiter d'un tuyau éventuel et choisir en conséquence mes billets. Exemple, ce grand type maigre en chemise-pantalon. Il étudie une longue liste de résultats et les billets de la loterie Raj Shree étalés côte à côte sur la tablette du marchand. Il dit :

« Ça fait deux semaines que le sept et le deux sont pas sortis.

– Ouais, y vont sortir, reprend un autre plus petit, en lungi sale.

C'est sûr. Si j'avais de l'argent, j'achèterais, ouais, dix billets de deux et autant de sept. Moitié. Moitié.

– Et tu paumerais quarante roupies, ricane un autre gars rondouillard qui semble le connaître.

– Non. Je perdrais pas. J'me referais.

– Tu paumerais, j'te dis. Y faut jouer que les loteries du gouvernement. Le Raj Shree, c'est privé. Si ça fait quinze jours que le sept et le deux sont pas sortis, c'est impossible si y a pas de triche.

– Allez, toi, raconte pas de bobards ! Ta cervelle est malade. Dégage ! rouspète le vendeur, un jeune homme chic d'une vingtaine d'années. Bien sûr qu'y a pas de triche. Toutes les loteries, c'est pareil, les chiffres sortent par période. Y faut jouer longtemps pour gagner. Sinon, ce serait trop facile.

– Ouais, et pis comme ça on dépense tout son fric. Ensuite on s'endette pour se refaire, pis on est ruiné et y en a même qui se suicident.

– J't'ai dit de dégager. Toi ! Ta cervelle est malade. Pourquoi tu viens ici si c'est pour critiquer la loterie ?

– J'aime jouer, pardi ! C'est mon vice mais j'joue pas n'importe quoi. J'ai un secret...

– Et c'est quoi ? demande le grand maigre.

– J'peux pas le dire.

– Pourquoi ? T'as déjà beaucoup gagné ?

– Non. Mais mon truc, c'est pour le gros lot et j'sais que j'vais le gagner un jour. »

Là-dessus, tout le monde éclate de rire et le vantard ajoute : « Alors j'arrêterai de jouer et j'me laisserai pas repiquer tout mon argent. Moi ! »

J'apprends qu'un quotidien spécialisé du nom de *Lakshmi*, la déesse de la fortune, paraît chaque soir à Bénarès pour conseiller les joueurs de loterie. C'est une feuille de chou de quatre pages et des gamins la vendent dans la rue comme des petits pains. Je l'achète. En première page, elle publie la photo d'une actrice et des faits divers croustillants. Les trois autres pages donnent les résultats du jour, plus les numéros de la chance du lendemain pour chaque tirage. Elles récapitulent aussi dans des abaques les résultats des dernières semaines afin de pouvoir établir ses pronostics.

Évidemment, je ne gagne rien du tout à la loterie. Je pensais au moins posséder une chance de trouver un bon dernier chiffre et toucher seize roupies. Je me trompais. En deux jours, j'en ai perdu huit, soit une journée d'aumône.

Je n'ai pas le cœur à rire.

Et puis les pronostics de la feuille de chou étaient mauvais. Ceux des joueurs pros aussi. Le deux et le sept ne sont toujours pas sortis.

Quel con je suis d'avoir risqué mon fric dans la loterie ! C'est sans espoir. Juste un piège à pauvres. Je ne jouerai plus.

Avec huit ou dix roupies, je vivais bien, en fait. Je mangeais midi et soir. En voulant décrocher un paquet d'argent au-dessus de la trappe de la fortune, je me retrouve avec juste de quoi faire un seul repas par jour. Quel crétin ! C'est comme quand on est mouillé par la pluie, je n'ai personne à qui me plaindre. Et même personne pour me consoler.

8 novembre.

Je n'ai jamais aimé me vanter ni m'apitoyer sur mon sort. Mais, à présent, mon aventure devient trop pénible. J'ai mal ! Envie de pleurer, envie de me taper la tête contre un mur. Comme lorsque j'étais môme et que quelque chose m'exaspérait. Envie d'oublier, de dormir à jamais. Quand ? Un jour. Ce sera la mort.

Ma mort.

De répéter que je vais mourir un jour, cela me pompe le peu d'énergie qu'il me reste. Je n'arrête pas d'y penser depuis hier. J'ai encore réussi à mendier ce matin mais je me sens si las, si fatigué.

Peut-être est-ce aussi dû au manque de vitamines dans ma nourriture quotidienne ?

Je ne sais pas. Je me dis que je passe trop de temps dans la gare et je sors me balader sur la route nationale Delhi-Calcutta.

J'ai eu raison.

De voir les camions rouler, de respirer leurs gaz d'échappement, de constater aussi que les taxis triporteurs sont en grève pour protester contre la création d'un service de minibus en ville et forment des barrages pour empêcher les pousses de travailler, tout ça m'aère la tête.

Je marche, je savoure la ville et quand je découvre le long de la nationale la présence côte à côte de trois charcuteries, je devine que le cours de ma journée changera. J'ai à nouveau envie de vivre. Pourquoi ? Parce que je sens un de ces arômes de plat cuisiné, d'épices et de viande mélangées qui me va droit au cœur.

Je désire m'attarder sur ce sujet.

Quand un homme est vraiment réduit au désespoir, il n'y a que la nourriture, l'ivresse ou le sexe pour le réconcilier avec la vie.

J'élimine tout de suite l'ivresse et le sexe. Et ce n'est pas parce que ces deux plaisirs sont difficiles à obtenir.

A Bénarès, l'alcool et même la drogue sont en vente libre, dans des magasins d'État – je l'ai déjà raconté –, mais ça ne me tente pas. Et pour le sexe, je sais où trouver une femme indienne. Une jeune et une belle, une qui fasse bien bander, et pour même pas cinquante roupies, soit dix francs français.

Je ne baratine pas.

Il y en a à Maruâdi. Beaucoup. Près de la grande usine de locomotives, dans une ruelle boueuse. Sur deux cents mètres, une centaine de filles de tous calibres s'alignent devant des clapiers de quatre mètres carrés où elles attirent le client. Cela ressemble aux bordels de Taipei ou Séoul. Le micheton s'enferme avec la femme pendant cinq à dix minutes dans la niche, le temps minimum pour se déshabiller et se satisfaire car, sous lui, la fiancée raide comme une bûche l'incite à conclure.

Attention, mon propos n'est pas de dénigrer ceux qui paient pour faire l'amour en cinq sec dans un clapier. Une brève rencontre payante peut procurer du plaisir et je ne désire pas non plus faire la morale. Je décris Maruâdi pour que vous sachiez comment c'est et que je peux y trouver une femme à mon goût. Si je veux.

A Maruâdi, il y a vraiment le choix. Des Blanches et des Noires. Des impubères et des ménopausées. Des élancées et des bibendoms. Certaines aux visages aryens et d'autres aux traits sino-tibétains qui arrivent des confins de l'Inde. Des hindoues et des musulmanes. Je le sais, je m'y suis promené en août et j'ai parlé à certaines. Je voulais jeter un œil, j'étudiais la société indienne, je préparais ma métamorphose. Gloire m'accompagnait d'ailleurs, car cette ruelle vaut le déplacement pour le touriste à Bénarès. Autant que les bords du Gange.

Vous y verrez des adolescentes racoler les passants avec un bébé dans les bras. Vous en verrez d'autres encore plus jeunes, drapées dans un sari comme des adultes et outrageusement fardées, si jeunes que la pointe de leurs seins naissants ne soulève que très légèrement la soie synthétique de leur bustier.

Une pute qui travaille avec son gosse dans les bras, ça ne m'excite pas. Cela doit pourtant attirer certains hommes puisque des filles racolent ainsi. A propos des gamines prostituées, une croyance indienne veut qu'un rapport avec une jeune vierge augmente la puissance sexuelle et soigne les maladies vénériennes.

Voilà la richesse de Maruâdi. Il y en a pour tous les goûts. Plus que sur tous les Pigalle, tous les Soho, tous les Mabini, tous les Patpong du monde. Une diversité à l'image de l'Inde. Je suis sûr d'y trouver une femme jeune, mignonne, avec le teint couleur de blé mûr et une poitrine ferme et pleine. Mais je me sens trop sale, trop fatigué pour faire l'amour. En outre, je serais gêné de baisser ma culotte car je suis bicolore, mes fesses et mon sexe sont blancs. Et puis, surtout, je n'ai pas envie de bander. Sauf pour Gloire, ma femme. Je suis un type fidèle. Je parle des autres femmes mais l'idée précise de tromper Gloire me dégoûte. La sensation de trahir notre amour détruit mon appétit sexuel. Je n'irai pas à Maruâdi.

J'oublie le sexe. Il ne me reste que la nourriture pour me réconcilier avec la vie.

Je reviens aux charcuteries. Leurs étalages ne ressemblent pas à ceux de Fauchon. Elles sont installées sous des abris en brique, sans vitrine, sans porte, sans comptoir. Juste un toit, deux murs de chaque côté et une estrade en ciment de cinq à six mètres carrés. Un ou deux bouchers en chemisette et lungi à gros carreaux maculés de gras y sont assis au milieu de dizaines de quartiers de porc frais. Ils les débitent en cubes pour chaque client avec un grand couteau en forme de croissant lunaire qu'ils coincent entre le pouce et l'index du pied droit, ramenant la viande vers eux pour la trancher sur la lame. Sur l'estrade, il y a encore une marmite pleine de curry de porc chaud et ça sent bon. A côté, plusieurs andouilles bouillies sont enroulées sur elles-mêmes. Toute cette viande attire les mouches mais personne ne les chasse. Les chiens errants, galeux, qui s'aventurent en permanence près de l'estrade, ont moins de chance et se prennent des coups de pied dans le cul.

Pour moi, ces charcuteries sont précieuses. A Bénarès, ville de huit cent mille habitants, les marchands de viande de porc se comptent sur les doigts de la main. J'en ai vu un dans une hutte sur la route de Râm Nagar et mes amis balayeurs de Ravindrapuri m'ont dit qu'il y en avait aussi à Maruâdi, entre l'usine de locos et les filles. C'est-à-dire dans des quartiers éloignés du centre ville. Le porc est destiné aux intouchables et son commerce est encore plus rare, plus méprisé que celui des autres viandes, déjà discret dans cette ville sainte hindoue.

Je passe devant les trois charcuteries puis je reviens sur mes pas et j'entre dans la dernière, celle où affluent le plus de clients, une dizaine, la majorité en lungi sale.

En face de l'estrade où les deux bouchers travaillent, il y a une table assez basse pour s'asseoir dessus. Un vieux y mange une portion d'andouille coupée en rondelles. Elle est servie dans une petite assiette en feuilles qu'il tient dans sa main gauche, il pioche dedans rondelle après rondelle avec l'autre main, la pure. Il prend le temps de savourer et je commande la même chose. Cela semble encore plus appétissant que le curry dans la marmite. Le boucher, un jeune gars osseux à la peau noire, discute en me servant :

« T'es pas d'ici, toi ?

– Ouais, j'viens du Bihâr.

– Ah ! Je croyais que t'étais du Râjasthân. T'as pas l'accent du Bihâr…

– C'est parce que je viens du Jhârkhand, de la jungle. Je suis un aborigène.

– D'accord, dit-il en souriant. Tu sais, nous aussi on est comme des aborigènes.

– Ah ? Quelle est ta caste ?

– J'suis *sonkar.* »

C'est la caste intouchable des marchands de légumes. J'ai appris qu'elle s'appelait aussi *khattik* et que ce mot signifiait le « boucher » en sanskrit. Le gars m'explique que tous les charcutiers du coin sont *sonkar*, mais ce n'est pas une nécessité pour vendre du porc.

« Vous mangez du porc dans la jungle ?

– Bien sûr… Dis, y a que les enfants de Dieu qui achètent du porc à Bénarès ? (Je demande ça pour en avoir confirmation par un charcutier.)

– Ouais, et les chrétiens et les étrangers… Tu sais, on est tous des aborigènes, on est tous égaux. »

J'ignore pourquoi il me dit cette phrase gentille mais ça me touche. Il me tend ma portion d'une centaine de grammes d'andouille tiède, je lui donne quatre roupies, puis je m'assieds sur la table. Et je déguste.

Je déguste.

Oui. C'est exquis. C'est sublime.

C'est mieux que tout ce que vous avez jamais mangé. Mieux que le saucisson de montagne et le jambon de pays réunis. Mieux que l'andouille de Guémené et d'ailleurs.

Je crois.

C'est une andouille spéciale. La classique farce de tripes est additionnée de sang coagulé, de piments verts et de feuilles de coriandre. Le tout haché gros, enfilé dans un boyau, puis bouilli. Sur le côté de la table, il y a un type assis par terre avec un bonnet sur le crâne. Il fourre des boyaux et, par moments, il se lève pour remuer les andouilles en train de cuire dans l'eau sur un fourneau en terre.

Ce mets a le goût d'une andouille. Mais pimentée, avec une saveur sucrée de boudin et l'arôme anisé de la coriandre qui se marie si bien avec les viandes. Cela me laisse un goût frais et piquant dans la bouche. Il se maintiendra jusqu'en fin d'après-midi avec d'agréables petits renvois de cochonnaille qui remontent de mon estomac calé, satisfait.

Maintenant, je m'en souviens. Râjâ Râm, mon frère *dom*, m'a vanté cette andouille. Les intouchables de Bénarès la préparent également à la maison et il avait ajouté que, froide ou chaude, mais en sirotant de l'alcool, leur andouille procure à celui qui en consomme un avant-goût du nirvâna, un genre d'orgasme buccal.

Même sans boire, je confirme cette sensation de plaisir total dans la bouche.

Je me sens bien. Comme en France. Je retrouve les saveurs de mon existence précédente et cela me rappelle le plaisir qu'il y a à vivre. Cela m'oblige aussi à reconnaître que j'ai toujours appartenu au peuple des intouchables. J'ai toujours aimé les choses impures : le vin et le cochon. En Français, en Chinois, en Râm Mundâ. Et ma femme est intouchable, et mes parents, et mes beaux-parents, et mes amis. Je frayais déjà avec les gens de ma caste. Tous des étrangers, des barbares. Rien de surprenant s'ils partagent les mêmes goûts pour la ripaille que les populations les moins civilisées de l'Inde.

J'ai toujours été intouchable et, pour la première fois depuis le début de cette métamorphose, je n'en ai plus honte.

Regardez les hautes castes, leurs friandises sont les sucreries, les laitages, les gâteaux sirupeux, gluants, farineux, écœurants. Voilà ce qui est nécessaire pour organiser une fête selon l'idéologie brahmanique. Lamentable !

Chez les intouchables, la pureté religieuse passe après le plaisir. Vive la viande ! Vive le vin !

Il existe d'authentiques spécialités culinaires intouchables. Ainsi les plats du festin chez Râjâ Râm pour la naissance de sa fille.

Ainsi l'andouille. Quel délice ! Mais peut-on imaginer mets plus impur ? Comment peut-on manger la chair qui a contenu les excréments d'un porc ? Il faut être aussi sale que cet animal pour s'abaisser à consommer cela. Être par exemple français, chinois ou indien intouchable. C'est répugnant pour un hindou de haute caste. Que lui répliquer ?

Je ne sais pas.

Ou alors : l'andouille, c'est bon au goût et ça me suffit.

Les hindous de haute caste sont anormaux, je crois. Leur recherche de la pureté est incohérente comme toutes les conduites guidées par les religions, par l'irrationnel. Ils suivent un régime végétarien et sans alcool, mais ils consomment les drogues à base de cannabis. Ils me font rire. Les plus orthodoxes ne mangent même ni oignon ni ail, car ces deux légumes sont considérés comme impurs.

Pour eux, le sucre et les laitages constituent les plus savoureux des aliments. J'ai compris leur vision. Ils disent cela parce qu'ils ne connaissent rien d'autre. Ils préfèrent le lait au vin mais ils n'ont jamais bu d'alcool. Idem pour les sucreries. Comment peuvent-ils affirmer, sans y avoir jamais goûté, que la viande ne leur manque pas car sa saveur est de toute façon mauvaise ?

Bien sûr, je ne parle pas pour la multitude de faux culs bénits qui mangent de la chèvre ou du poulet et se soûlent en cachette. Ils ne sont pas une minorité. Parmi tous les Indiens de caste supérieure que j'ai rencontrés depuis juillet, un sur deux se révèle être un tricheur quand je le connais mieux.

Ainsi mon professeur Mauryâ.

Ainsi le riche R. S. Agravâl, le beauf de mon voisin, le secrétaire du Lions Club de cette ville. Le 7 octobre dernier, nous avons passé la soirée dans sa voiture à sillonner la banlieue de Bénarès en vidant une demi-bouteille de Bagpiper* Gold, un whisky indien, cher et bon. Il conduisait un verre dans une main, le volant dans l'autre, et nous nous racontions ce genre de conneries que deux types en goguette apprécient. Nous comparions la morphologie et les mensurations des femmes indiennes et occidentales, la consistance de leurs seins, les trucs qu'elles font au lit, etc. Il m'avait paru plus humain à l'époque. Aujourd'hui, quand je repense à R. S. Agravâl, je revois l'homme qui m'a affirmé ne pas se fourvoyer dans l'alcool lors de notre première rencontre, le 15 août, je revois l'homme qui méprise et maltraite ses employés de basse caste. Je hais ceux qui marchent sur les autres. Pour leur plaisir. Juste pour obtenir davantage de confort. C'est ignoble.

La société brahmanique, cloisonnée et intolérante, pousse les gens de haute caste à jouer un double rôle. Ils vendent de la viande de chien pour du mouton, ils se donnent une allure honnête, civilisée et nous dénigrent, nous les intouchables. Leur seule différence avec nous, c'est leur hypocrisie. Ils ne sont pas plus purs. J'ai découvert de quel côté mon pain est beurré et je ne me sens plus inférieur. Je n'ai plus honte de mon intouchabilité, de ma barbarie.

* Le « Cornemuseur » en anglais.

9 novembre.

Hormis la nourriture, je n'ai plus aucun désir, et je retourne à midi me payer une portion d'andouille.

C'est encore génial.

En sortant de la charcuterie, je tombe sur mon pote Harilâl, le barbier du *ghât* Assi. Il semble attendre un bus ou un triporteur collectif le long de la nationale. J'ai une grosse trouille qu'il me reconnaisse. Mais non, je le dépasse et il ne me prête aucune attention. J'ai eu chaud.

Je rentre dans la gare et je mendie jusqu'au crépuscule.

J'ai développé un goût particulier pour ce moment de la journée. C'est le plus agréable. Une récompense. Je l'attends depuis le matin. Il est magnifique. Il signifie ma délivrance.

Un jour supplémentaire dans la peau de Râm Mundâ vient de s'écouler. Bientôt je vais dormir. Ensuite, le temps filera tout seul jusqu'à l'aube. Je ne m'ennuierai pas, je n'aurai pas à me nourrir et je ne mendierai pas, je ne serai pas méprisé.

En Occident, le coucher de soleil indiquait le début de la seconde partie de mes journées, une vie nocturne, sociale, palpitante, familiale, amoureuse. En Inde, la tombée de la lumière annonce le repos des hommes. La cité va se coucher. Sommeil et oubli. Un peu de bonheur en attendant les premières lueurs qui blanchiront l'horizon à l'est. Puis ce sera le grand feu de l'aurore et le moment de reprendre mon existence de chien.

Je hais le soleil.

10 novembre.

J'ai lu en France que les Indiens étaient tolérants et non violents. Pour satisfaire mes préjugés sur le pays de Gandhi, j'acceptais ces clichés ; ils correspondaient bien à ma vision de l'Inde. Hélas ! mes lectures me trompaient. Elles mentaient.

J'étais naïf.

La tolérance indienne dont les Occidentaux parlent n'est qu'une profonde indifférence pour le sort d'autrui et cette société est sans doute la plus violente de la terre. Les puissants traitent les pauvres comme des esclaves. A l'opposé, la plus extrême misère et la soumission des individus explosent soudain en violence totale, irraisonnée. Pourquoi ?

Je n'analyserai ni la violence des textes sacrés, ni l'intolérance du castéisme, ni l'égoïsme hindou. Je raconterai ce que je vois. Encore et encore.

Ce soir.

Le soleil vient de se coucher et je traîne sur le quai numéro un. Un grand type, la trentaine, vêtu d'une chemise et d'un pantalon propres bouscule un gars malingre et plus jeune. Il a la peau plus foncée et sa chemise et son pantalon sont très souillés.

Le baraqué balance des coups de poing sur le tronc et la tête du petit, il le pousse des deux mains et le fait tomber. Le petit se relève ; le grand recommence à le cogner. Nous ne sommes pas sur un ring de catch. Pas de chiqué. Le grand cogne avec toute sa puissance. C'est impressionnant et nous sommes une vingtaine de spectateurs à les entourer.

Le jeune a la gueule défoncée, sa chemise est déchirée dans le dos. Il saigne sur les mains, autour de la bouche et des yeux. Il n'est pas beau à regarder. Mais il n'ose pas riposter. Il replie ses bras sur son visage pour amortir les coups et le balaise le traîne par le col sur le quai, en criant :

« Où c'est qu'y a un policier ? »

Deux types sortent du groupe des spectateurs et se mettent à leur tour à frapper le petit qui ne se défend toujours pas et commence à être sérieusement abîmé. Chaque fois qu'il tombe à terre, les deux types lui bottent la figure.

C'est très intéressant et le public accourt. Désormais, nous sommes au moins une cinquantaine de spectateurs.

C'est mieux qu'au cinéma. Il y a de la castagne, mais en trois dimensions et avec du vrai sang. Et puis l'épilogue de cette scène est inconnu. Suspense. Le grand vocifère sans s'arrêter de cogner :

« C'est un voleur ! J'achetais mon billet dans la salle des guichets et, soudain, je sens une main qui tire mon portefeuille de mon pantalon. C'était la main de cet enculé ! Enculé ! »

Et il balance une gifle qui expédie une fois de plus l'enculé sur le macadam. Tous les Indiens le savent : malheur au voleur qui se fait prendre la main dans le sac. Il va être battu par sa victime et il peut être lynché par la foule, frustrée et avide de sensations.

C'est la même chose pour l'automobiliste qui provoque un accident, endommage un autre véhicule ou écrase un piéton. Dans son droit ou dans son tort, s'il ne fuit pas, il est fini. Les passants ignorant tout du Code de la route ont seulement vu qu'il y avait des victimes. Peu confiants dans la justice officielle, ils veulent la rendre tout de suite et rosser le présumé chauffard.

Se défouler.

Les deux spectateurs sortis de notre groupe relaient le baraqué quand il perd la cadence pour corriger le malheureux voleur.

« Enculé ! T'essayais d'voler ! Enculé ! »

Les gens de Bénarès chérissent cette injure. Entre un marron et une châtaigne, le jeune voleur pleurniche en joignant les mains :

« Non, j'volais pas. J'achetais moi aussi mon billet. »

Il n'essaie pas de rendre les coups, il ne s'insurge pas contre la raclée qu'il reçoit. S'il était innocent, il devrait se débattre. Lui, il implore, il espère que le baraqué va arrêter de le tabasser et le laisser filer. Il sait que cette trempe n'est que l'avant-goût de la fête qui l'attend chez les chiens kaki.

Nous appelons ainsi les flics à Bénarès. Chiens parce qu'ils sont brutaux, serviles et corrompus. Kaki parce que c'est la couleur de leur uniforme.

Dans aucun pays, les gens n'aiment les flics. En France, on les prend pour des feignants, des planqués, qui ne sont jamais là quand on a besoin d'eux. En Chine, où ils sont également surnommés des chiens, ils sont craints et perçus comme une police politique qui s'occupe de la vie privée des gens.

En Inde, c'est pire. Non seulement ils ne vous protègent pas mais ils ne respectent pas la loi et vous font eux-mêmes du mal. Le chien kaki, c'est celui qui vous extorque du fric pour enregistrer une plainte, celui qui vous frappe de son bâton si vous conduisez mal votre bicyclette, celui qui vous rackette si vous êtes commerçant, celui qui vous tabasse si vous êtes en garde à vue, celui qui viole votre sœur si elle vient demander de l'aide. Je n'exagère pas. Chaque jour, les journaux rapportent des histoires de viols et de tortures dans les commissariats. En toute impunité.

La presse dénonce aussi la nonchalance de la police qui protège les criminels en échange de pots-de-vin. La routine. En Inde, flics, truands et politiciens occupent des emplois interchangeables et tous les trois se recrutent le plus souvent parmi les brahmanes et les *kshatriya*, les castes supérieures et privilégiées de prêtres et de guerriers.

Des blagues circulent sur les chiens kaki. Exemple :

« *Pourquoi sont-ils en général représentés au cinéma comme des personnages négatifs, avides, alcooliques et violents ?*

– *Parce qu'on ne peut quand même pas leur faire toujours jouer que des mauvais rôles !* »

Il n'y a rien de bon à tirer d'un flic. Aucune protection à espérer. Devant nous, le jeune voleur sait bien que ces coups sont des caresses à côté du menu qui l'attend s'il échoue au commissariat de la gare. Il implore pardon à genoux tout en répétant qu'il n'est pas un voleur. Il a vraiment la trouille et j'éprouve de la pitié pour lui.

Ça y est. Trop tard. Un flic fend la foule avec son inséparable bâton, symbole de la justice en Inde.

« Qu'est-ce qui se passe ?

– Cet enculé a essayé de me voler mon portefeuille, répond le baraqué.

– Non, c'est pas vrai. J'étais juste derrière lui dans la queue pour acheter mon billet.

– Cet enculé me volait, monsieur l'inspecteur.

– Non...

– Ta gueule, enculé ! » interrompt le flic en lui balançant sur le cul un coup appuyé de bâton.

Je voudrais bien vous révéler qui dit la vérité mais je l'ignore. Et puis, la culpabilité du jeune suffirait-elle à excuser toute cette violence ?

La castagne recommence. En plus dur. Un autre flic se joint au premier et les deux compères confisquent le jeune voleur et le bastonnent à tour de rôle sur le dos et les bras pour le faire avancer vers le commissariat sur le quai numéro deux.

Spectacle atroce. Ils lèvent haut leurs bâtons pour frapper plus fort et, à chaque coup porté, le voleur se cambre et avance d'un demi-mètre. Le public tressaille. Moi aussi. J'imagine le bâton s'abattant sur mes muscles. Et il y a aussi les cris et le sang du jeune voleur. Je sens sa douleur.

Personne n'intervient. Personne ne stoppe les flics. Demain, ce sera peut-être mon tour d'être victime de leur justice sommaire. Ils essaieront de casser mon dos d'intouchable à coups de bâton et personne ne les arrêtera.

Ce soir, j'ai peur. Je ne me sens plus en sécurité en Inde.

11 novembre.

Dans ma vie, difficile de savoir qui est qui, qui est quoi. Comment s'y reconnaître ? Il y a même des vraies et des fausses femmes. Avec des vrais et des faux vagins. Oui.

A Bénarès, je croise souvent des eunuques dans la rue et, ce matin, pour la seconde fois, l'un d'eux me montre son sexe.

Voulez-vous savoir à quoi ressemble un sexe d'eunuque ? Eh bien, on dirait un sexe imberbe de fillette.

Je raconte la scène.

Je sirote un thé le long de la Nationale Delhi-Calcutta lorsqu'un eunuque passe devant ma gargote. Grand, musclé, la trentaine, les cheveux longs, outrageusement maquillé et vêtu d'un sari rouge. Il roule du cul en marchant. Il est ridicule.

Dans mon dos, un type le siffle et lui demande s'il possède un *bûr*, c'est-à-dire un vagin en argot. Tout le monde dans la gargote pouffe de rire, et voilà l'eunuque qui se plante devant nous. D'un geste vif, il relève son sari et son jupon et nous lance à tous :

« Regardez si j'suis pas une femme ! »

Il, ou plutôt elle, ne porte pas de slip. Sans transition, nos regards tombent sur deux lèvres fines et rouges de trois à quatre centimètres de long, comme cousues sur son bassin. Un bassin d'homme, droit et plat. Sans pénis, sans testicules, sans poils. Tout le monde reste bouche bée.

Sanjay, mon professeur d'hindi, m'avait expliqué que les eunuques se baladent sans slip afin de pouvoir vite exhiber leur sexe quand les gens les emmerdent dans la rue. Cela calme la foule et le castrat peut poursuivre son chemin en paix.

Il y a vraiment toutes sortes de zozos à Bénarès.

J'ai visité plus de trente pays et voici la seule ville au monde où je peux rencontrer à chaque carrefour au moins un guru, un philosophe ou un saint. Un vrai ou un imposteur, comme pour tout. Mais c'est moins facile à détecter que les fausses femmes. Peut-être parce que la plupart des sages sont bidon à l'opposé des femmes.

Il y a aussi les devins, les guérisseurs, les astrologues. Ce matin, justement, un peu après l'eunuque, je me joins à une trentaine de badauds qui regardent le spectacle d'un enchanteur au bord de la route. Il travaille avec des cobras et une mangouste. Je vous laisse juge de croire ou non à ses pouvoirs surnaturels. Écoutez-le :

« Regardez cette mangouste. Elle peut attraper les cobras sans danger. Pourquoi ?... Parce que la déesse mère Durgâ la créa ainsi. Moi aussi, je ne crains pas le cobra car je porte cette amulette qui m'accorde la protection de Durgâ. »

Il exhibe le pendentif autour de son cou. Deux fins tubes en acier nickelé d'un et deux centimètres de long soudés l'un sur l'autre. Il baratine, il baratine. La quarantaine, en chemise et pantalon troués, avec une belle moustache tombante et en pointes, et un accent rocailleux et autoritaire. Son bagou captive les badauds. Je décide moi aussi de rester car je n'ai rien de mieux à faire. Je mendierai un peu plus tard. Un train de plus, un train de moins, quelle importance ?

Écoutez-le :

« Une seule morsure de cobra suffit à tuer un homme, mais grâce à cette amulette, vous ne craindrez plus rien. Ne riez pas !.. Bien sûr, elle ne vous immunise pas contre le venin de serpent. Seul Dieu possède ce pouvoir. Quand il pleut, par exemple, lui seul peut arrêter la pluie. Oui. Mais vous, vous pouvez vous abriter sous un parapluie. Eh bien, mon amulette fonctionne comme un parapluie, elle préserve du mauvais œil en vous plaçant sous la protection de Durgâ. Avec ce pendentif, les cobras ne vous attaqueront plus. Et je vais le prouver. Tout de suite. Mais pour ça, il faut faire une offrande à Durgâ pour attirer sa bienveillance... N'imaginez pas que votre argent m'intéresse. Non. Donnez-moi dix ou vingt centimes, ça suffit, c'est juste pour faire l'offrande à

Durgâ. Ensuite, je vous rendrai votre argent. Ce qui m'intéresse, mes amis, c'est de vous faire bénéficier de cette amulette. »

Il semble sincère et une dizaine de types donnent des piécettes. Dix centimes, ce n'est rien du tout. Moi aussi, je contribuerais bien pour m'amuser, mais j'ai peur de mettre le pied dans une nouvelle galère, alors je reste passif, un peu en retrait.

« Je vous remercie tous pour vos pièces. Regardez maintenant, j'implore Durgâ, notre mère divine, et j'ouvre ce panier qui contient un cobra. Je mets la main dedans. »

Le serpent, dérangé, se dresse sur sa queue et attaque la main de l'enchanteur mais sans jamais la mordre. Impressionnant.

« Alors, vous croyez au pouvoir de cette amulette ?

– Oui, répond en chœur le public.

– Vraiment ?

– Oui !

– Voilà ! Comme promis, je vous rends votre argent. »

Et il le fait. Cela m'épate et les autres spectateurs sont également surpris. Je n'ai encore jamais vu un saltimbanque vous rendre votre argent. Celui-ci est peut-être honnête.

Écoutez-le :

« Que ceux qui sont intéressés par mon amulette forment un cercle autour de moi. (Quatorze types s'approchent.) Je vais faire une démonstration avec l'un de vous. Qui est volontaire pour toucher le cobra ?... Personne ?... Donc, je choisis le plus jeune d'entre vous. Sa vie est la plus précieuse. Toi ! (Un gars de dix-huit à vingt ans bien habillé en jeans et polo. Il n'a pas l'air d'un complice et il sourit, mal à l'aise, comme s'il contrôlait sa peur.) Tiens, serre cette amulette dans ta main. Tu crois à son pouvoir ?

– Oui.

– Alors, prouve-le, touche le cobra. »

Le jeune n'ose pas et le mage lui prend la main et la pose sur la tête du serpent. L'animal ne bouge pas. C'est inouï.

« Alors, vous croyez tous au pouvoir de cette amulette ?

– Oui.

– Vous en voulez une ?

– Oui.

– Ça ne coûte pas cher. Juste une roupie. Mais, si vous voulez, vous pouvez donner plus. »

Ça semble un prix correct et quelques spectateurs hors du cercle paient aussi une roupie.

« Voilà, j'ai ramassé vingt-six roupies. C'est bien. Mais dites, vous pensez qu'avec vingt-six roupies je peux manger pendant un mois ? (Tout le monde rigole.) Bien sûr que non. Alors y en a-t-il parmi vous qui croient tant à l'amulette qu'ils pourraient me l'acheter dix roupies et m'aider à vivre ? (Cinq types lèvent la main successivement.) Vous cinq, vous avez vraiment la foi. Je vous remercie. Mais rassurez-vous, j'ai dit que l'amulette coûtait une roupie, je ne changerai pas d'avis... (Il sort une poignée d'amulettes d'une boîte en carton.) Avant de les distribuer, je dois vous expliquer qu'elles possèdent deux autres vertus, en plus de protéger des serpents. Elles éloignent le mauvais œil et vous ne serez plus malade. C'est valable. Car, quand vous êtes malade, le docteur, à part vous soulager le portefeuille, réussit-il jamais à vous guérir ? »

Rires approbateurs dans le public. Il n'y a pas de système généralisé de sécurité sociale en Inde et les soins coûtent cher pour la majorité des gens qui pensent aussi qu'un mal rebelle ou incurable est dû à une cause surnaturelle.

« Le troisième usage de l'amulette est sale. Les gosses, vous dégagez, ce n'est plus pour vous. (Trois mômes en hardes, sans doute de basses castes, qui regardaient au premier rang sont chassés par-derrière.) Ce pendentif développera votre puissance sexuelle. En le portant, vous pourrez baiser aussi longtemps qu'il vous plaira. Votre femme appréciera. »

Il utilise bien le verbe *pelnâ* qui signifie « baiser » en argot, et dans le public ça nous fait sourire. Ce qu'il raconte est passionnant. En plus, si c'est vrai, une roupie, c'est peu pour s'offrir tout ça. Je regrette de n'avoir pas osé acheter une amulette. Rien que pour voir. Le mage commence alors à implorer la déesse Durgâ dans une langue incompréhensible, sans doute des versets en sanskrit. Stop ! Il s'interrompt.

« Ça ne va pas. Je sens de mauvaises vibrations dans l'assistance. Y a quelqu'un qui a donné une roupie mais il ne croit pas avec son cœur au pouvoir de l'amulette... Eh bien, qu'il s'en aille, on n'a pas besoin de lui ! »

Personne ne bouge. Suspense. Qui est l'imposteur ?

Le mage réclame que tous ceux qui croient dans le pouvoir de l'amulette le prouvent en offrant dix roupies pour l'obtenir. L'un après l'autre, la vingtaine d'hommes qui ont payé une roupie déboursent chacun leurs dix roupies. Certains font la grimace mais ils n'osent pas partir, avouer qu'ils manquaient de sincérité. Au dernier, le mage dit :

« J'crois qu'c'est toi l'imposteur, t'as mis si longtemps à lâcher tes dix roupies. T'es sûr que tu crois ?

– Oui.

– Alors pourrais-tu la payer cent roupies ? C'est rien, vu les avantages que t'en tireras. Hein ? Donne cent roupies !

– Ben... Euh... D'accord, murmure le type en sortant un gros billet de cent (soit deux jours de salaire moyen).

– C'est bon, j'te crois. Range ce billet, c'était juste pour te tester. »

Il refuse ce billet de cent, mais il ne rend pas les vingt billets de dix qu'il a palpés.

Ensuite, il agit très vite. Il réimplore Durgâ puis distribue les amulettes et congédie l'assemblée.

Bravo !

En une demi-heure, il a raflé plus de deux cents roupies. Une arnaque démarrée avec des centimes pour se conclure en centaines de roupies. Bravo !

Elle joue sur la crédulité des Indiens dans les forces surnaturelles. Quand le prix de l'amulette a grimpé, personne n'a osé renoncer car personne ne voulait risquer de s'attirer la foudre de Durgâ. Le souci de ne pas perdre la face devant le public venait loin derrière. Je le sais. Dans la société hindoue, j'ai appris à ignorer mon amour-propre. Il n'y a que des devoirs de caste et des rapports hiérarchiques entre individus.

Pas de place pour un honneur standard.

Ainsi les Indiens mentent et baratinent sans vergogne, mais ils n'aiment pas jurer. S'ils le font, ils doivent dire la vérité et respecter leur parole par crainte de déplaire à Dieu. Ce qui est pire que toutes les infamies.

12 novembre.

Dans la peau de Râm Mundâ comme dans celle de Marc Boulet, je ne crois pas en Dieu. Mais, moi non plus, je n'aime pas jurer. C'est idiot, j'ai peur que ça m'apporte la poisse. Je suis pourtant obligé de le faire parfois pour être cru.

Ce jeudi matin, c'est le cas.

Je le jure – si je mens, que je sois réincarné dans la peau d'un chien après ma mort –, sur le parvis de la gare, il y a un cadavre humain et personne n'y prête attention, sauf une vache. Elle lui renifle les pieds.

Il est étendu sur le dos, les yeux fermés. C'est un petit homme très maigre, de trente à cinquante ans, sans âge définissable comme souvent en Inde. Il a le teint gris, des cheveux noirs, une petite moustache quelconque et une barbe poivre et sel de deux ou trois jours. Une dizaine de grosses mouches bleutées butinent son visage aux traits fins. C'est écœurant. Depuis combien de temps est-il en train de pourrir ici au soleil ?

Son corps figé semble rigide et ça ne sent pas encore mauvais autour de lui. Il a dû mourir cette nuit, dans son sommeil.

Un drap rose délavé recouvre son tronc et ses membres qui paraissent osseux sous l'étoffe élimée. Un sac vide et déchiré, en plastique tressé, est plié sur son estomac. Un peu en dessous, un baluchon de tissu rose qui doit contenir quelques habits siège sur son bassin, et une gamelle en alu repose sur ses jambes. Un vieux sac de jute troué, genre sac à patates, cache ses pieds.

Je le regarde attentivement. Ce n'est que la seconde fois de ma vie que je vois un cadavre dans la rue. La première fois, c'était aussi dans cette gare, le 26 août dernier, sur le quai numéro six. Cela faisait deux jours que le mort y croupissait dans l'indifférence générale sous une bâche plastique et des centaines de mouches s'y agglutinaient

Le thé est trop cher dans la gare et, au milieu de la matinée, en sortant pour m'en offrir un, j'ai tout de suite remarqué ce macchabée. Impossible de ne pas le voir. Il est couché au pied des marches de la salle des guichets, par où le public va et vient dans la gare.

En plein passage. Pourtant personne ne s'arrête pour le regarder.

Sa mort n'intéresse pas. Quand la police va-t-elle se décider à l'enlever ? Aujourd'hui ? Demain ? Qu'attendent donc les dizaines de flics du commissariat de la gare pour demander son autopsie, chercher les causes du décès, puis le faire incinérer ?

Un frisson d'angoisse me secoue les épaules. Je me sentais mieux depuis quelques jours, mais l'idée de ma mort m'envahit de nouveau. Je ne suis qu'un Indien ordinaire, comme l'était ce cadavre. Si jamais il m'arrive un accident fatal dans la peau de Râm Mundâ, si je crève une nuit dans cette gare, personne ne s'occupera de ma dépouille. Ma chair fermentera au soleil pendant des heures et peut-être des jours, pour le plus grand plaisir des mouches. Quand les flics me ramasseront enfin, ils ne pourront même pas découvrir que je suis français. Je n'ai aucun papier d'identité sur moi. Alors, on me croira hindou et on brûlera mon corps dans l'anonymat, sans prévenir ma femme ni mes parents. Ils ne sauront jamais ce que je suis devenu.

Tout le confirme. Mon existence est inutile. Je suis devenu nul. Sans valeur et sans droits.

Par cupidité et par curiosité, j'ai cassé l'assiette dans laquelle je savourais une douillette existence occidentale. Je me déteste et je le mérite.

Toute la journée, je le ressasse. Je suis un misérable et je ne peux échapper à ma condition. Je suis condamné.

Aucun espoir. Sauf mourir, ne plus exister. La délivrance.

Vivre exige un effort écrasant. Et ensuite, à quoi ça m'avance ? De toute façon, je dois mourir. Autant être foudroyé à l'instant Hélas, je ne possède pas le courage de me supprimer et je ne désire même pas noyer ma détresse dans les plaisirs de la nourriture, du sexe ou de la drogue. Je veux rester conscient.

Impossible de me consoler.

Même après le coucher du soleil. Pendant mon sommeil, la misère de mon univers ne me lâche plus. Vers minuit, sur le quai où je dors, un homme frappe une femme et ses cris stridents me réveillent.

Je la reconnais. C'est la vieille folle au nez en bec d'aigle. Elle habite sur ce quai. Jour et nuit, elle cause toute seule à voix haute et elle chante des inepties et des paillardises. Elle se nourrit des rogatons qu'elle ramasse et ne porte qu'une mousseline sale et translucide sur son dos bossu et ses fesses creuses. Elle n'est pas agressive, juste écervelée, mais un voyageur est en train de la boxer. Personne ne lui a enseigné la différence entre un punching-ball et une folle. La scène me révolte et j'ai envie de lui suggérer de se défouler dans une vraie salle de sport. Mais je n'ose pas et je regarde, passif.

Ce type a une trentaine d'années et le teint pâle. Sa petite taille accentue sa tenue impeccable. Une courte barbe taillée au carré, des chaussures en cuir luisantes, un pantalon noir et un superbe pull en mohair vert. En me couchant, il y a quelques heures, je l'ai remarqué assis à ma gauche sur un tapis de sol avec sa femme, leur bébé et un jeune homme de vingt ans, son beauf d'après les traits ronds de ressemblance avec la femme. Elle, elle est boulotte et porte des lunettes. Sans doute une intellectuelle. Je veux dire une femme éduquée, qui travaille avec sa tête : une employée de bureau, une institutrice, une doctoresse… Un sari rouge sang brodé de fils dorés la drape en retombant avec des plis réguliers, moelleux. Un signe d'appartenance à une caste supérieure et une classe aisée.

Un couple bien assorti. Chic et nabot. Mais il ne faut pas juger les hommes à leur taille. Les petits corps peuvent receler de grandes âmes.

Ce n'est pas le cas de ceux-ci.

La folle est pliée en deux par terre à quelques mètres de leur place et l'homme confond à présent sa tête et son dos avec un ballon de foot. Je n'exagère pas. L'homme shoote de toutes ses forces dans la noix de coco malade de la vieille.

Sa femme l'encourage et la vieille ne hurle plus. Elle a perdu son énergie de dingue. Elle rampe sur les bras et couine. Tel un karatéka, l'homme lui lance la plante de ses pieds sur les omoplates. Ça a l'air de faire très mal et ça dure trois ou quatre minutes avant que plusieurs badauds s'interposent :

« Qu'est-ce qui s'passe ?

– Elle nous a insultés.

– Faut pas la frapper. Elle est folle. Elle sait pas ce qu'elle dit. Arrêtez ! »

Le karatéka n'écoute pas et vlan ! il assène un coup dans la tête de la vieille, prostrée sur le sol en position fœtale. Puis un coup dans son dos et un dans son cul osseux. Elle braille à nouveau. Je reconnais ces cris perçants, ils ressemblent à ceux du porc à l'abattoir.

Qui sait ? Dans sa cervelle désaxée, elle se prend peut-être pour une truie qui va se faire égorger… Je ris pour essayer d'oublier combien cette scène est lamentable.

Encore deux beignes. Puis les badauds réussissent à s'interposer et la vieille s'échappe à quatre pattes jusqu'à l'escalier de la passerelle où elle fond en larmes comme un bébé. De grosses larmes avec de grands sanglots.

Les badauds engueulent le karatéka :

« Fallait pas la frapper ! Elle sait pas ce qu'elle dit.

– Y fallait que j'la corrige. Elle nous a insultés.

– Oui, reprend la femme du karatéka par-derrière. Cette folle nous insultait. Elle a bien mérité d'être battue.

– Allez, c'est fini, soupire un badaud. C'est vrai, elle avait qu'à pas vous insulter. Tant pis pour elle ! »

A ce moment, un chien kaki se pointe. Le karatéka, convaincu de son bon droit, s'explique et le flic lui sourit.

« Vous avez bien agi. Cette vieille folle, elle ennuie tout le monde. Il faut la frapper. (Du milieu des escaliers, elle aperçoit le flic et elle lui crie que le karatéka lui a brisé le dos.) Écoutez-la donc ! Si elle redescend, c'est moi qui vais la corriger à présent, et avec mon bâton. Vous avez très bien agi. »

Le flic et les badauds s'en vont, mais je continue d'écouter la vieille pleurer en regardant le couple se réinstaller sur leur tapis. Lui, il ajuste le col de sa chemise, il redresse la tête et s'allume une cigarette. Elle, elle le félicite. Alors, je lui souhaite qu'un jour où elle l'énervera, il la dérouille avec ses poings et ses pieds, puisqu'elle approuve ses méthodes.

Il doit me rester des sentiments français car la vue de ce couple me répugne. Cet ordre indien du monde me révolte. Rosser une femme, une personne âgée ou un fou, qui ose s'en féliciter ? Même s'ils vous ont insultés… Il semble qu'en Inde la violence soit la réponse à tous les problèmes. « Je vais te frapper ! », les Indiens ne répètent que ça.

Égoïsme, mépris, intolérance, hiérarchie, bigoterie, brutalité. Autant de qualificatifs pour l'Inde et je n'arrive pas à les accepter après plus de quinze jours dans la peau de Râm Mundâ. En Inde, le respect, voire la pitié pour plus faible que soi n'existe pas. On l'opprime, on l'écrase.

Les Indiens prétendent que les Occidentaux manquent de respect envers les femmes en les regardant droit dans les yeux, en s'asseyant près d'elles. Eux, ils ne doivent pas les regarder droit dans les yeux et ils ne s'assoient pas à côté d'elles, même entre membres de la même famille. Par révérence, disent-ils. Foutaise ! Seule la pudibonderie motive leur morale. Elle interdit tout signe susceptible d'éveiller la sensualité et elle limite au strict nécessaire les relations sociales entre personnes de sexe différent.

Selon la tradition hindoue, la femme n'est que du vice concentré sous le nombril et un instrument du diable pour tenter les honnêtes hommes. Il faut le juguler en la mariant dès la puberté. La femme se compare à l'alcool et au jeu.

Les célèbres « Lois de Manu » qui datent d'environ deux mille ans et régissent la société hindoue stipulent : « Dieu attribua à la femme la colère, la malhonnêteté, la malice et l'immoralité... De la naissance à la mort, elle dépend d'un homme : tout d'abord de son père, puis de son mari et, après le décès de celui-ci, de son fils... Elle n'a pas le droit de posséder des biens. » De nos jours, malgré la « Loi sur les successions hindoues » de 1956 proclamant l'égalité entre les fils et les filles, celles-ci n'héritent toujours pas et, soumises, elles réclament rarement justice devant les tribunaux.

Voilà le respect hindou pour le « sexe faible » ! On l'opprime, on l'écrase ! Traditionnellement, les veuves devaient s'immoler sur le bûcher funéraire de leur mari ; ce furent les barbares britanniques qui abolirent cette coutume civilisée au début du siècle dernier.

Les hindous ne s'assoient pas à côté de leurs femmes ; mais s'il n'y a qu'un seul siège ou canapé, et bien ils le prennent et les femmes s'installent par terre. Ils mangent aussi avant elles et ils les cloîtrent à la maison – sauf chez les intouchables où les femmes jouissent d'un statut plus élevé et peuvent sortir et même fumer et boire. Si une femme commet une faute – ou ce que son époux considère comme telle –, il la frappe. Ni elle ni ses parents ne pourront guère se plaindre puisqu'elle appartient à son mari, comme la maison ou un vélo. Il a le droit d'en disposer à sa guise et ne peut être critiqué. Les « Lois de Manu » le précisent : « Un mari, même ivrogne, lépreux, sadique ou brutal doit être vénéré comme un dieu. »

Pour un Indien, frapper sa femme est plus moral, plus respectueux que de regarder celle d'un autre dans les yeux. C'est dégueulasse. Je le sens, je ne pourrai jamais accepter cette vision indienne des femmes. Je la vomis. Elle heurte toute l'éducation occidentale, égalitaire, qui m'a façonné.

Même dans une grande ville comme Bénarès, la plupart des femmes « non intouchables » ne travaillent pas et sont prisonnières de leur mari. Je repense à celle de mon propriétaire à Ravindrapuri. Elle vit cloîtrée dans son appartement. Même les courses, je ne l'ai jamais vue en faire. C'est considéré comme normal et, dans les magasins, je vois surtout des hommes ou des enfants, voire des grands-mères.

J'avais demandé un jour à son frère Sanjay, mon professeur : « Elle n'a pas envie quelquefois de sortir de chez elle ?

– Non. Pour quoi faire ?... Elle a tout chez elle. Le matin, elle fait une liste de courses, et le soir, son mari les lui rapporte en rentrant du travail... Toi, ça t'inquiète pas de laisser ta femme sortir seule au marché ?

– Pourquoi ?

– Elle peut rentrer trois heures plus tard. Elle peut aller au cinéma. Elle peut rencontrer d'autres hommes.

– Et la confiance ?

– On sait jamais... Pourquoi tu laisses ta femme boire et fumer ?

– Comment lui interdire ce que je m'autorise ?

– D'accord. Mais en Inde les femmes n'aiment ni fumer ni boire. C'est mieux. »

Il oubliait les vingt-trois pour cent d'intouchables. Les autres Indiennes n'aiment pas fumer comme elles détestent aussi sans doute porter des mini-jupes par cette chaleur tropicale. Elles n'ont jamais essayé. La pression sociale est trop forte.

Je repense à Râm Singh, mon autre professeur. Lui aussi, il m'avait demandé pourquoi sa femme pouvait avoir besoin de sortir ? Je n'avais pas osé répondre : « Pour aller au cinéma ou boire un thé. » J'avais juste dit : « Pour faire les provisions. »

« Elle est trop faible pour les porter, avait-il répliqué. Et puis, il y a beaucoup de voitures dans les rues, c'est dangereux, et avec ses bijoux, ma femme peut être aussi la proie des voleurs. C'est mieux si je fais les courses. S'il y a une urgence et que je suis absent, eh bien, ma fille peut aller au magasin en bicyclette.

– Vous interdisez à votre femme de sortir ?

– Oh, bien sûr que non ! J'ai une profonde confiance en elle. Néanmoins, c'est vrai, elle sort peu car elle n'en a pas besoin, elle a suffisamment à s'occuper chez nous. »

Pas de commentaire.

Je le rappelle, le mariage hindou n'est qu'une cantine et un baisodrome. Pour le mari, son épouse est une cuisinière et la mère de ses enfants. Pas une amante. Les unions sont arrangées et endogames. L'amour ne les motive pas et, au lendemain des noces, seule une relation hiérarchique, possessive lie la femme au mari, tel l'esclave au maître. Par la suite, l'amour, la passion, l'amitié peuvent naître. Comme entre un chien et son maître

L'allusion au chien tombe à pic. En Inde, on accouple les hommes comme les animaux domestiques en Occident : selon le pedigree, c'est-à-dire la caste. Tout comme on ne fait pas couvrir une caniche par un bouledogue, une brahmane ne s'accouple pas avec un forgeron. Sinon, ça donne un bâtard, le *chandâl*, ces êtres qui auraient constitué à l'origine la classe des intouchables.

Donc, les Indiens baisent comme les chiens en Occident. Je le répète et je n'en ai pas honte, car Râm Singh lui-même m'a justement renvoyé la balle en expliquant que l'endogamie préconisée par l'hindouisme servait à améliorer l'espèce humaine, à l'empêcher de dégénérer. Voilà la civilisation en opposition à la barbarie. « En Occident, les gens s'accouplent parce qu'ils s'aiment, parce qu'ils se plaisent. C'est comme dans la jungle », avait-il raconté.

Je m'en souviendrai toujours. De ces deux images : l'Inde un chenil et l'Occident la jungle. Faire l'amour comme un toutou avec pedigree ou comme un coyote. Aujourd'hui, dans la peau de Râm Mundâ, ces deux images d'une humanité bestiale semblent encore plus déplaisantes.

Sur l'escalier de la passerelle, la vieille folle pleure toujours. Je repense à la conception hindoue du monde. Je me demande si la gare de Bénarès n'est pas un théâtre, si la vie indienne n'est pas une tragi-comédie. Elle s'intitulerait : « Misères et splendeurs du Moyen Age ».

Je m'y crois. En plein Moyen Age. Obscurantisme, bestialité, intolérance. Mais avec des trains en plus.

Je repense à des tas de trucs désagréables et ce n'est pas l'heure pour ça si je ne veux pas passer une nuit blanche. Je me rappelle cet article sur le racisme anti-indien en Angleterre publié dans le magazine *India Today* du 15 août. Il m'a marqué. Il raconte l'histoire de Malkanjitt Natt, immigré indien depuis douze ans à Londres. Il a été interpellé cinq fois par la police pour avoir battu sa femme mais déclaré innocent chaque fois par la justice. Lors de la dernière arrestation, il avait dissimulé un magnétophone sur lui et il a enregistré le comportement raciste des flics anglais à son égard. Écoutez :

« Tu sais ce qui se passe dans ton pays ? lui demande un flic. Ils (les chiens kaki) *vous sortent dehors et ils vous tirent dessus. C'est ce qu'on devrait faire.*

– Y font pas comme ça là-bas, dit Natt.

– Pourquoi tu rentres pas chez toi ?... En Inde ou au Pakistan, ou d'où qu'tu viennes.

– Vous avez pas le droit de me dire de rentrer chez moi, réplique Natt. Pourquoi vous me frappez ?

– Parce que j'aime ça. »

Malgré cet enregistrement, les bourreaux de Natt furent punis d'une simple retenue d'un jour de paie, et le correspondant d'*India Today*, Nirupama Subramanian, disserte sur le racisme des *bobbies* anglais. Il s'insurge.

Il a raison. Raison. Raison.

D'accord.

Mais ce n'est pas pour cela que cet article m'a marqué. Je le sais bien, les flics anglais n'aiment pas les Indiens, les flics français n'adorent pas les Arabes, et les flics américains ne chérissent pas les Noirs.

Moi, cet article m'a choqué car Natt fut arrêté cinq fois pour violence sur sa femme. Voilà le nœud du problème. Arrêté cinq fois et toujours innocenté. Mais il n'y a jamais de fumée sans feu. Peut-être que sa femme retirait sa plainte devant le juge ? Je l'ignore.

Cinq fois, ça fait beaucoup pour qu'il y ait toujours méprise et l'analyse du journaliste Subramanian ne me satisfait pas. Je suis surpris qu'il ne s'interroge pas sur la conduite de Natt. En Angleterre, la morale ne permet plus de rosser sa femme. Je ne suis ni flic ni raciste, et je suis même indien maintenant, mais effectivement Natt ferait peut-être mieux de rentrer en Inde s'il souhaite continuer de cogner sur sa femme. Ainsi, il ne se ferait plus maltraiter par les *bobbies*. Ce n'est pas en les piégeant qu'il s'intégrera dans la société britannique.

C'est sûr, les *bobbies* n'ont pas pour mission de violenter les étrangers, et c'est inadmissible ; mais l'homme qui frappe sa femme dans la société occidentale reste-t-il respectable ? Je comprends sans l'excuser qu'un flic, honnête père de famille, ait envie de corriger un salaud comme Natt et de lui suggérer de rentrer chez lui. Si Natt veut bénéficier des avantages de la société anglaise, de ses richesses, il doit aussi en accepter les règles et ne plus battre sa femme, ou sinon plier bagages. Faut choisir.

Le journaliste Subramanian ferait bien de ne pas oublier le principal. Balayer déjà devant chez nous, les Indiens. Dénoncer notre racisme envers les étrangers et la condition misérable de nos femmes. Elle pousse au meurtre et chaque jour la presse locale annonce celui d'une jeune épouse par sa belle-famille. En général, elle est aspergée de pétrole et brûlée vive parce qu'elle n'a pas apporté une dot satisfaisante. Le divorce est une infamie et seule la mort de l'épouse rend une liberté honorable au mari. Souvent, la police n'arrête pas les assassins.

J'en ai assez de tout.

L'humanité est si sale. Comment puis-je dormir ?

13 novembre.

J'ai mendié le matin et j'ai fait la sieste tout l'après-midi. Je me sentais harassé.

Cela va mieux et j'ai envie de boire. C'est comme ça. Une envie soudaine de me soûler. L'alcool de style occidental, le whisky, le rhum, la bière, sont trop chers pour moi, mais je sais où se trouve un débit d'alcool synthétique près de la gare et j'y vais vers vingt heures. C'est une décision importante ; c'est la première fois que je m'enivre pour supporter ma métamorphose.

Le bar se cache au fond d'une venelle qui débouche sur l'avenue Râjâ Bâzâr. C'est un bâtiment rectangulaire, sans aucune décoration extérieure. On dirait une remise de ferme avec la chaussée boueuse. Mais, sur le côté, un type presse un sachet plastique d'alcool au-dessus de sa bouche grande ouverte. Une pancarte indique : « Magasin d'État d'alcool national ». C'est-à-dire synthétique. J'entre.

Ça pue la vinasse. La cave et le vinaigre. Si on n'est pas venu pour connaître l'ivresse, mieux vaut repartir.

Le local mesure une cinquantaine de mètres carrés. Les murs écaillés sont peints en vert clair et le sol cimenté est défoncé et laisse apparaître, par endroits, un dallage plus ancien en brique rouge. Aucune décoration. Il y a sept tables tout en longueur, de un mètre cinquante sur un demi-mètre, et des bancs avec des mecs qui biberonnent dessus. Une dizaine, vêtus en lungi ou pantalon troués, des miteux dans mon genre. Ils sont seuls ou par groupes de deux ou trois. Sur la gauche, il y a un baril d'eau et, sur la droite, perché en hauteur à un mètre du sol, derrière une grille, un type d'une quarantaine d'années vend les sachets d'alcool. Le tarif est griffonné sur un papier accroché sur le grillage. Tarif usuel, magasin d'État. Treize roupies le sachet de vingt centilitres d'alcool blanc ordinaire et quinze roupies celui d'alcool parfumé. Nous l'appelons « le coloré » à cause de sa couleur ambre.

J'achète un sachet d'ordinaire et je demande un verre, ce qui me coûte une roupie supplémentaire pour la consigne. Je rince mon verre sous le robinet du baril d'eau, et celle-ci m'éclabousse les pieds en tombant, puis je m'assieds à une table. Elle est poisseuse et colle aux doigts. La surface du banc aussi, et je remarque maintenant que le sol est jonché de pelures de cacahuètes et de papiers gras. Je m'en fous. Je ne suis pas venu pour lécher les tables ni le sol. Sur mon sachet d'alcool est imprimé en caractères blancs hindi : « Alcool national ordinaire, vingt-cinq degrés, rempli en 1992-93. » Voilà ce qui compte.

A l'autre extrémité de mon banc, deux types en lungi éclusent déjà leurs verres. Un troisième homme les rejoint. Il est plus jeune, la trentaine. Il porte un T-shirt et un pantalon blanc pisseux qui tombent raides de crasse, comme s'ils avaient été amidonnés. Ce n'est pas un clochard, il parle avec ses potes de son travail de pousse, des clients qui l'ont engueulé aujourd'hui. La routine. Il a le teint clair, un visage européen en forme d'œuf et des cheveux châtains. C'est rare en Inde. Tenez, il me fait penser à mon pote Roger, celui que je fréquente depuis l'école primaire du square d'Anvers, au pied de la butte Montmartre. C'est vrai, il a la même coiffure dynamique, courte et en arrière, un peu en hérisson. Une bonne bouille. Et puis il a du bagou. On dirait un titi parisien.

Sauf quand il s'humecte la menteuse. Là, il ne ressemble plus à Roger. Il déchire son sachet d'alcool avec ses incisives, puis il ouvre le bec et y envoie en un seul jet les vingt centilitres de tord-boyaux. En apnée. Plongée libre vers l'ivresse. La vache !

Ensuite, il jette le sachet vide par terre et expire avec soulagement : « Ouah ! », en secouant la tête et claquant la langue. Comme s'il venait d'avaler une potion infecte.

Les Indiens m'épatent toujours en buvant cul sec. Y compris le whisky et le rhum. C'est juste pour se soûler. Ils n'aiment pas le goût de l'alcool et certains ferment les yeux et se pincent les narines pour picoler.

Ce pousse n'est pas Roger. Mon pote, il boit, mais jamais sans savourer. Il sirote. Et je me demande si je vais réussir à me faire un ami dans cette existence d'intouchable, à trouver un type sympa qui pourrait devenir mon frère.

Je dois m'occuper de moi. Je déchire mon sachet d'alcool, je remplis mon verre et je bois en trois fois. Toujours ce parfum d'alcool à brûler, cette odeur écœurante qui rappelle celle du benzène ; mais ce breuvage de vingt-cinq degrés a un goût de flotte. Il n'arrache pas.

Je sais maintenant. Ce n'est pas de l'alcool à brûler. Oui. C'est comme le liquide antigel lave-glace que l'on utilise en France pour les voitures. A base d'eau, d'un peu d'alcool et de détergent. Cela a exactement la même odeur. C'est possible. Râjâ Râm m'a dit que les paillettes blanches au fond des sachets étaient de la lessive. Mais il ignorait à quoi cette lie pouvait servir. Moi aussi. En tout cas, si vous voulez savoir comment je me soûle, goûtez à votre liquide lave-glace.

Je termine mon sachet et je sors. L'antigel commence à me chauffer les oreilles et je me sens bien.

Sur l'avenue Râjâ Bâzâr, des gargotes ambulantes préparent des omelettes. Ça sent bon l'œuf frit et devant chacune d'elles, une dizaine de types se régalent debout. A Bénarès, en hiver, il fait frais le soir ; ça ouvre l'appétit et les hommes aiment sortir manger des œufs. Dans de nombreuses familles, les femmes sont végétariennes et la viande est interdite à la maison.

Cette nuit, je fais la fête et je m'offre une omelette. Quel délice ! Et ma tête tourne. Légère. La vie possède des côtés agréables. Je suis heureux. Je vais dormir comme un ange. Au paradis. Chez moi, dans la gare.

14 novembre.

Neuf heures du matin. Gros, gros problème.

Je quêtais le long d'un train sur le quai numéro trois et deux chiens kaki m'ont interpellé. Un gros avec un bâton et un grand efflanqué avec un fusil en bandoulière.

« Qu'est-ce qu'tu fous ? » aboie le gros.

La trouille me rend muet. Il va contrôler mon identité. C'est sûr. Et si jamais il découvre que je suis un imposteur ?… Je me rappelle aussi que la mendicité est interdite dans quinze États indiens, dont l'Uttar Pradesh. Jusqu'à présent, ça ne m'inquiétait pas. Tant de mendiants se promènent en liberté à Bénarès ; je me suis toujours dit que cette loi n'était pas appliquée. Comme celles contre les dots, le castéisme, la corruption et beaucoup, beaucoup d'autres en Inde.

« Qu'est-ce qu'tu fous ? »

Je ne respire plus et j'ai l'impression que la gare va s'écrouler sur moi. Je dois fuir. Je tourne les talons, comme si je n'avais rien entendu, et je marche. Aussitôt le gros flic me barre la route avec son bâton.

« Reste là. Qu'est-ce qu'tu fous ici ?

– Je… Je mendie.

– Quoi ? (La peur me paralyse, je reste muet.) Raconte !

– C'est un fou, soupire le chien efflanqué.

– Eh, le dingo, t'as une langue ? reprend le gros. Alors tu mendies. Tu t'es battu aussi ? Ces taches sur ton lungi et ta chemise, c'est du sang. C'est le tien ? »

Il parle des taches de nitrate d'argent que j'ai fabriquées pour vieillir mes habits. J'ignore comment dire « nitrate d'argent » en hindi et, de toute façon, je ne peux pas lui raconter la vérité. C'est vrai qu'elles ressemblent à du sang séché. Faut vite que je baratine un truc sinon ils vont m'emmener au poste pour m'interroger.

« C'est pas du sang ! C'est du cambouis.

– Du cambouis ? D'où tu viens ?

– De Rânchi*.

– D'où ? Et ton nom ?

– De Rânchi. J'm'appelle Râm Mundâ. Suis aborigène.

– D'accord. Et pourquoi t'es venu mendier à Bénarès ?

– J'suis venu en pèlerinage et je mendie pour manger.

– T'es venu en pèlerinage ? reprend le gros avec un quart de sourire. C'est bon. Tu peux mendier. Ouste ! »

J'obéis et je quête le long d'un wagon. Ensuite, je remonte sur la passerelle faire le point. Je tremble encore de peur. Je n'ose plus tendre ma sébile.

Que risque-t-on à mendier ? Je l'ignore. Je ne m'en préoccupais pas, car les flics ne faisaient jamais attention à moi.

Je m'en souviens, le 28 octobre, la veille de mon départ pour la gare, j'ai lu dans le journal *Patrika* que le gouvernement central prépare une nouvelle loi contre la mendicité. Elle prévoit de six mois à deux ans de prison avec un programme de réinsertion pour toute personne qui mendie. J'en frissonne, même si ce ne sera qu'une loi inapplicable de plus. Comment incarcérer un million et demi de mendiants dans une démocratie ?

J'en frissonne et j'ai peur que la prison soit pour ma pomme s'il n'existe qu'une chance sur mille d'y atterrir dans la peau d'un mendiant.

Voilà plus de deux semaines que je vis à la gare et j'en ai marre. Marre. Marre. Marre. Si en plus je risque la prison comme un voleur, il ne me reste plus qu'à attendre la mort par inanition.

J'ai économisé une quinzaine de roupies. De quoi tenir deux ou trois jours. Ensuite ? Je verrai.

* Grande ville industrielle du Jhârkhand.

Je fais la sieste. Je déjeune. Je fais la sieste.

J'attends. Allongé sur un quai de gare. Fumer des *biri* et laisser le temps couler, comme l'eau dans le Gange. Rien ne l'arrête. Mon existence me fait penser à celle d'une goutte d'eau dans la rivière. La rivière, c'est la société, et son courant baisse et monte, accélère dans les gorges et ralentit dans les boucles. Je suis emporté malgré moi. Inutile de me débattre. Je suis né dans un glacier et toute ma destinée m'entraîne irrésistiblement vers l'océan, là où je me fondrai avec l'univers, où je serai délivré. Enfin.

Pour l'instant, une centaine de mouches tournent autour de moi. Je me demande si le Bouddha attirait aussi les mouches, il y a plus de deux mille ans quand il prêchait à Sârnâth, tout près, à six kilomètres vers le nord, le long de la voie ferrée qui passe devant moi.

Ces mouches de gare sont carnivores. Elles sucent ma sueur et ma chair mais je ne les chasse pas. J'y ai renoncé depuis des lustres. Il y en a trop dans mon monde. M'émoucher est un effort inutile. Vivre est un effort inutile.

Voilà, et je me laisse butiner par les mouches et, toutes les heures, j'allume une *biri*. Pour casser le rythme plus que par désir de faire de la fumée.

Un vieux moine hindou est assis à côté de moi. Un linge safran le fagote et un nid à poux de cheveux gris, non peignés et collants de crasse, coiffe son visage passé dans la cendre. Comme le camembert. La cendre, le nid et la couleur safran constituent l'uniforme de ce moine. C'est un *sâdhu* en hindi, un sage, un saint, un ascète. On en voit partout à Bénarès. La sainteté de la ville les attire par milliers. Comme les mouches sur un tas d'ordures. Je pense ainsi car je hais la religion.

En théorie, tout hindou peut devenir *sâdhu*, mais ces moines se recrutent souvent chez les brahmanes. Ces hommes ont renoncé à la vie dans la société, à leur caste, à leur famille, aux plaisirs de la chair et de la chère, aux ambitions et aux biens matériels. Certains vont jusqu'à pratiquer des mortifications, comme sur les fameuses planches à clous. J'ignore si elles existent vraiment. Je n'en ai jamais vu et mon voisin ne transporte pas non plus un tel engin avec lui.

L'ascèse permettrait de découvrir le but de l'existence, de s'unir à Dieu, au cosmos, pour être délivré du cycle des réincarnations.

Je n'y crois pas. Ni à la métempsycose ni à Dieu. Et puis l'existence a-t-elle un but ?

Mon voisin *sâdhu* me réclame une allumette pour fumer sa *biri*. Nous discutons. Il est venu en pèlerinage à Bénarès et il attend un train pour rentrer dans son monastère, dans le Bihâr. Nous sommes tous deux du Bihâr. Lui du Nord, moi du Sud. Cela fait quelque chose en commun entre ce saint et moi, l'intouchable. Il me demande, un peu dédaigneux :

« Vous autres, les aborigènes, vous vénérez quels dieux ?

– Shiv et Durgâ. Nous avons un temple de chaque dans notre village.

– C'est bien. »

J'ai réussi l'examen de catéchisme et il embraye sur le coût de la vie à Bénarès, plus élevé que dans le Bihâr. Ce genre de préoccupation m'épate dans la bouche d'un moine. Ensuite, il se paie un thé et une demi-heure plus tard deux pommes. Il a de l'argent et il grille *biri* sur *biri*. Si cela continue, il finira ma boîte d'allumettes. Il pourrait au moins m'offrir un thé ou une *biri*. Non, avec lui je suis condamné à faire la causette en me desséchant.

Salaud ! Radin ! Égoïste !

L'hindouisme rend égoïste. C'est une religion cruelle, inégalitaire et égocentrique. Elle définit les devoirs de chacun vis-à-vis de Dieu, elle établit une sorte de contrat personnel de caste avec un prétendu ordre universel qui relègue aux oubliettes les relations avec son prochain. Elle préconise le détachement dans l'action et exacerbe notre individualisme. C'est « Rien à cirer des autres et peu importe le résultat de mes actes du moment que je remplis mon devoir. Je fais du mieux possible mais sans effort particulier. Ce qui doit arriver arrivera. Je n'y peux rien. Chacun pour soi et Dieu pour tous. Râm est notre salut ! » Tout ça, je le sais ; mais ce premier contact avec un *sâdhu* continue de me surprendre. J'espérais rencontrer un peu de sagesse, de fraternité chez lui.

J'étais naïf. Encore. Encore. Je pensais à Gandhi.

L'hindouisme est une foi centrée sur l'ego alors que le christianisme, religion révélée par un messie et plus moderne, est tourné vers le prochain, vers l'homme dans la société. La commisération de Gandhi trahissait peut-être son côté chrétien, son éducation occidentale. C'est vrai, à la différence des saints chrétiens, les *sâdhu* n'ont pas mission de servir autrui. Ils vivent hors du monde, repliés sur eux, même à l'intérieur des communautés monastiques, et ils cherchent seulement à sauver leur propre existence.

Reste la sagesse, acquise grâce à l'ascèse… Mon *sâdhu* me parle du coût de la vie et s'offre des fruits et du thé. Sacré pépère ! En janvier dernier, dans une émission religieuse de la BBC Internationale, un prédicateur racontait l'histoire d'un *sâdhu* dans son genre. Je ne l'oublie pas :

« Ramesh veut devenir ascète et atteindre la délivrance. Son guru lui dit de se retirer dans l'Himalaya en ne gardant avec lui qu'un seul et unique drap pour se vêtir. Ramesh obéit mais très vite il découvre l'inconfort de rester nu en attendant que son linge sèche après l'avoir lavé. Il décide de se procurer un drap de rechange. Il vit confortablement désormais, sauf que les rats rongent le linge qu'il ne porte pas sur lui. Il réfléchit et trouve une solution…

Le temps a passé et, un jour, le guru croise Ramesh descendant de la montagne. Le guru lui demande :

– Où vas-tu ?

– Au travail. J'ai des problèmes dans ma vie de sâdhu.

– Quoi ? Tu travailles ?

– Oui. J'ai pris une femme. Je dois la nourrir.

– Tu as pris une femme ! reprend le guru intrigué car la vie de Ramesh n'a rien à voir avec celle d'un ascète.

– Oui. Pour traire ma vache.

– Tu as aussi une vache ! Quelle vie mènes-tu donc ?

– J'ai une vache pour avoir du lait pour mon chat.

– Et tu as un chat !

– C'est pour attraper les rats qui rongent mon drap de rechange… Mon drap de rechange, c'est parce que…

Soudain Ramesh comprend son erreur. Le guru avait raison. Ramesh devait se satisfaire d'un seul linge pour réussir à se libérer des liens terrestres. »

Cette histoire m'obnubile. Mon voisin *sâdhu*, c'est Ramesh, mais moi aussi je suis Ramesh. Je sais que je dois renoncer à toutes mes ambitions, tous mes désirs si je ne veux plus souffrir, et je sais que je ne veux pas vivre dans la peau d'un mendiant, encore moins avec juste un linge.

Que faire ?

Attendre pour le moment. Comme un légume. La pluie ou le soleil. Le jour et la nuit.

Dur.

15 novembre.

Je n'ose plus mendier dans la gare. C'est fini.

J'ai décidé de rentrer à la maison. Je corrigerai ma teinture, je prendrai des notes sur tout ce que j'ai vécu, je me reposerai pendant un jour ou deux et je me retaperai avec de bons repas préparés par ma femme. En palpant mon abdomen, je sens mes côtes ; j'ai dû maigrir de plusieurs kilos, ce qui explique peut-être mon extrême faiblesse physique et morale.

Ensuite, je repartirai, j'essaierai à nouveau de quêter au bord du Gange, sur le *ghât* Dashâshvamedh, avec tous les autres mendiants.

Je traîne toute la journée autour de la gare. J'attends la nuit et, vers vingt-deux heures, je rentre à pied chez moi. Je ne veux rencontrer aucun voisin.

Ma femme est si heureuse de me voir. Je la serre et je l'embrasse pendant cinq minutes, puis je me douche et, pendant qu'elle me prépare à dîner, je m'offre un Pepsi glacé. Et c'est génial.

Je parle davantage du Pepsi que des baisers de Gloire, car cette boisson me stupéfie. Quel luxe !

C'est extra. J'ai oublié qu'un truc si rafraîchissant existait. Un liquide frais, sucré et acide, avec plein de bulles. Des bulles. Oui. Qui pétillent dans ma bouche et excitent les papilles de ma langue comme si elles jouaient une symphonie gustative. Un tel faste me sidère et le Pepsi me semble être du Dom Pérignon.

Je me demande s'il y a beaucoup de petites choses similaires que je vais redécouvrir quand je quitterai la peau d'un mendiant intouchable.

Je ne dois pas y songer. Ce retour n'est que temporaire, et je me souviens que la société me considère comme un sous-homme depuis vingt jours que j'incarne Râm Mundâ.

Suis-je un sous-homme ?

18 novembre.

Je ne suis pas encore ressorti.

J'en ai marre. Cela suffit. J'en ai assez de jouer l'intouchable et j'ai repoussé, repoussé mon départ. Mais ce soir, je m'obligerai à partir. Je le promets.

Avant-hier, après mon retour à la maison, j'étais si fatigué que j'ai dormi toute la matinée. Je me suis levé pour manger la moitié d'un poulet que Gloire m'avait préparé puis je me suis recouché avec elle. Je veux préciser que ce n'est pas un exploit de traîner au lit avec sa femme après dix-huit jours de séparation ni d'avaler un demi-poulet indien car ils sont si maigres, si chétifs qu'on a l'impression qu'ils sont morts de famine.

En fin d'après-midi, j'ai commencé à récapituler par écrit ces premières semaines de Râm Mundâ et j'ai feuilleté des journaux. Dans le quotidien *Patrika* du 29 octobre, je suis tombé sur un article bouleversant. Preeti Singh, son auteur, lie le viol* au castéisme en Inde et j'ai l'impression de me retrouver au siècle dernier dans le sud des États-Unis. Noir égale intouchable, Blanc égale caste supérieure. Je cite :

*« Les victimes de viol appartiennent d'habitude aux classes intouchables ou sans-terre** et les violeurs sont des hommes riches ou des propriétaires terriens… A la campagne, la sociologie du viol est fondée sur le système séculaire des castes. Ce crime est non seulement une assertion du pouvoir féodal décadent* (des castes supérieures) *mais aussi un rappel* (aux opprimés) *que la révolte est interdite. Au Bihâr, les armées privées des propriétaires fonciers ont répliqué aux soulèvements des intouchables et des sans-terre en violant collectivement leurs femmes. Ils n'ont*

* Environ dix mille viols sont déclarés chaque année à la police en Inde, ce qui représente un viol toutes les cinquante minutes. Ce chiffre correspond juste à la partie visible de l'iceberg, car de nombreuses victimes de viol n'osent pas porter plainte. En Inde, plus encore qu'en Occident, à cause du puritanisme, de la hiérarchie sociale et de la police pourrie.

** Les castes *shudra* et intouchables, en général. Les propriétaires terriens sont brahmanes ou *kshatriya*, c'est-à-dire les hautes castes des prêtres et des guerriers, le clergé et la noblesse.

pas attaqué les hommes. Primo, il est plus facile d'humilier une femme. Deuxio, en violant leurs femmes, ils atteignent les intouchables là où ça fait le plus mal. Tertio, quarante-cinq ans après le départ des Britanniques, le viol sert d'outil pour gouverner les zones rurales…

La société indienne s'inquiète-t-elle de ce problème ?… Un officier de police signala négligemment qu'aucune femme ne meurt de viol et que ce phénomène existe depuis que l'homme et la femme vivent sur terre. Cette indifférence représente l'opinion de nombreux compatriotes qui pensent que le viol est un acte indésirable mais inévitable… »

Écœurant ! Ce n'est pas la première fois que je lis ces informations sur la condition des intouchables à la campagne. Elle y est encore plus vile que dans les cités car plus traditionnelle. Pour en témoigner, il faudrait partir à la campagne. Hélas ! C'est impossible. J'ai besoin de l'anonymat que procurent les grandes villes pour réaliser ma métamorphose. Dans un village, je ne pourrais me fondre dans la masse, être un Indien ordinaire ; je serais immédiatement repéré.

Donc, voilà mon emploi du temps de lundi.

Hier et aujourd'hui, en revanche, je me suis levé à l'aube pour teindre ma peau. J'ai avalé du methoxypsoralène et je me suis bronzé toute la matinée sur le balcon. Je me suis aussi enduit le corps de deux couches de nitrate d'argent. Ça va, je suis caramel. J'ai laissé tombé la teinture capillaire sur ma peau car je n'ai pas besoin de trop me foncer pour être intouchable. Et puis, quand je suis noir, comme les premiers jours de ma métamorphose, ma coloration s'atténue vite et je préfère sortir avec un teint moins dense qui tiendra mieux et sera remplacé par la poussière des rues en s'émoussant. C'est plus sûr. Personne ne remarquera si ma peau s'éclaircit.

L'après-midi, j'ai continué d'écrire mon aventure et j'ai lu la presse.

Bruit et furie. Une fois de plus.

Le pays est en feu depuis hier. Cela recommence. La « guerre des castes » comme à l'automne 1990. Les étudiants de hautes castes protestaient alors contre un décret qui réservait vingt-sept pour cent des emplois dans l'administration centrale aux « classes arriérées ». Il y avait, comme toujours dans les manifestations en Inde, une débauche de violence, des magasins détruits, des bus incendiés, des bombes lancées et même l'horreur de l'immolation par le feu de plusieurs étudiants. La justice avait suspendu l'application de ce décret, mais lundi, la Cour suprême a approuvé sa constitutionnalité dans les grandes lignes et les étudiants de hautes castes sont redescendus dans la rue. Manifs, bombes, bus incendiés…

Ces vingt-sept pour cent s'ajoutent aux vingt-deux pour cent et demi déjà réservés aux intouchables. La moitié de l'embauche dans la fonction publique serait donc bloquée afin d'élever la condition des classes défavorisées. Les étudiants de hautes castes sont furieux. Ils se sentent pénalisés à cause de leur « naissance supérieure » et prétendent que le système des quotas est antinational. Il conduit à engager du personnel moins qualifié et retarde le développement de l'Inde. En gros, un candidat intouchable médiocre trouverait plus facilement un emploi qu'un candidat brahmane brillant.

Blablabla… Je dis cela car les étudiants brahmanes ne doivent pas s'inquiéter, ni brûler des bus, ni s'immoler. Les intouchables représentent environ vingt-trois pour cent de la population indienne. Cela correspond aux postes qui leur sont réservés mais, après plus de quarante ans de pratique des quotas, leur représentation dans les postes de cadres administratifs dépasse à peine les dix pour cent. En revanche, ils constituent quatre-vingt-cinq pour cent des balayeurs et vingt-huit pour cent des agents techniques. Leurs quotas dans les emplois intéressants ne sont en fait souvent pas attribués pour de multiples raisons et les agents recruteurs appartenant à la mafia des hautes castes ne cessent d'invoquer l'absence de candidats valables.

Je vous l'assure, les brahmanes et les Rajpoutes peuvent dormir sur leurs deux oreilles. Ce nouveau décret destiné à privilégier les « classes arriérées » ne se fera pas sentir avant de très nombreuses années. Pour l'appliquer, il faudrait déjà définir qui sont les « classes arriérées ».

Ce terme définit-il seulement les *shudra*, ces castes de serviteurs situées au-dessus des intouchables, comme les barbiers, les pêcheurs, les laitiers ? Inclut-il aussi les castes de commerçants *vaishya* comme les Agravâl, c'est-à-dire tous les hindous sauf les brahmanes et les Rajpoutes ? Intègre-t-il encore les musulmans, les chrétiens ? Que signifie « arriérée » ? Économiquement ou socialement ? Cela prendra des années pour mettre tous les Indiens d'accord.

En réalité, la furie des étudiants de hautes castes n'est pas nourrie par la crainte de croupir dans le chômage mais par la perception que leur pouvoir traditionnel s'effrite. Ils sont impuissants face au cours progressiste de l'Histoire et ils agissent comme des hommes désespérés, comme ces Blancs extrémistes en Afrique du Sud qui refusent la fin de l'apartheid.

Eh bien, s'ils se brûlent vifs pour manifester contre nous au lieu de nous violenter, je l'avoue, je ne leur jetterai pas un seau d'eau dessus, puisque tout ce que je touche est impur pour eux. Qu'ils crèvent et bon débarras ! Ils veulent nous maintenir la tête sous l'eau, perpétuer la société esclavagiste à deux vitesses, le zoo hindou avec les hommes purs et les sous-hommes impurs.

Il faut privilégier les couches défavorisées. Pauvres mais également humiliées. Des bourses d'études ne suffiraient pas à les introduire dans la société des hommes libres et égaux. La Cour suprême l'a compris. Même si les emplois réservés ne sont pas tous attribués. Même si la fonction publique ne concerne qu'une minorité de gens. Même si les quotas, paradoxalement fondés sur la caste afin de l'abolir par la suite, perpétuent cette structure et créent des privilèges et des handicaps de naissance. Même si une véritable réforme agraire serait plus utile pour niveler la société indienne et briser le castéisme.

La décision de la Cour suprême va dans la bonne direction et cette semaine est importante. Je réalise que ce ne sont plus toujours les brahmanes qui mènent la danse.

Vers vingt heures, les voisins sont enfermés chez eux pour regarder *Chitrahar* à la télévision, le très populaire programme qui présente les nouveaux films hindi. J'en profite pour replonger incognito dans Bénarès avec mes habits de Râm Mundâ. Je file à Dashâshvamedh et j'ai le cœur léger. Le monde évolue.

En fait, c'est une illusion. Je la caressais en lisant la presse, cloîtré dans mon appartement de Ravindrapuri. En traversant la ville, je sens que rien n'a changé depuis dimanche.

A Dashâshvamedh, les mendiants sont fidèles au poste. Toujours aussi pitoyables.

Devant les chiottes publics, en haut du *ghât*, de ce large escalier de pierre qui plonge dans le Gange, une vingtaine de lépreux sont allongés sur le bord de la chaussée au milieu de leur bric-à-brac. Caisses, guenilles, cartons, toiles plastique. Voilà la maison de ces hommes-troncs aux visages et aux membres rognés par la maladie. Plus près du fleuve, d'autres mendiants dorment le long de la rampe qui épouse le *ghât*. Ils sont une quinzaine. Des lépreux et des bien-portants. Des hommes et des femmes. Des jeunes et des vieux. Sous des couvertures, sous des bâches. Étendus en travers des marches.

Tout en bas, trois vieilles se serrent l'une contre l'autre. Elles se tiennent chaud et je sais que je les envierai tout à l'heure. Il fait frisquet, et quand on est très pauvre et seul, la chaleur humaine semble un confort, presque un luxe. Les autres mendiants sont isolés et ne semblent pas vivre en tribu à la différence des lépreux qui campent près des chiottes. A ce propos, ici au bord du fleuve sacré, cela pue encore davantage l'urine. Les Indiens prennent leur bite pour un tuyau d'arrosage et je me demande si tous les hommes du quartier ne se donnent pas rendez-vous après le crépuscule pour asperger le socle des deux châteaux d'eau qui surplombent la berge.

Au début, cette puanteur choque, mais je me réaccoutume en quelques minutes à cette odeur si indienne et je suppose que je me réhabituerai à faire mes besoins au grand air. Il faut aussi réapprendre à ne pas se formaliser des chiens, des chèvres et des vaches qui gambadent dans le décor et reniflent les dormeurs et les passants. Putains de chiens. Ils aboient et se coursent les uns les autres. Pour se grimper. Même la nuit. Pensent qu'à ça. Et ils sont si laids, décharnés, à poils ras, jaunes ou noirs, galeux, poussiéreux, souvent couverts de croûtes suintantes ou de morsures sanguinolentes. Quand une femelle arrive, trois ou quatre mâles lui filent le train. Et ils grognent et se mordent et se pourchassent.

Quelle ambiance ! Mais je comprends que ma place est ici, en bas du *ghât*, parmi les mendiants solitaires. J'étale mon tapis de sol sur une marche libre, en plein dans la tache de lumière jaunâtre d'un grand lampadaire. C'est plus prudent que dans la pénombre pour cette première nuit au bord du Gange.

A côté, il y a une estrade où un brahmane bénit les pèlerins dans la journée et j'espère que ma proximité ne le gêne pas. Le prêtre est assis en tailleur et rigole avec un passant. Il est torse nu et son cordon sacré pendouille sur sa brioche imposante de quadragénaire bien installé dans la société.

En m'apercevant, il lance : « Tu veux dormir là ?

– Ben... Oui... Monsieur le *Pandit* (je bégaie en utilisant ce titre respectueux destiné aux brahmanes).

– Tu peux pas dormir là.

– Pourquoi ? »

Il marmonne un truc dont je ne comprends pas l'intégralité, mais le sens général me laisse deviner que je ne peux dormir près de sa boutique.

Il enchaîne, autoritaire : « D'où tu viens ?

– Du Jhârkhand. Je vis dans la jungle.

– Ben, va te coucher sur une des estrades plus bas. »

Il désigne les estrades vides où des brahmanes professent dans la journée. Je n'ose pas y aller. Peur de m'attirer des histoires en les souillant de ma présence.

« J'peux dormir avec eux ? je dis en désignant les autres mendiants à quelques mètres plus haut sur les marches.

– J'sais pas... T'es bizarre. Dégage et va dormir sur une estrade en bas. Te plains pas. T'y seras plus à l'aise. »

Il a raison. Je serai mieux sur les planches propres de l'autel d'un brahmane que sur la pierre dure et terreuse des *ghât*. Mais je m'éloignerai des autres mendiants et je ne suis pas venu ici pour camper comme un maharajah ou même un prêtre.

Je veux redevenir mendiant et intouchable.

Mais puis-je refuser sa proposition sans intriguer ?

« En bas, c'est dangereux. Y a moins de lumières qu'ici... »

Il ricane : « Eh ! Dans la jungle, t'as peur du noir ? »

Je ne réponds pas. Je suis mouché.

Il reprend : « Pourquoi t'es venu à Bénarès ?

– Pour faire un pèlerinage. Et je mendie pour vivre. Ensuite, je pousserai jusqu'à Allahabad et à Ayodhyâ.

– Ça va. Demain tu pourras mendier sur ces marches. A propos, quelle est ta caste ?

– J'suis mundâ… J'suis aborigène.

– Tant pis ! Allez, va te coucher en bas. »

J'ignore ce qu'il entend par « tant pis », mais je lui obéis sans demander d'explication. Ne jamais chercher d'histoire, c'est mon principe. Cela m'a réussi depuis trois semaines que j'incarne Râm Mundâ et, comme je suis un gars prudent, je ne changerai pas de méthode.

J'étends mon tapis de sol sur une estrade, puis je m'allonge et je m'enroule dans ma couverture. Dormir.

Le *ghât* est désert la nuit. C'est plus calme que la gare. Sur la gauche, les cloches du temple dédié à Mère Gange s'arrêtent de résonner vers vingt-trois heures et non à une heure trente comme les odes de Krishna sur le parvis de la gare. Ensuite, il n'y a ni bruits de trains, ni klaxons de camions, ni querelles de *musahar*, ni brouhaha des voyageurs, et en prime une brise fraîche souffle du fleuve. Dans la gare, l'air étouffe. Moite, renfermé, trop inhalé par la foule.

Dormir.

Ce serait parfait si les berges boueuses n'attiraient pas tant de moustiques. Ils me dévorent le visage et je me cache sous mon foulard. Du coup, je ne profite plus de la fraîcheur du Gange. Il y a aussi des puces sur ma plate-forme en bois. Elles me piquent sous mes habits. Ça doit être les chiens qui les oublient quand ils s'allongent sur ces estrades. Sales clébards. Et ils viennent me renifler la tête et les doigts de pieds. Les chèvres et les vaches défilent aussi.

Comment fermer l'œil ? Je repense au môme de dix ans qui étudiait à la lueur d'une lampe à pétrole dans le marché de légumes en haut des escaliers. Je m'y suis baladé en arrivant et je sais que la plupart des vendeurs appartiennent à la caste intouchable des *sonkar*. L'image de ce môme plongé dans ses cahiers est douce et porteuse d'espoir pour l'élévation de la condition des intouchables. Elle réussit à me faire perdre connaissance et je rêve. Je suis très riche. J'habite avec Râjâ Râm dans un palais en marbre blanc. Un peu comme le Tâj Mahal avec un grand dôme, quatre minarets et des bassins miroitants. Nous sirotons des rhum-coca sur de la glace pilée en marchant dans le parc. Soleil éclatant et Râjâ Râm me dit que c'est vachement bon le rhum-coca. Ensuite les bassins deviennent des piscines et des filles en bikini y font trempette. Elles ressemblent à Mâdhuri Dikshit. Leurs seins compressés dans les soutiens-gorge pointent vers le haut et donnent l'illusion de leur servir de flotteurs pour nager. C'est épatant. Alors nous leur faisons l'amour, à toutes je crois, mais là je ne me rappelle plus trop comment nous nous y prenons. Tout se brouille dans mon esprit. Je plonge dans la piscine. La pénombre. Le noir.

19 novembre.

Trois heures trente du matin. Des vibrations sur mon estrade me réveillent. Puis il y a un couinement de chien. Il dormait à mes pieds et un type vient de lui filer un coup de pied pour le faire dégager.

Un cordon sacré dépasse sous le T-shirt de cet homme. Petit, maigre, la quarantaine. Un brahmane car il déballe un fourbi de prêtre. De l'encens, des pots d'huile, des morceaux de noix de coco, quelques fleurs d'œillets d'Inde, des opuscules écornés en sanskrit et un plateau en cuivre avec de la poudre rouge dessus pour appliquer sur le front des dévots en guise de troisième œil, celui de la connaissance. Il me lance :

« Debout, toi ! »

J'obéis. Ça recommence. Toujours s'écraser. Comme les chiens. Ce prêtre me gonfle. La nuit est faite pour dormir mais, sur les autres estrades, c'est pareil, des prêtres s'installent aussi.

Je remonte un peu les escaliers et je m'allonge sur une marche. Le froid qui précède l'aube me glace sur la pierre. Les prêtres causent entre eux à voix haute comme s'ils étaient les maîtres des lieux, et les cloches des temples alentour se répondent mais je réussis à somnoler pendant deux heures.

Une lueur rosée illumine l'horizon au-dessus de la rive opposée du Gange. J'ai trop vu d'aurores depuis trois semaines et je ne suis plus sensible à ce spectacle. Il m'indique juste que le soleil va exploser d'ici une demi-heure et des flots de pèlerins et de touristes déferleront. Les mendiants qui dormaient le long de la rampe de l'escalier se réveillent. J'ignore quand débute la journée d'un mendiant ici. Mais je ne veux pas être en retard, ni obtenir une mauvaise place. Vous vous souvenez, j'ai déjà essayé de travailler le long de cette rampe, et je me suis vite fait jeter. Ce matin, je veux réussir à y quêter et je me lève. Ne pas perdre de temps.

J'ai lu que les mendiants de Bombay ou de Calcutta sont regroupés en gangs. A Bénarès, je n'ai toujours pas eu connaissance de telles organisations, cependant je ne ferai pas la manche à l'entrée du *ghât* avec le groupe des lépreux. Je le répète, ma place ne me semble pas parmi eux, et je quêterai sur l'escalier, avec les mendiants qui ont l'air solitaires. Ce ne doit pas être un mauvais coin non plus. Ils sont déjà une vingtaine, tous alignés sur le côté droit de la rampe. Des hommes, des femmes, des gosses. Des vieux, des jeunes, des lépreux, des infirmes, des valides, des blancs, des basanés. Je passerai inaperçu.

Je m'adosse contre la rampe sur une marche libre au milieu de l'escalier et j'ai juste le temps de jeter ma couverture sur mes épaules pour attendre au chaud les premiers rayons de soleil. Un vieux bien vêtu à la barbe poivre et sel se plante devant moi. Il ouvrait en face une échoppe de bidons en plastique. Les pèlerins les utilisent pour emporter chez eux un peu d'eau sacrée du Gange.

« C'est qui, toi ? il dit.

– Je suis arrivé hier soir.

– Qu'est-ce qu'tu fous ici ?

– Ben… J'mendie.

– Tu peux pas rester là. Cette place est réservée. Le mendiant va arriver. Tire-toi !

– Où c'est que j'peux mendier ?

– Plus haut. Dégage !

– Là-bas ? Je montre du doigt le haut de la rampe.

– Va-t'en ! »

Sur ce, il retourne à ses containers d'eau sacrée et je me dis qu'il doit savoir de quoi il cause s'il travaille ici. Un peu plus haut sur la rampe, c'est peut-être aussi bien après tout, et je vais m'y installer pour ne pas créer d'embrouilles.

Peine perdue. Un autre type vient aussitôt me déloger.

« C'est qui, toi ?... Dégage ! La place est prise. Les mendiants vont arriver dans cinq minutes. Y vont te virer.

– Où j'peux mendier ?

– Où qu'tu veux. Mais pas ici. D'où qu'tu viens ?

– Du Bihâr. Du Jhârkhand. »

Il hausse les épaules et descend vers le Gange. Je déménage et je m'assieds sur le côté de l'escalier, devant un petit temple de Râm. J'allume une *biri* et j'étudie la situation.

Le jour se lève et la ville s'éveille. Les dévots commencent à descendre vers le fleuve, mais personne ne jette une pièce dans ma sébile. Par contre, de l'intérieur du temple, un seau d'eau vole au-dessus de ma tête, puis c'est le jet de salive rouge d'une chique qui atterrit à deux mètres devant mes pieds. L'impact ressemble à une tache de sang sur la pierre grise et c'est la première fois de ma vie qu'on me crache par-dessus. Ce n'est pas agréable. Croyez-moi. Mais j'écrase. Comme toujours.

Un jeune mendiant s'installe contre la rampe sur le palier que j'occupais avant de m'asseoir ici. Il a mon âge, des cheveux collants et la peau anthracite avec des plaques de crasse comme s'il s'était barbouillé le cuir de cirage. Le blanc éclatant de ses yeux vissés sur son visage noir lui donne un air inquiétant. Ni une, ni deux, le vieux qui m'a chassé rapplique et lui conseille de dégager. Mon collègue reste à sa place et le vieux baisse les bras et s'en va.

J'ai peut-être obéi trop vite. J'aurais dû me maintenir de force. Je n'ai pas osé et ça semble être la technique pour se faire accepter le long de la rampe quand on est nouveau. Il reste un mètre cinquante de rampe libre à côté du jeune mendiant. J'y retourne.

Un vieux mendiant installé trois marches plus bas m'ordonne aussitôt de partir. Je dis non. Il ajoute :

« Cinq mendiants vont arriver. Ils vont te frapper.

– T'inquiète pas, je réponds calmement. Je vais mendier ici et quand les autres arriveront, on se serrera. D'accord ?

– Pas d'accord.

– Eh bien, tant pis ! »

Le vieux ne bronche pas et je reste. J'ai raison car une seule mendiante viendra cinq minutes plus tard.

Elle réclame ma place en prétendant qu'elle lui est réservée. Je me pousse un peu et elle s'assied en ronchonnant. Je m'en fous. J'ai compris que si je me laisse rejeter, je ne serai jamais intégré.

Cette mendiante a une soixantaine d'années et le teint caramel. Elle est chic pour une mendiante. Vêtue d'un sari en coton fin, bon marché mais propre et non troué, elle porte des bracelets en métal qui ressemble à de l'argent. Elle s'est calmée et elle me demande d'où je suis. Je réponds du Bihâr.

« C'est bizarre. Tu parles pas comme les Bihâris. T'as l'accent du Cachemire.

– Non. C'est parce que j'vis dans la jungle. On a notre propre langue. Je suis aborigène. J'suis mundâ.

– Mundâ, c'est musulman, ça ? dit-elle avec dédain.

– Non, j'suis hindou. Y a pas de Mundâ musulmans.

– Ah bon !

– C'est vrai ce qu'il dit, approuve le vieux mendiant à l'étage en dessous. Les Mundâ, c'est pas des musulmans, c'est une caste hindoue de balayeurs. »

Cela signifie clairement : caste d'intouchables, et je ne le contredis pas. C'est parfait. Je veux juste être tenu pour un mendiant intouchable. Le reste, je m'en balance.

Ce vieux qui me prend pour un balayeur enroule un bandage sur son pied gauche. Ce membre semble en parfait état mais le vieux doit vouloir jouer l'infirme. Pas bête, et il allonge bien en vue des passants ce pied estropié.

La boule rouge du soleil a grimpé de trois ou quatre mètres au-dessus du Gange. Ses premiers rayons sont agréables et j'ôte la couverture de mes épaules pour les savourer.

Nous sommes une trentaine de mendiants. La sébile à nos pieds. Alignés du côté droit de la rampe. J'ignore bien pourquoi et je n'ose le demander à un de mes voisins.

Depuis le lever du jour, les gens descendent faire leurs ablutions dans le Gange et certains nous font l'aumône. Peut-être un sur cent. J'imite les autres mendiants. En général, nous ne tendons pas notre sébile, nous attendons les dons. Mais un vieux au sommet de la rampe quête avec une gamelle auprès de chaque personne bien habillée qui passe à droite ou à gauche. Cet emplacement est extra et il récolte plus de fric que la moyenne.

Dashâshvamedh est la berge la plus touristique de Bénarès et chaque heure des dizaines d'étrangers transitent devant nous. Des Blancs et des Japonais. Des routards cracra et des groupes friqués en tenue coloniale. Peu importe. Ils ne donnent pas. Ou très très rarement et à un seul de nous une pièce de cinquante centimes ou une roupie.

Jamais un seul étranger ne me donnera une pièce.

Ils sont riches, ils pourraient donner un billet de dix à chacun de nous. Ça ferait trois cents roupies, soit soixante francs. Ça ne viderait pas leur portefeuille.

Ce n'est pas tout. Combien de milliers de francs ont-ils dépensés pour venir jusqu'à Bénarès ? Une dizaine ; et s'ils ne voyaient pas de mendiants dans ce décor, ils seraient déçus. Ce serait moins romantique. Alors ils nous matent, ils nous photographient en gros plan ou dans un coin de paysage pour donner de la vie à leurs clichés. Après, ils s'en vont sans nous payer. Voleurs d'images ! Pour eux, nous appartenons à tout le monde, comme les temples, comme le Gange, et ils peuvent nous contempler à l'œil. Goujats !

Comme à la gare, ce sont les Indiens qui font l'aumône. Des hommes et des femmes aussi, de quarante à soixante ans. Et quand ils nous font la charité, ils partagent leurs dons entre tous les mendiants. Pas de jaloux. Ils remontent ou descendent la rampe et jettent leur aumône dans chaque sébile. Une pièce de dix ou vingt centimes, ou une poignée de riz, ou quelques cacahuètes, ou une boule de mélasse.

Au suivant !

Les boules de mélasse n'intéressent que les vaches et les chiens, et la mendiante chic les leur jette dès que les personnes qui nous les donnent ont disparu. Je la comprends. Elle est là pour toucher du fric, de quoi vivre, pour se sortir de la mélasse et non en récolter. En plus, j'ai goûté à ces boules. Elles sont pâteuses, peu sucrées, infectes. Je m'en débarrasserai ce soir dans le Gange avec le riz. Je n'ose pas en plein jour.

Je mendie comme ça jusqu'au milieu de la matinée et je gagne un peu plus de deux roupies, soit cinquante centimes français. Juste de quoi prendre un repas, et depuis neuf heures, la foule diminue sur le *ghât*. Les aumônes deviennent plus espacées et des mendiants plient bagages.

J'ai faim et je décide d'aller voir si le temple du Bâbâ Khichari offre à manger ce matin, comme il y a trois semaines, avant d'aller visiter le temple des intouchables.

Pas de chance. Ce matin, la marmite ne fume pas et le gros cuistot et un autre type jouent aux cartes sur un banc.

Ce quartier est touristique et, si je rentre dans un restaurant, je pourrai juste acheter deux pains secs car la purée de lentilles n'est pas servie gratuitement ici. Elle coûte deux à trois roupies. Je décide de remonter vers les puces de Nâi Sarak, je crois y avoir aperçu des gargotes pas chères.

Je dois interrompre le récit de mon déjeuner car, au carrefour de Godhauliâ, je tombe sur un spectacle incroyable.

Jeudi dernier, au milieu de la matinée, j'avais vu un cadavre à la gare et personne n'y prêtait attention. Sauf une vache. Ce jeudi 19, une semaine plus tard, même heure, je rencontre un nouveau cadavre. Cela devient une habitude du jeudi et je me dis aussi que beaucoup de morts traînent sur la voie publique puisque j'en rencontre régulièrement. Ce matin, c'est encore plus intéressant. Le macchabée est étendu sur le bord de la chaussée, jambes et bras écartés, deux colliers de fleurs autour du cou, et des passants jettent des pièces et des billets sur lui. Ah ! j'oubliais, c'est un macchabée de singe.

Un singe ! Un de ces milliers de macaques jaunes à cul rouge qui squattent les toits des immeubles de Bénarès.

Voilà bien l'Inde. Si je crève dans la rue, personne ne baissera un regard sur moi, mais quand un malin exhibe un cadavre de singe, des gens s'arrêtent et font une offrande et une prière, car le singe est le symbole du dieu Hanumân. Le roi des singes et l'allié de Râm. Fils du dieu des vents, sa ruse et sa force sont invincibles, il vole dans les airs, il est savant, il guérit les maladies et c'est un des dieux les plus populaires en Inde.

Une quinzaine de roupies reposent sur le macaque. Dans ce pays, montreur de singe crevé constitue un bon job.

Cela m'écœure mais je me dis qu'il ne faut pas m'en affliger. Je dois garder ma bonne humeur. Prendre tout à la légère. Je me le suis promis hier avant de repartir. Sinon je vais encore souhaiter mourir, comme dans la gare.

Il faut rire ! Rire ! Même si ça fait mal. Lautréamont écrivait que Maldoror affligé par la bassesse des hommes s'ouvrit la commissure des lèvres avec un canif pour se sculpter un sourire… Rire pour se soulager.

J'ai déniché une gargote pas chère sur Nâi Sarak, à trois cents mètres du carrefour de la grande église protestante. Je suis précis car cet établissement n'a même pas de nom et, si vous passez par là, vous le trouverez sur votre gauche, avec en façade, sous le fourneau en terre, un carrelage blanc décoré des effigies des dieux Hanumân, Shiv, Ganesh, Lakshmi, Durgâ et compagnie. A l'intérieur, une pièce unique de quatre mètres sur quatre abrite trois tables en formica jaune avec trois chaises autour de chacune. Ce mobilier est vieux mais propre. Il ne poisse pas au toucher et des effluves de nourriture appétissants émanent d'une marmite sur le fourneau. Les murs bleutés sont moisis, mais ça, c'est normal, et puis je me fous pas mal de l'état des murs. Je pense qu'ici je vais bien me régaler.

Je suis le seul client en dehors d'un type, dans le fond, occupé à sucer les doigts qu'il trempe dans une purée liquide de lentilles. Le patron a une soixantaine d'années. Il porte un lungi douteux, une barbe grise à la Gainsbourg et une tonsure blanche de vieux piaf déplumé. Sa voix cassée, presque muette, comme s'il avait été opéré de la gorge, lui donne un air fragile. Quand je lui demande le prix des galettes de pain et de la purée de lentilles, j'arrive tout juste à entendre sa réponse. C'est cinquante centimes par galette et la purée est gratuite. Chouette. Je commande donc quatre galettes.

Le patron cuisine et fait le service à la fois. Il roule mes galettes, les cuit sur la braise du fourneau et me les sert brûlantes avec une louche de purée.

C'est exquis. C'est vrai que j'ai très faim. Mais c'est quand même délicieux. Comme s'il y avait des truffes pour parfumer cette purée. Mais il n'y en a pas. Et tant pis ! Le goût nature des lentilles me procure autant de plaisir.

J'ai droit à une louche de rab de purée pour finir mes galettes, puis je paie deux roupies pour ce repas et je retourne mendier et traîner sur le *ghât*. Rien à signaler.

Après le crépuscule, j'achète deux bananes en guise de souper et je me couche comme hier sur une estrade.

L'après-midi, la mendicité rapporte peu et je n'ai gagné que trois roupies et vingt centimes aujourd'hui. Moins de la moitié d'une journée de travail dans la gare.

Je ne vais pas réussir à vivre en mendiant ici.

20 novembre.

Dans la vie, il y a les rampes d'escalier pour s'aider à grimper. Il y a les rampes de lancement pour les fusées. Il y a les rampes d'accès pour les bagnoles dans un garage. Il y a les rampes de théâtre pour briller sous leurs feux. A Dashâshvamedh, il y a aussi la rampe de mendiants. Elle permet au dévot d'exercer la charité et d'améliorer son *karma*.

Voilà pourquoi les gens partagent leurs offrandes entre tous les mendiants. Pour faire le plus grand nombre possible d'aumônes, multiplier leurs bonnes actions et donc les chances d'une meilleure réincarnation. Ils nous donnent pour amender leur propre existence et non par pitié sincère ni par générosité.

Je crois.

Enfin, j'en suis sûr.

Nous, les mendiants, nous aimons recevoir pièces et billets. Évidemment. Mais la moitié des dévots – des femmes en général – nous font des aumônes traditionnelles en nature. Une poignée de riz ou de cacahuètes… Je découvrirai au fil des jours que les personnes qui offrent des aliments viennent régulièrement nous faire la charité. Plusieurs rombières nous distribuent quotidiennement leurs deux à trois kilos de riz. Cela représente une dizaine de roupies, soit trente centimes par mendiant. Je préférerais les toucher en espèces. Même les collègues qui possèdent de quoi cuisiner affichent un sourire plus large quand ils reçoivent l'argent du riz plutôt que le riz. Mais les rombières s'en moquent. Et tout en méprisant nos désirs, je pense qu'elles tiennent vraiment à être mieux réincarnées pour utiliser chaque jour notre présence.

Car elles nous utilisent. Nous sommes précieux Ici.

Je mendie comme hier, adossé à la rampe, et je constate que les gens ne nous lancent pas de regards méprisants. Ni de leçons de morale. Dashâshvamedh n'est pas la gare.

Que je tende ma gamelle ou que je la laisse devant mes pieds, les passants ne montrent pas que nous les gênons. Ils nous ignorent sans agressivité et, une fois sur cent, ils donnent. Ils ne nous remettent pas à notre place puisque nous y sommes. Au contraire. Ce matin, je me suis assoupi un instant et j'ai été réveillé par le bruit métallique d'une pièce de dix centimes qu'un dévot me jeta en s'offrant la charité sur notre rampe de mendiants.

Il ne voulait pas m'oublier.

Nous possédons notre rôle ici, et comme les collègues, je crie « Vive Râm ! » quand un dévot me fait l'aumône. C'est une bénédiction, une formule qui valide son offrande. Le visage du dévot s'illumine toujours en entendant le nom de Râm scandé par trente mendiants, l'un après l'autre.

Nous lançons aussi des « Vive Râm ! » quand les passants affluent sur l'escalier. Ce slogan rappelle notre fonction religieuse. Il incite à nous donner et ça ne me gêne pas de le répéter. Mais je ne suis pas fou de Râm comme certains mendiants qui serinent mécaniquement des « Vive Râm » pendant cinq minutes.

Cinq minutes, ça dure, et le rabâchage du nom de Râm semble les griser. Leur hystérie ne me choque plus car, du matin au soir, avec les deux haut-parleurs installés sur un mât en bas du *ghât* et les prières dans les temples voisins, une cacophonie religieuse m'abrutit. Bruits de cloches, de conques, mélodies de sitar, percussions, voix humaines chantant des odes à Râm et son épouse Sitâ.

Normal à Dashâshvamedh et la mendicité s'y révèle une activité reconnue, presque d'utilité publique. Les échoppes de souvenirs vendent même de la monnaie pour permettre aux dévots de remplir leur devoir et de donner à un maximum de mendiants. Elles échangent une roupie contre quatre-vingt-dix centimes en piécettes. Le vieux commerçant en haut de la rampe n'arrête pas d'interpeller les passants :

« Faites de la monnaie, donnez aux pauvres ! Faites… »

Mendier à Dashâshvamedh n'est vraiment pas humiliant.

21 novembre.

Oui. Mendier à Dashâshvamedh n'est pas humiliant.

Mais je ne gagne que deux ou trois roupies par jour et ce n'est pas suffisant pour manger et payer mes *biri*. Dieu merci, hier et aujourd'hui, le temple du Bâbâ Khichari a préparé sa nourriture gratuite. J'y ai déjeuné. La bouillie de riz et de lentilles m'a calé l'estomac pour la journée. J'ai économisé trois roupies. De quoi manger au petit restaurant de Nâi Sarak demain si le *khichari* gratuit n'est pas servi. J'ai appris par un autre mendiant que ce temple ne reçoit pas assez d'aumônes pour nourrir chaque jour les pauvres. Il m'a dit aussi que demain c'était dimanche et que, le dimanche, les prêtres d'un temple voisin de Hanumân viennent offrir du riz et des légumes en curry aux mendiants de Dashâshvamedh. En principe. Je n'ai pas confiance en l'avenir et, si je ne veux pas m'inquiéter, je dois faire des économies.

Ma situation se résume ainsi : dans la gare, je suis un sous-homme et je mange presque à ma faim ; sur le *ghât,* je suis respecté et je me serre la ceinture.

Et puis, j'y quête immobile et je m'emmerde encore plus qu'à la gare. Heureusement, je peux travailler en somnolant. Cela m'aide à attendre le crépuscule.

L'hiver s'est installé et la nuit me délivre dès dix-sept heures de mon calvaire. Hier soir, je me suis couché peu après. Les rires des promeneurs me berçaient et les cloches du temple de Mère Gange sonnaient à tue-tête. Peu importe toutes ces énergies. Quand on n'a rien à faire, vraiment rien, il n'est jamais trop tôt pour se noyer dans le sommeil. Croyez-moi. J'attendais ce repos depuis les premières lueurs de l'aube.

Attendre. Attendre. Attendre. Jour. Nuit. Jour. Nuit.

23 novembre.

Cinquième jour le long de la rampe. Mendier à Dashâshvamedh n'est pas humiliant. Mais…

Mais la compétition est rude entre les mendiants et l'atmosphère exécrable. Au début, je pensais que j'étais arrivé à un mauvais moment. Mais non. Chaque jour, ils se bouffent le nez pour des histoires d'emplacements. Comme si un mendiant de plus ou de moins bouleversait leurs gains.

Les vieux à côté de moi n'arrêtent pas de me répéter que je ne dois pas mendier, que je devrais travailler. Aujourd'hui encore, la vieille chic me serine :

« T'es jeune, pourquoi tu tires pas un pousse ? Laisse-nous la place. A nous les vieux.

– J'ai pas envie de tirer un pousse. C'est fatigant.

– T'es feignant. Va travailler au lieu de mendier. »

Ici, ce n'est pas le public qui me fait la morale, mais mes collègues. C'est le comble. Ça ne les regarde pas si je suis feignant. Et si les dévots me donnent quand même, ce n'est pas leur affaire.

Mais si. Ça les intéresse car la pièce et le riz que je reçois ne seront pas partagés entre eux. Je leur enlève le pain de la bouche.

Je les trouve écœurants. Nous sommes si misérables, si pauvres, et au lieu de se serrer les coudes comme des frères, nous souhaitons au voisin de crever pour nous laisser sa part. Nous vivons de la charité mais nous sommes incapables d'aider, d'aimer notre prochain. J'ai toujours cru que la misère rapprochait les hommes. J'ignore où j'avais été chercher ce cliché. La vraie misère rend les hommes comme des bêtes. Elle développe l'instinct de survie. La fraternité, la pitié deviennent un luxe désuet. Je me rappelle les querelles continuelles dans le bidonville des balayeurs de Ravindrapuri.

Ne demandez pas à un mendiant de Dashâshvamedh de faire la charité à plus pauvre que lui. Son job, son rôle sacré, religieux, consiste à accepter les aumônes. Son devoir n'est pas d'en faire. Ni même de tolérer la présence de concurrents, ce qui revient à être généreux. La Bhagavad-Gîtâ, l'évangile hindou, précise bien la conduite à suivre :

« Son propre devoir, même imparfait, est préférable au devoir d'autrui, fût-il exceptionnel. Meilleure est l'assise dans son propre devoir, le devoir d'autrui est source de danger. »

Je ne peux accepter ce compartimentage de la société. L'Occident, c'est peut-être la jungle barbare, mais cette civilisation indienne transforme les hommes en robots. En pions rongés par un égoïsme exacerbé.

A présent, c'est le faux infirme placé au-dessous de la vieille chic qui me fait la morale. Et patati ! Et patata ! Depuis mon arrivée la semaine dernière, il me harcèle et je n'ose pas encore lui répondre :

« Ôte ton bandage bidon. Et vas-y ! Pédale toi-même sur un pousse. Si le cœur t'en dit, bon courage. » Et puis, j'aimerais ajouter à l'intention de la vieille : « Toi aussi, tu peux travailler au lieu de le conseiller aux autres. Tu peux ouvrir une petite échoppe. Pourquoi tu le fais pas ? »

A la gare, je m'étais juré, une fois cette aventure terminée, de donner à tous les mendiants que je rencontrerais. Eh bien, je ravale une partie de ce que j'ai craché. Et tant pis. Je ne donnerai qu'aux jeunes mendiants. Les vieux me dégoûtent. Ils me ressassent leurs conseils, leurs reproches, leurs menaces : « Dégage ! Travaille ! Feignant ! » Comme cela depuis cinq jours. Voilà leur seul sujet de conversation. Je ne peux même pas les moucher, puisque je veux éviter toute querelle.

Quelle ambiance !

En plus, une vague de froid déferle sur Bénarès. Des rafales de vent balaient le *ghât* et je gèle. Depuis hier, le soleil a du mal à percer une chape de nuages floconneux, hauts en altitude, et ce matin il a plu.

Pendant une heure ou deux et très dru par moments. J'ai remballé et je me suis abrité sous un porche. Une dizaine de collègues sont tout de même restés à leur place et ils se protégeaient sous des bouts de toile plastique. Ils sont fous, ils ont perdu le sens de la réalité car personne ne sortira leur faire l'aumône par un temps pareil. Moi, j'en ai profité pour griller des *biri* et admirer le paysage. Je contemplais le Gange sous la pluie. La surface du fleuve ondulait telle une étoffe de soie verte qui flotte dans le vent et je me disais que j'étais aussi léger, aussi sensible aux moindres rigueurs de l'existence. Je voudrais être un dur, un vrai aventurier. Je n'y parviens pas. Je souffre de la faim, de l'ennui, de l'hostilité de mes collègues et du froid. Je me sens maigrir et je suis très fatigué. Même des trucs insignifiants comme un pull-over me préoccupent. Je voudrais bien en posséder un pour me réchauffer comme les gens ordinaires au lieu de m'enrouler dans une couverture. Des dizaines de Tibétains arpentent la rue Dashâshvamedh avec une pile de pulls sur l'épaule, une sur le bras et une attachée par une ficelle sur la hanche, et ils les vendent aux passants. Moi, ils ne m'interpellent jamais. Je n'ai pas une tête à acheter un pull. Mais la vieille chic qui prétend que je lui prends le pain de la bouche, elle, elle porte ces jours-ci un beau pull rose. Elle a chaud.

Pourquoi m'emmerde-t-elle ? Je suis si minable.

J'étais mieux à la gare. C'était plus confortable et personne ne me prenait la tête.

Enfin, je ne sais pas. Car là-bas, je gambergeais et j'avais envie de mourir. Ici, la mort ne me préoccupe pas. Peut-être parce que je vis toujours sur la défensive.

N'existe-t-il donc aucun refuge pour Râm Mundâ ?

24 novembre.

Le milieu de soirée. Je viens encore de me faire arrêter par un flic.

J'ai dîné dans ma gargote de Nâi Sarak, je rentre peinard à Dashâshvamedh, presque heureux, le ventre calmé par deux galettes et une louche de purée de lentilles. Je traverse le carrefour de Godhauliâ, et vlan ! Au milieu de la chaussée, voilà ce grand chien kaki qui m'appelle avec un geste mou. Que se passe-t-il ? J'approche.

Ni bonsoir ni salut, il lâche, direct :

« C'est quoi ces taches sur tes habits ? C'est du sang ? »

Saloperie de nitrate d'argent ! Cela ressemble tant à du sang ? Moi, je ne sais pas car je suis daltonien et, les couleurs, ce n'est pas mon fort.

« C'est du cambouis, je dis. J'm'suis sali en voyageant.

– Et y a quoi dans ton sac ? il enchaîne. Montre. »

Cela m'ennuie car, à l'intérieur, j'ai caché mes notes en français sur ces derniers jours de métamorphose. Il essaie de plonger la main dans la musette. En vain. Ma couverture la bourre et il y a trop de circulation autour de nous pour déballer mes affaires. Il m'ordonne de le suivre dans la guitoune de flics située sur le bord du carrefour.

J'obéis. Nous sommes seuls à l'intérieur et je tremble. Il le remarque :

« T'as peur ? Qu'est-ce qu'tu portes sous ton lungi ? Un pyjama ou un short ou un slip ? »

Il n'a pas l'air d'un pédé et je me demande où il veut en venir. Je réponds :

« Un short.

– Montre ! »

Je soulève mon lungi et mon short marron apparaît. Une culotte ordinaire. J'espère qu'il ne va pas me demander de la baisser car le haut de mes cuisses est blanc. Ce flic va me cuisiner s'il découvre que je suis un homme bicolore. Il soupire :

« Ça va. Y a pas de sang. D'où viens-tu ? »

Je lui sers le baratin habituel. Que je suis du Bihâr, un aborigène du Jhârkhand, venu en pèlerinage à Bénarès. Quand ? Eh bien, aujourd'hui. Comment ? En train. Je raconte ça sans bredouiller mais j'ai les chocottes. Il ajoute :

« T'as ton billet ?

– J'l'ai plus. Le contrôleur l'a conservé en sortant de la gare.

– Quel train t'as pris ? »

Là-dessus, il ne me baisera pas. Après quinze jours dans la gare, je connais les horaires des trains par cœur.

« Je suis arrivé à sept heures du matin par l'express de Dhanbad*. »

Il me repousse et se met à palper mon sac de l'extérieur. Que cherche-t-il ? Un couteau ? Un pistolet ? Une bombe ? Des liasses de billets ?… Je n'en ai aucune idée. J'ai une tête d'Indien à transporter quoi ? Ça m'intéresserait de le découvrir.

Je ne le saurai pas. L'inspection de mon sac le satisfait : il n'a rien trouvé de louche et il me laisse partir.

« Va faire tes ablutions dans le Gange ! »

Je l'ai échappé belle, mais cette rencontre me ronge les sangs. Impossible de l'oublier dans le sommeil. Dans dix minutes, à minuit, ou demain, un flic va peut-être me tomber dessus et il découvrira que je suis un imposteur. Qui sait ? J'ai peur de la prison. Peur de l'expulsion. Peur des coups de bâton. Peur que toute cette aventure soit révélée, détruite, annulée.

* Grande ville minière du Sud Bihâr, à la limite du Jhârkhand.

25 novembre.

Le soleil est revenu depuis hier. Coucou ! Il nous réchauffe bien le long de la rampe, mais ça ne change rien. Ce n'est ni la pluie ni le beau temps qui referont l'humanité.

L'ambiance autour de moi reste exécrable. Belle matinée en vue et un vieux collègue édenté me chante en chœur avec la vieille chic le refrain des mendiants : « Dégage, va bosser ! » Encore et encore. Aujourd'hui, en plus, ils parlent des flics et je n'aime pas ça. Pas du tout.

« Tu dois pas mendier ici… Aujourd'hui, va y avoir une rafle de police.

– Comment le savez-vous ?

– Nous, on le sait. Y a des rafles de temps à autre et on connaît les flics, depuis le temps. On craint rien. Mais y vont arrêter tous les nouveaux.

– Non. J'vous crois pas. Vous dites ça pour qu'j'parte.

– C'est sûr. Mais si tu veux, tu peux rester. Nous, on s'en tape. Y vont te jeter en prison. Pendant un an. Et y t'donneront à manger juste deux galettes de pain par jour… P'tites comme ça, indique la vieille chic avec un geste de main. Ça vaut pas le coup. Tire-toi ! »

Je ne peux me retenir de dire : « C'est pas juste !

– Quoi qu'est pas juste ?

– Que vous pouvez mendier.

– T'es jeune, toi. Travaille !

– J'ai faim.

– T'as pas besoin de mendier pour manger. Chaque matin, le temple du Bâbâ Khichari offre de la nourriture.

– C'est faux. Y a plusieurs jours qu'ils ont rien préparé.

– Eh ben, un peu plus loin, le temple de Vishvanâth du *ghât* Mir y sert tous les midis de la nourriture aux pauvres. Sûr. T'inquiète pas, tu mourras pas de faim à Bénarès. Vas-y. »

Ils disent peut-être vrai à propos de cette rafle. Je repense au flic hier soir ; je ne suis pas assez courageux pour risquer la prison et je m'ennuie le long de cette rampe. Je croupis, je n'apprends rien de neuf ici sur ma condition de mendiant intouchable. Je répète tout ça et, soudain, l'évidence s'impose. Je dois partir.

Alors je me lève et je décampe. A la recherche d'un endroit où manger à l'œil. Je verrai bien.

Je suis furieux car les mendiants ont réussi à m'éjecter de la rampe. Salopards !

J'ai de la chance. Le temple du Bâbâ Khichari prépare de la nourriture ce matin. J'y déjeune. C'est plus sûr et je laisse tomber la recherche du temple du *ghât* Mir. Ensuite, je me balade au bord du Gange.

C'est beau. Comme des cartes postales. Il faut que j'en parle un peu. Du Gange qui mesure plusieurs centaines de mètres de large et qui chatoie comme un collier d'émeraudes sous le méchant soleil, des temples baroques et des palais de maharajahs en pierre rouge qui le surplombent, des milliers de baigneurs qui font leurs ablutions dans le fleuve sacré en murmurant des incantations, des types qui posent culotte dans un recoin, des haut-parleurs qui matraquent pêle-mêle chants religieux et musiques de films hindi comme si le tube *Prends, prends un baiser !* relevait du divin, des énormes buffles noirs qui se prélassent le long des rives dans les remous boueux, des dizaines de mômes qui font grimper dans le ciel azur des cerfs-volants rouges ou verts, des chiens qui baisent et des chèvres qui s'encornent sur les escaliers, des singes qui cavalcadent d'arbre en arbre et qu'il faut éviter de regarder dans les yeux car ils nous montrent les crocs en fronçant les sourcils et se préparent à nous attaquer, des pigeons et des perroquets au plumage vert printemps qui se nichent dans les meurtrières des palais, des vautours qui tournent très haut dans le ciel, au-dessus de tout ça, comme si les charognards dominaient, contrôlaient cette ville sainte. Il faudrait aussi revenir sur l'odeur d'excréments, sur les dauphins qui sautent au large dans le fleuve et les cadavres de vaches et de buffles qui y dérivent, sur les blanchisseurs – mes frères intouchables – qui lavent le linge dans cet égout à ciel ouvert puis l'étendent sur les berges composant une tapisserie multicolore. Et encore du rouge, du vert, du jaune, du blanc, du machin. C'est magnifique.

Sans doute.

Je ne développerai pas tout ça. Ce paysage ne me fascine pas. Pour moi, ce n'est plus un dépliant de cartes postales, c'est devenu mon univers. Ni beau, ni laid, ni exotique, et Bénarès remplace Paris dans ma tête.

J'ai grandi au pied de la butte Montmartre. Une de mes fenêtres s'ouvrait sur le Sacré-Cœur, l'arc de Triomphe et la tour Eiffel à la fois, mais je ne les remarquais plus. Aujourd'hui, je regarde le Gange sans le voir et je refuse de tricher, de faire rêver à bon marché en ajoutant de la couleur locale, un peu de brume et de pastel à mon récit.

Je m'offre une sieste de deux-trois heures sur une berge ombragée et puis je décide de me payer un thé. Je tape dans ma réserve. J'en ai marre de me priver et, désormais, je crois que je vais me cantonner dans le rôle d'un pèlerin intouchable. J'en ai assez de mendier.

Je m'installe sur le banc d'une buvette au bord du Gange. La théière en ébullition sur le réchaud à pétrole libère un arôme suave de cardamome. J'adore cette épice. Je commande un thé, et le patron, un petit maigre d'une cinquantaine d'années, me sert dans un pot de terre ; mais je m'en fous. Je ne veux pas ressasser pourquoi il ne m'a pas servi dans un verre comme l'autre client de la buvette. Il est mieux habillé que moi. En chemise et pantalon propres. Il a mon âge, peut-être quelques années de plus, le teint clair, le visage grêlé, un nez en bec d'aigle et des cheveux huilés, presque plaqués. Il a une tête à dire merde et merci à la fois, une tronche de rat qu'aurait la chiasse et il ne m'inspire aucune sympathie. Mais j'ai peut-être tort. Il se tourne vers moi et sourit. Puis il entame une discussion. D'où je viens ? Qui je suis ? Lui, il dirige une pharmacie près de Godhauliâ et il appartient à la caste commerçante des Agravâl. Il prétend être intéressé par les coutumes des aborigènes. Il veut que je lui en parle.

Je me méfie de son air fouineur. En plus, je ne suis plus un mendiant mais il me tutoie. Nous ne sommes pas des copains et nous n'avons pas élevé les cochons ensemble. C'est sûr, l'élevage porcin est exercé par les intouchables. Lui, c'est un Agravâl et moi un intouchable. Justement !

« T'es marié ? », il demande.

Je réponds « oui » parce que ça me semble plus simple.

« Elle est belle, ta femme ?

– Oui.

– Y a donc des femmes aborigènes qui sont belles ?

– Pourquoi pas ?… La mienne, elle me plaît.

– C'est vrai ?

– Oui.

– T'as des enfants ?

– Non. »

Il sirote une gorgée de thé, puis il lâche soudain en plissant ses yeux pétillants : « Tu baises pas ta femme ? »

Que répondre ? Je ne veux pas d'histoires et j'esquisse un geste évasif de la main pour lui faire comprendre que notre conversation me gêne. Mais il s'en moque.

« Écoute, c'est une chance de rencontrer un aborigène pour moi. J'voudrais te demander un truc (il se rapproche) : Vous, vous vivez comme des sauvages. C'est vrai que vous échangez vos femmes ? Que vous baisez librement ? Un peu comme les animaux. On m'a raconté que vous ne pensiez qu'à ça. A baiser et à boire.

– Je ne sais pas. Mais dans notre village, c'est pas ainsi. »

J'ai répondu en gardant mon calme, et je souris en pensant qu'il ignore vraiment tout des mœurs animales pour un pharmacien. Il persiste : « T'as pas plusieurs femmes, toi ?

– Non.

– T'aimerais en avoir plusieurs ? Dis la vérité !

– … Pas spécialement. Et vous ?

– Moi ?… Ça me plairait, si la loi le permettait. Et si j'étais assez riche pour les entretenir.

– Vous avez raison. Et j'pense comme vous. Exactement. Nous, les Mundâ, on est des hommes comme vous. »

J'ai prononcé ça sans réfléchir, comme on énonce une évidence, mais mon Agravâl fait la grimace :

« Arrête, arrête. Vous êtes pas civilisés. Vous vivez dans la jungle comme des bêtes. Vous êtes sales comme des porcs, vous mangez des racines et des grenouilles et vos femmes elles portent pas d'habits sur le torse. J'ai vu des photos. Vous avez moins de respect que nous pour les femmes. »

Il devient agressif et j'ai envie de lui clouer sa gueule de rat. Les statistiques prouvent que la société tribale indienne est plus égalitaire, plus harmonieuse. Comme dans les castes intouchables non aborigènes, les femmes jouissent d'un statut plus élevé. Leur mortalité infantile, plus faible, se traduit par un rapport entre les sexes moins défavorable et leur participation à la vie économique est plus grande. Je donne des chiffres : le rapport des sexes s'élève à 98 femmes pour 100 hommes chez les aborigènes, 93,5 chez les autres intouchables et 92,5 dans la population générale – moins les intouchables. Ces chiffres confirment l'idée que les bébés femelles subissent une discrimination, sont moins nourris et moins soignés dans les castes supérieures où les filles coûtent cher en dot. Je rappelle que, dans les pays développés, les femmes sont plus nombreuses que les hommes. Par ses aspects égalitaires et humains, cette société intouchable, où les femmes exercent souvent une activité professionnelle, se rapproche plus d'une société moderne, civilisée, au sens du XXe siècle, que le reste de la société hindoue.

Je n'ose pas lui déballer ces vérités car ça provoquerait une querelle et il se demanderait comment un misérable intouchable comme moi peut les connaître.

Je soupire en finissant mon thé :

« Je vais partir…

– J't'ai vexé ? Parce que j'ai critiqué les aborigènes. Mais c'est vrai ce que j'raconte, non ? Non ?

– Peut-être… »

Je ne veux pas l'énerver. Je me lève et je paie mon thé.

« Reste encore un peu (je me rassieds). Y faut pas m'en vouloir. Moi j'répète juste ce que tout le monde pense. D'accord ? Ça va ?

– Oui.

– Écoute… Toi, quand tu baises, tu peux tenir combien de temps ? Et ta femme, elle te la prend dans sa bouche ? »

Quoi ?

Je sais que les Indiens se passionnent pour les histoires de cul, mais nous ne nous connaissons pas et cet interrogatoire me surprend dans la bouche d'un pharmacien, un commerçant intellectuel en quelque sorte. Ce type se conduit comme s'il n'éprouvait aucun respect pour moi, comme si ça lui importait peu d'exprimer ses curiosités intimes devant moi, un pourceau à ses yeux d'Agravâl. Il ne s'en rend pas compte, mais il ne se respecte pas lui-même pour révéler en public l'obscénité de sa nature profonde, il agit comme un animal, sans sens moral. Je réfléchis et j'ignore sa seconde question car il voudra peut-être ensuite savoir si j'ai la bite taillée en cure-dent, etc. Je ne m'en débarrasserai jamais. A la première question, je choisis de répondre la vérité, tout du moins quelque chose qui soit vraisemblable. Je veux le satisfaire et clore cette discussion sans embrouille. Je dis :

« Quarante minutes.

– Quarante minutes ? Impossible ! Au-delà de cinq minutes, t'aurais mal à la bite.

– Moi, je tiens quarante minutes. Maintenant, je pars. »

Il reste bouche bée et je me lève. Je suis sorti de la buvette quand il réagit et crie avec un visage inquiet :

« Quarante minutes. Impossible ! C'est anatomique. Tu mens ! »

Je le laisse couiner, je n'ai jamais fait l'amour pour gagner un concours contre lui et je réalise que ce rat chiasseux doit être aussi un éjaculateur précoce. Ça ne me rend pas heureux. Je me rappelle tous les articles que j'ai lus sur la sexualité misérable des Indiens. Impuissance, frigidité, brutalité dans les rapports, absence d'intimité, mariages arrangés. Il est vrai que dans la peau de Râm Mundâ je n'éprouve pas de désirs sexuels. Bien sûr, c'est plus facile de vivre ainsi. Je n'ai pas à assouvir la bouffée de chaleur qui descendait de ma tête au moins une fois par jour et me tiraillait l'entrecuisse. Je me demande de quoi relève mon état actuel. Je ne prends aucun sédatif. Cela vient peut-être de ma fatigue, du manque de sommeil et de ma nourriture médiocre. Tous les jours « purée de lentilles et pain » ou « bouillie de riz et de lentilles » ; pas de vitamines. En palpant mon ventre, je ne sens plus mon bourrelet de graisse à hauteur du nombril et je réalise que j'ai dû encore maigrir de un ou deux kilos. Peut-être davantage. Cela étouffe sans doute ma libido.

Je tire un trait sur ma vie sexuelle et je m'allume une *biri*. Elle a bon goût et je la grille en marchant vers Godhauliâ. Me promener. Me changer les idées.

C'est raté. Impossible d'oublier le castéisme omniprésent. Le soleil commence à mordre l'horizon, mais la foule habituelle du soir ne squatte pas Godhauliâ et la moitié des boutiques sont fermées. Les étudiants de hautes castes qui s'opposent aux quotas d'embauche dans l'Administration pour les classes arriérées ont lancé un mot d'ordre de grève aujourd'hui, et de nombreux commerçants, par peur de représailles, ont baissé leurs rideaux depuis midi. J'apprends ça en achetant une chique de bétel dans une échoppe aux volets entrouverts. Je n'aime pas constater la puissance de ces étudiants ségrégationnistes et je retourne au bord du Gange savourer mon *pân*. Oublier la société humaine. L'Inde rend misanthrope.

Le *pân* est un excellent coupe-faim pour les pauvres. Il fait saliver et endort l'estomac. Cela constituera mon dîner pour une petite demi-roupie. Je m'assieds en amont de Dashâshvamedh sur le *ghât* de Râjâ. L'escalier descend depuis un immense palais de pierre rouge dans le fleuve émeraude. L'endroit est majestueux, tranquille, et offre une vision panoramique de Bénarès. Un paysage en technicolor avec des centaines de temples et de palais à perte de vue, avec ces longues barques que des rameurs professionnels font glisser en cadence sur les eaux sacrées. Je me croirais dans un film hollywoodien, au bord du Nil du temps des pharaons.

Vrai. Le crépuscule chasse le jour et, au pied des marches, des prêtres préparent leur offrande du soir à Mère Gange, et ce spectacle me transporte dans l'Antiquité. Rites primitifs. Et ridicules car aussi compliqués qu'inutiles.

Je résume la scène car elle dure une heure. Cinq rangs de vingt soucoupes en terre sont alignés au bord du Gange. Elles sont remplies de beurre fondu – substance purificatrice de la vache et non source de cholestérol –, et une mèche y trempe. Un prêtre d'une trentaine d'années au teint clair et en pyjama jaune les enflamme. Deux gamins l'aident. C'est fastidieux. A côté, un autre brahmane, de dix ans plus âgé et vêtu de blanc, s'occupe d'allumer un candélabre conique constitué d'une centaine de petits bougeoirs en cuivre. Les bougeoirs, eux aussi, sont pleins de beurre fondu et, en brûlant, ça dégage l'odeur suave de la cuisine normande. Ce prêtre saisit le candélabre dans sa main droite et il décrit des cercles lumineux dans la nuit. Son autre main agite une clochette et, près de lui, un vieux souffle dans une conque, mais il s'y prend mal et ne produit un son qu'une expiration sur deux. Le candélabre danse dans l'air jusqu'à ce que tout le beurre soit consommé et que les lumières s'éteignent. Cela prend une dizaine de minutes, une éternité pour une valse de candélabre. Ensuite, les gamins posent leurs soucoupes allumées sur l'eau et le Gange les emporte. Les cent lumières ondulent sur le liquide noir. C'est assez beau et j'entends le prêtre en blanc expliquer à des étrangers que cette cérémonie est dédiée au Gange.

Voilà. Elle dure une heure avec les incantations et les gestes sacrés. Ne me demandez pas de l'expliquer. Je n'y comprends rien et je ne m'y intéresse pas.

26 novembre.

Il y a bien eu une rafle hier. Un type qui attend avec moi devant le temple Vishvanâth du *ghât* Mir me le confirme.

Ce matin, en remontant du Gange, j'ai remarqué qu'il y avait moitié moins de mendiants que d'habitude et je n'ai pas aperçu les visages de ceux qui travaillaient près de moi. Même la vieille chic et le vieux qui quête en haut de la rampe et des deux côtés n'étaient pas présents. Où sont-ils ? Comme je ne connaissais personne, je n'ai pas osé me renseigner et j'ai continué ma route vers le temple du Bâbâ Khichari. Mais il ne servait pas de repas gratuits aujourd'hui, alors j'ai cherché le temple du *ghât* Mir pour manger. Il se trouve dans la ruelle du même nom, à trois minutes à pied au cœur du labyrinthe de la vieille ville. Cette ruelle mesure un mètre cinquante de large et descend vers le Gange en passant sous un énorme *pipal* penché en travers ; cette espèce d'arbre est sanctifiée par les hindous – une chose sacrée de plus ! J'ai juste demandé une fois mon chemin à un des innombrables marchands de yaourts de bufflonne du quartier. J'ai tout de suite reconnu le temple à cause de la dizaine de loqueteux assis devant sa façade blanche et droite, sans caractère. Je les ai rejoints.

Le type qui me confirme la rafle a mon âge, un visage poussiéreux, plus une barbe clairsemée au menton. Il porte une chemise et un lungi verts, à gros carreaux et troués. Il m'a demandé qui j'étais et je lui ai raconté que Râm Mundâ faisait un pèlerinage et se trouvait sans ressources car il venait d'arrêter de mendier. Il dit :

« T'as bien fait car hier la police a raflé une cinquantaine de mendiants en divers lieux touristiques.

– T'es sûr ?

– Oui. Ce matin, il paraît que c'était même écrit dans les journaux.

– Les flics font quoi aux mendiants qu'ils raflent ?

– Ils te gardent un jour ou deux dans un refuge pour mendiants et, après, tu t'en vas et tu reviens mendier. »

Que risque-t-on vraiment à mendier ? Un an de prison ou quelques jours de refuge ? Cela dépend peut-être des cas et je me répète que, dans ma situation, j'ai été rudement bien inspiré de cesser de faire la manche.

Mon voisin vient du centre de l'Uttar Pradesh mais il traîne dans cette ville depuis dix ans et semble la connaître comme sa poche. C'est un vagabond. Il ne mendie pas. C'est trop éreintant. Et humiliant.

« Et puis, ça sert à rien, ajoute-t-il. A Bénarès, tu trouveras toujours un endroit qui offre de la nourriture aux pauvres. Ici, ou à Godhauliâ, ou dans l'auberge mârvari* d'Assi, ou encore sur les *ghât* d'Assi, de Dashâshvamedh et ailleurs. Faut pas t'inquiéter. Faut pas manquer de confiance dans l'avenir. Dieu nous protège. »

Je le trouve sympa et j'ai envie de griller une *biri* avec lui. Je nous en donne chacun une. Il est content. Moi aussi. Il raconte que la bouffe est servie vers midi dans la ruelle. Tous les jours sans faute. Du *khichari*, de la bouillie de riz et de lentilles. Nous avons environ une heure à patienter et je remarque un défilé de types sales comme nous qui pénètrent régulièrement dans le temple.

« Eux aussi, ils viennent manger, explique mon camarade.

– Pourquoi, nous, on attend dehors ?

– Eux, c'est des brahmanes. Ils ont le droit d'entrer. Ils sont une cinquantaine à l'intérieur et sont servis en premier. A nous, on donne ce qui reste.

– C'est pas vrai ? »

Je reste incrédule. Cette ségrégation signifierait qu'aujourd'hui encore, dans les grandes villes, des organisations pratiquent ouvertement le castéisme, au mépris de la loi. Des organisations charitables en plus !

« Si, confirme-t-il d'une voix triste et étouffée. Nous sommes trop impurs pour être traités à égalité.

* Cf. le Mârvar, région du nord-ouest de l'Inde. Les gens originaires du Mârvar sont réputés avoir le sens des affaires.

– Quelle est ta caste ?

– T'as pas compris ? J'suis comme toi.

– T'es pas aborigène.

– J'suis un enfant de Dieu. J'suis cordonnier.

– T'as jamais essayé de manger à l'intérieur ? Avec les brahmanes ?

– Non. Bien sûr. Je ne veux pas me faire frapper. »

Une cloche sonne dans le temple et je devine que cette musique annonce que la nourriture est prête car des sourires et des soupirs animent les visages de mes voisins.

« Pas trop tôt ! je lance à mon camarade. T'as faim ?

– T'excite pas, c'est le service pour les brahmanes. T'as quelque chose pour manger ? Une gamelle ?

– Non. Ils nous donnent pas de feuilles pour manger ?

– Non. On en donne juste aux brahmanes. Tu t'feras servir dans ton foulard. Comme moi. Ça ira. »

Oui. Je serai nourri sans couverts. Comme une bête.

Un quart d'heure plus tard, un homme d'une quarantaine d'années en chemise-pantalon sort du temple avec un seau en fer-blanc rempli de bouillie. Notre dizaine de gueux se ruent autour de lui et je me sens soudain comme une volaille dans un poulailler à l'heure de la distribution de grains. C'est exactement pareil. Le type nous partage son seau et nous engueule de le serrer de trop près. Il nous verse à chacun une grosse louche dans une gamelle, dans notre foulard, dans un vieux sac plastique ou pour les plus démunis dans leur T-shirt qu'ils tirent en avant.

Je serre ma dose contre moi et je sors de la mêlée. Deux poignées de bouillie, c'est peu. Et c'est brûlant, et puis du jus coule à travers les fibres de mon tissu. Mon camarade dit :

« Viens ! Allons manger dans un coin tranquille. »

Je le suis. Nous nous installons au bord du Gange et nous déjeunons. Cette bouillie est infecte. Trop cuite et pas assez épicée. Et puis nos portions étaient si réduites, j'ai encore faim. Je décide de retourner à Dashâshvamedh. Je connais une fontaine fraîche qui distribue de l'eau si douce qu'elle semble sucrée. C'est exactement ce qu'il faut pour me calmer. Après un mois dans la peau d'un Indien, je savoure le goût des différentes eaux de la ville. L'eau est devenue le liquide le plus gouleyant dans ma bouche sevrée de plaisirs. Le plus exquis. Tel un nectar. Je m'en remplirai l'estomac par gourmandise et je ferai une sieste dans un coin du *ghât*.

Tuer le temps. A l'ombre.

« D'accord », approuve mon camarade.

Je ne comptais pas sur sa présence mais puisqu'il propose de m'accompagner, pourquoi pas ? Je l'appelle toujours mon camarade car j'ignore son nom. Nous n'en avons pas parlé. Il est vrai que ça ne changerait rien qu'il s'appelle Gopâl ou Ravi. D'ailleurs, nous discutons peu, nous nous tenons juste compagnie. Être moins seuls dans ce monde hostile.

Nous faisons une bonne sieste en grillant de temps à autre une *biri* et, en fin d'après-midi, nous sommes tirés de notre ennui par des cris venus de la station de police installée sous un auvent en haut du *ghât* Dashâshvamedh.

Une vingtaine de badauds se penchent déjà au-dessus de la balustrade qui jouxte le poste. Le spectacle a l'air intéressant car ils se poussent les uns les autres pour se tenir au premier rang. Nous les rejoignons au pas de course.

La castagne. Encore. Toujours.

Sous nos yeux, un flic balance de grandes baffes à un type. Il le traite de voleur et de *bosharivâlâ*, c'est-à-dire d'enculé. Le voleur est un jeune homme bien habillé en chemise-pantalon propres. Il n'a ni l'air d'un voyou ni d'un va-nu-pieds, mais le flic lui assène la trempe et les injures usuelles. Soudain, le flic aperçoit son complice. Il sort en courant sur le *ghât* et il lui ordonne de présenter « sa gueule d'enculé ». Le flic ne descend pas lui courir après. Sûr de son pouvoir, il le siffle comme un chien, et le chien, le dos courbé, grimpe l'escalier et le rejoint sous l'auvent pour déguster des torgnoles et se faire baptiser de noms amusants.

Sauf pour lui.

Je résume. Les deux voleurs sont agenouillés devant le méchant chien kaki qui les dérouille et, nous, les cabots spectateurs, nous regardons. Je demande à mon camarade ce qu'il pense de la scène, mais il n'a pas le temps de répondre. Le chien kaki a remarqué la présence du public. Il saisit un bâton et déboule face à nous en hurlant :

« Bande d'enculés. Dégagez ! Sinon j'vous frappe. »

Croyez-moi, tout le monde file sans demander d'explication. Nous savons que le flic veut nous rosser.

Et pourtant nous ne sommes pas des criminels. Dans tous les pays, sur chaque continent que j'ai visité, les badauds s'attroupent quand un flic fait du grabuge ou qu'il se produit un accident. C'est normal. Sans doute est-ce la curiosité et le plaisir malsain de voir la souffrance, la violence. D'habitude, les flics se débarrassent de la foule des voyeurs en disant : « Circulez, y a rien à voir ! » Ce qui est faux, bien sûr, puisqu'il se passe un tas de choses passionnantes. En Inde, les flics ne s'encombrent pas de tels mensonges polis, ils aboient : « Enculés ! Enculés ! J'vais vous battre. »

Je me demande bien ce qu'il reste de Gandhi, à part des noms de rues et des portraits poussiéreux dans des écoles, des commissariats et des temples. Son message n'est pas vivant. C'est peut-être parce que les Indiens sont si violents que Gandhi insista tant pour faire de la non-violence un système de vie et de lutte. Les Indiens n'ont pas accepté cet idéal ni la disparition de l'intouchabilité. Identifier Gandhi à l'Inde produit une image inversée de ce pays. Mon camarade soupire :

« Les deux types que le flic frappe, je les connais. C'est des enfants de Dieu. Comme nous. Si c'étaient des brahmanes ou des Rajpoutes, il oserait pas. Salaud !

– Que faire ?

– Rien. Rien du tout, répond-il. T'as vu, dans l'État du Haryânâ, un flic a castré un enfant de Dieu. Quelle saloperie !... Vaut mieux ne pas y penser sinon t'as plus la force de vivre. Tu viens, on va se balader vers Assi ?

– Non. J'préfère traîner ici.

– Comme tu veux. »

Et il disparaît. Ainsi, sans insister. Notre amitié est finie. Je reste seul, je ne désirais pas marcher deux kilomètres jusqu'à Assi, je n'avais envie de rien. Je m'assieds sur une marche au bord du fleuve et je repense à cette histoire de castration. J'ai lu plusieurs articles de presse à son sujet. A en frissonner d'horreur.

Bishambar, vingt-trois ans, un intouchable de Bhatsana, un village à une soixantaine de kilomètres de Delhi, a été castré il y a un mois et demi dans la station de police locale. Il avait été accusé de vol de fils de cuivre le 7 octobre et mis en garde à vue. Trois jours plus tard, il était admis à l'hôpital du chef-lieu Rewari avec une incision de 17,5 centimètres de long et 1,5 centimètre de profondeur entre les testicules. Au commissariat, Bishambar avait d'abord été fouetté avec une chambre à air. Puis on l'avait torturé en faisant rouler un rondin sur ses jambes. Comme sa famille refusait de payer vingt mille roupies de pots-de-vin pour sa libération et exigeait sa présentation devant un juge, Maghan Singh, le sous-inspecteur en charge de Bishambar, lui avait botté de rage les couilles et il s'était évanoui. Ensuite, les flics, pris de panique, essayèrent de camoufler la bavure en lui incisant les testicules pour imiter une tentative de suicide avant de le conduire à l'hôpital. Les docteurs réfutèrent tout de suite la thèse de l'autocastration. Ils expliquèrent qu'une auto-incision aussi longue du scrotum est impossible à réaliser car elle provoquerait un état de choc immédiat. Pourtant le gouvernement ne reconnut la responsabilité de la police que lorsque la presse et des politiciens de la basse caste des laitiers s'emparèrent de l'affaire, par sympathie pour Bishambar.

Il ne pourra jamais avoir d'enfant avec sa jeune femme de dix-neuf ans. Certes, quelques flics seront punis*, mais tout le monde sait que cet exemple ne freinera pas les brutalités policières. Le mal est trop généralisé. Surtout envers les intouchables. Meurtres, viols, sodomies, tortures.

Imaginez. C'est comme dans l'Antiquité, un rondin roule sur vos jambes et les écrase. Petit à petit. Puis le bourreau vous fouette et il vous charcute l'entrecuisse avec un rasoir. Nous sommes loin des bavures policières occidentales, des balles perdues.

Pour la première fois depuis quatorze ans, une délégation d'Amnesty International vient d'effectuer un voyage en Inde. Cela va-t-il changer quelque chose ? Le gouvernement indien a accepté de renouer le dialogue avec l'organisation de défense des droits de l'homme. Elle désire notamment enquêter sur la torture en Inde et

* J'apprendrai ensuite que Maghan Singh a été suspendu pour « manquement au devoir » et le gouvernement a accordé à Bishambar cinquante mille roupies (dix mille francs) d'indemnités.

quatre centaines de décès survenus en prison. Bravo ! J'applaudis, mais le problème des droits de l'homme se situe ailleurs. Ce n'est ni un peu plus de démocratie, ni une meilleure éthique policière qui le résoudront. Il faut remonter à la source. L'absence de droits de l'homme naît du castéisme et donc de l'hindouisme. Un système social d'hommes et de sous-hommes qui empoisonne l'Inde sous couverture de la religion, de Dieu. Les Occidentaux n'y voient que du feu. Ils combattent à juste titre le racisme et l'antisémitisme dans le monde, mais ils posent un regard indulgent sur le castéisme et considèrent qu'il appartient au patrimoine culturel indien, tel le Tâj Mahal. Le castéisme ne les scandalise pas, c'est lointain et je pense aussi que leur bienveillance naît de l'admiration qu'ils portent à la civilisation brahmanique et du dégoût que leur inspirent les balayeurs et autres intouchables confondus pêle-mêle avec les mendiants et les lépreux pour qui ils n'envisagent qu'une charité dédaigneuse. Ils oublient que les étrangers eux-mêmes sont des intouchables et n'ont rien en commun avec les brahmanes ou les Rajpoutes qui les fascinent tant.

Cette excuse culturelle du castéisme m'horripile. On pourrait pardonner de même l'antisémitisme en racontant que ça fait partie du patrimoine européen. On peut toujours tout justifier.

Cela suffit !

Je n'ai plus peur des mots. Le castéisme est un système ségrégationniste, tout comme l'apartheid en Afrique du Sud. Aussi ignoble, aussi condamnable. On est balayeur et laitier en Inde comme on est noir et métis en Afrique du Sud. C'est de naissance et cela colle à la peau jusqu'à la mort. Comme les pigments. Je le répète : la caste est indélébile. Sans espoir d'ascension sociale. Chacun dans son ghetto, avec des droits et des devoirs différents. La violence indienne se ramène à des discriminations de castes, ou de religions* – ce qui revient au même, au cloisonnement intolérant de la société –, et les humanistes occidentaux doivent désavouer l'hindouisme et non point tel ou tel abus policier.

L'expression « droits de l'homme » n'a aucun sens en Inde.

* En Inde, les nouvelles fois égalitaires telles que l'islam, le sikhisme et le christianisme, perpétuent d'ailleurs un système de castes, plus ou moins atténué. Le castéisme est une institution panindienne, il appartient au fond commun hindou du sous-continent.

C'est un concept moral fondé sur le respect mutuel entre les citoyens, un concept égalitaire impossible à greffer sur la société hiérarchique hindoue.

Mon existence d'intouchable est trop pénible. Je pourrais me la couler douce en France. Vivre dans un appartement, conduire une voiture, manger de la viande et des fruits, boire du vin, prendre un bain chaud. Je pourrais m'offrir ça tous les jours. Mais le bord du Gange est devenu ma maison, la bouillie de riz et de lentilles mon régime, et je suis traité partout comme un chien. Je ne peux me satisfaire de cette existence. En y réfléchissant, je crois que je n'ai pas réussi à me sentir cent pour cent indien. Cette vie reste une souffrance intolérable pour moi. Mais l'Indien ordinaire, lui, il la juge acceptable. Moi, à l'opposé, je me demande sans cesse si une telle existence vaut la peine d'être vécue.

Je ne me sens pas citoyen de l'Inde, mais je me demande si les Indiens se définissent eux-mêmes en termes laïques de citoyenneté, de nationalité. Je n'en ai pas encore eu l'impression. Ils appartiennent à une caste, à une religion, à une région ; l'indianité, c'est peut-être ça. En Chine, je me considérais comme citoyen de la République populaire de Chine. En Inde, c'est sans doute normal pour un Indien de ne pas se voir comme un membre de l'Union indienne. Moi, je me sens intouchable. Indien, je ne sais pas. Mais intouchable, oui. J'éprouve les mêmes frustrations, les mêmes humiliations que mon frère Râjâ Râm, le balayeur *dom*. Je sens mon intouchabilité au plus profond de ma chair. Et même si je redeviens un jour Marc Boulet, je sais que je resterai un intouchable en tant qu'étranger. Je ne pourrai oublier cette métamorphose ni comment les Indiens considèrent les êtres impurs.

Je m'ennuie au bord du Gange et mon désespoir touche le fond. La boucle semble bouclée. Je ne peux plus mendier et je n'ai rien d'autre à faire. Sauf compter les vagues à la surface du fleuve et regarder les flics cogner sur un intouchable. Je me dis que je devrais rentrer ce soir à la maison. Je verrais ma femme, je ferais le point sur cette expérience, j'en profiterais pour me teindre la peau et puis, demain soir, je replongerais avec des idées neuves.

Oui. C'est une bonne idée. Je vais faire ça.

27 novembre.

A la maison.

Bronzage, teinture au nitrate d'argent et lecture de la presse parue pendant mon absence.

Chaque jour, les quotidiens ont titré sur Ayodhyâ.

Ayodhyâ est un bourg situé dans l'Uttar Pradesh à deux cents kilomètres de Bénarès. Le dieu Râm y serait né. En 1528, sur son lieu de naissance, des envahisseurs musulmans auraient construit une mosquée après y avoir détruit un temple hindou. Voilà le point de départ de l'affaire de la mosquée Babri. Elle passionne l'Inde entière. En 1990, elle a entraîné des émeutes meurtrières et la chute du Premier ministre indien. Je le dis tout de suite, c'est un sac de nœuds.

Sous les Britanniques, la mosquée Babri était déjà revendiquée par les hindous et, après l'Indépendance, dans la nuit du 22 au 23 décembre 1949, des idoles de Râm et de ses apôtres y apparurent « miraculeusement ». Elle fut aussitôt fermée pour éviter des émeutes entre hindous et musulmans, mais en 1986, un juge ordonna son ouverture aux hindous pour leur permettre d'y vénérer leurs idoles. Depuis, des hindous ne pensent qu'à la démolir pour installer les figurines divines dans un gigantesque temple de Râm digne de son lieu de naissance. Les musulmans hurlent au sacrilège et ont constitué un comité de protection de la mosquée Babri. La Terre compte cinq cent dix millions de kilomètres carrés mais le lieu de naissance de Râm correspond, comme un fait exprès, aux trois cents mètres carrés qu'occupe la salle de prière de cette petite mosquée. Selon le haut clergé hindou, la construction du temple de Râm à côté de la mosquée est inconcevable car les idoles ne peuvent être déplacées du pouce carré où Râm a pris sa forme humaine. S'il n'avait mis l'Inde à feu et à sang à l'automne 1990, ce délire brahmanique me ferait rire car Râm est un personnage mythique qui a donc eu une naissance mythique, qui de plus se serait produite trois mille ans avant notre ère et, peut-être, sur le territoire de l'Ayodhyâ actuel. Seulement peut-être… Mais l'avenir de la mosquée Babri est devenu une affaire nationale, plus importante que l'édification économique du pays. Le BJP, le parti hindouiste d'extrême droite, intègre dans son programme politique la construction du temple de Râm. Sa percée aux dernières élections générales, en 1991, prouve où se porte l'intérêt des Indiens.

Dans un premier temps, les extrémistes hindous ont décidé de niveler le terrain autour de la mosquée et de jeter les fondations extérieures du futur temple de Râm dont la structure géante débordera largement de l'enceinte de la mosquée. Ils ont, à plusieurs reprises, démarré ces travaux mais la justice les a toujours interrompus pour protéger la mosquée et calmer l'antagonisme hindou-musulman.

Le prochain coup de pioche est prévu le 6 décembre, dans une semaine, et cette fois les organisations hindoues jurent qu'elles iront jusqu'au bout. « Nulle force humaine ne pourra nous stopper », répètent leurs leaders. « La justice des hommes doit obéir à la volonté de Dieu et non l'inverse. »

La situation politique est très tendue car ces organisations sont soutenues par le BJP qui dirige le gouvernement local de l'Uttar Pradesh, et donc la police. Le pouvoir fédéral à Delhi – entre les mains du parti modéré du Congrès – menace de le destituer s'il ne promet pas de faire respecter la loi et la Constitution à Ayodhyâ ce 6 décembre. Il doit donner des gages à la Cour suprême qu'il interdira les travaux de construction si ses sympathisants n'y renoncent pas d'eux-mêmes.

Les journaux d'hier et d'aujourd'hui parlent d'une situation de guerre civile autour d'Ayodhyâ avec l'envoi de dix mille flics fédéraux, genre CRS, prêts à intervenir si le gouvernement local ne remplit pas ses devoirs. Une grave crise constitutionnelle et des émeutes sanglantes risquent d'éclater ce week-end à cause de Râm. Je porte son nom, et soudain je me dis que ce serait une bonne idée d'aller faire un tour sur son lieu de naissance, à Ayodhyâ, dans la peau d'un intouchable, de renifler le castéisme dans cette ville sainte, si contrôlée par les brahmanes qu'il y a trente-quarante ans, racontait mon professeur d'hindi, Râm Singh, quand il rendait visite à sa tante, l'ail*, les oignons*, la viande et l'alcool étaient interdits à la vente. Je pourrais me mélanger aux milliers de fanatiques qui accourent des quatre coins de l'Inde pour édifier le

* Légumes impurs selon l'idéologie brahmanique.

temple de Râm. Cinquante mille volontaires différents participeront chaque jour à ce chantier sacré selon les prévisions des organisateurs.

Oui, ce sera un sacré chantier. Ma femme me suggère d'emporter dans mon sac un flacon opaque de nitrate d'argent pour corriger ma teinture si nécessaire, et aussi des habits décents de rechange au cas où des émeutes éclateraient pendant mon séjour à Ayodhyâ. En arrivant en Inde, je me suis acheté un pantalon et une chemise synthétiques caca d'oie, au goût chic indien. Roulés en deux petites boules, ils ne chargeront pas mon sac. Je les enfilerai à la place de mes hardes de mendiant si du grabuge se produit. J'ai plus de chances de sauver ma peau si je suis bien vêtu.

Du moins, Gloire le pense. A la lecture de la presse, elle a peur pour moi et j'avoue qu'elle a raison. Moi, c'est curieux, je ne m'inquiète pas trop. L'idée de bouger m'excite.

C'est décidé. Je quitte la maison en milieu de soirée. Je retourne à pied à Dashâshvamedh et je m'y couche sur une estrade. Demain, je me renseignerai sur les trains pour Ayodhyâ et j'y partirai.

28 novembre.

Ce matin, le temple du Bâbâ Khichari prépare la traditionnelle bouillie de riz et de lentilles du samedi. J'y mange, puis je file à la gare.

L'express Calcutta-Jammu Tawi (au Cachemire) passe par Ayodhyâ au cours de son trajet de deux mille kilomètres. Il s'arrête à Bénarès à deux heures du matin et arrive vers cinq heures à Ayodhyâ. Pour moi, c'est parfait, car je n'aime pas débarquer le soir dans des villes inconnues et je préfère attendre tranquillement ce train une demi-journée à Bénarès.

Je retourne à Dashâshvamedh. Je flâne et je dors sur les bords du Gange jusqu'à vingt-trois heures. Rien de spécial. Sauf, en soirée, un orchestre de musique pop a installé son podium au milieu de la rue Dashâshvamedh. Une tonnelle de tubes fluo et d'ampoules vertes y conduit : c'est assez beau et deux cents badauds écoutent les huit musiciens qui n'en finissent pas de régler leurs instruments.

J'arrive à la gare vers minuit trente et j'achète mon billet pour Ayodhyâ. Cela me prend une demi-heure car des types bien vêtus doublent sans arrêt notre queue d'une dizaine de voyageurs. Ils ont des allures de richards, de membres de hautes castes aussi, et ne font pas la queue – réservée aux pauvres. Ces resquilleurs pensent sans doute qu'ils sont trop supérieurs pour poireauter parmi nous. Un musulman devant moi, en pyjama auréolé de gras, avec une calotte blanche sur le crâne et une barbe de bouc, ose rouspéter une fois. En vain. Le guichetier sert le riche resquilleur qui nous lance, comme si nous exagérions :

« Vous inquiétez pas, j'achète juste un billet, après ce sera à vous ! »

Le musulman n'insiste pas. Nous, les pauvres, nous connaissons bien nos droits : faire la queue en silence. Sinon, cela peut déclencher une dispute, peut-être une bagarre, et si un chien kaki pointe son museau, il approuvera le richard qui trouvera une excuse pour justifier son attitude. Et nous aurons tort. Autant s'écraser. Je me le répète car j'aurais bien envie de faire bouffer à ces richards les bagouses en or qu'ils exhibent à leurs doigts boudinés.

Mais je baisse la tête et, mon billet en poche, je dégage sur le quai numéro trois. Je m'allonge et j'attends le train. La vieille folle qui s'est fait botter la figure, il y a deux semaines, est blottie au bas de l'escalier de la passerelle. Elle chante des trucs incompréhensibles et porte les mêmes haillons. Elle n'a pas changé. Cela fait plus d'un mois que je me suis métamorphosé en Indien mais cela me semble une année, et la présence de cette vieille donne l'illusion que ce monde est immuable, éternel, comme s'il ne pouvait plus m'étonner, comme s'il constituait mon univers. Je m'y sens à ma place et je n'imagine pas appartenir à celui des étrangers. J'essaie de penser à ma vraie famille en France et en Chine. Ce sont des étrangers, je le sais, ils vivent en Europe et au-delà de l'Himalaya, et ma mémoire ne les représente que comme des êtres virtuels, un peu comme des héros de romans. Je ne les ai pas oubliés et mon amour n'a pas diminué, je crois, mais leurs personnages n'entrent pas dans le décor indien. Je me sens à des années-lumière d'eux, totalement déconnecté, comme s'ils étaient devenus des extraterrestres. J'essaie au moins de mettre un visage précis sur le souvenir de ma mère et de mon père et je n'y réussis pas.

C'est effrayant.

En ce moment, ils doivent passer le week-end à la campagne. Ils vivent une existence de riches et ce sont mes parents. Je m'assoupis avec cette vérité incroyable en tête et je me réveille à deux heures. Les haut-parleurs de la gare annoncent que mon train aura une heure de retard.

Zut !

Ce retard est ordinaire et je n'ai aucun rendez-vous à Ayodhyâ, mais ce délai signifie que le début de mon aventure est repoussé. Cela m'énerve. Un voyage, c'est toujours une nouvelle vie qui vous attend ailleurs, ça m'excite, et le départ, c'est ce que je préfère dans un voyage.

Quand mon train entre en gare vers trois heures, des centaines de voyageurs se bousculent pour y grimper. Une brusque explosion d'énergie au cœur de la nuit. Cet express est bondé et personne ne veut rester à quai. Des militaires descendent avec des cantines en fer du wagon garé devant moi et, en sens contraire, une vingtaine de personnes poussent pour se faufiler à l'intérieur. J'en fais partie car je veux absolument prendre ce train. Et ça pousse, pousse. J'ai appris en Chine que, dans la cohue, quand ça commence à bousculer, il ne faut pas hésiter à répondre et s'appuyer sur la foule, pour voler, être porté en l'air, par-dessus, et non écrasé sous la vague humaine. Je me trouve finalement propulsé dans le wagon.

C'est déjà un point.

Je déchante aussitôt. Toutes les banquettes sont occupées au double de leur capacité, des types sont perchés sur les porte-bagages, et chaque mètre carré de sol est squatté par des bagages et d'autres types. Une majorité de militaires. Je me tiens juste sur le pied droit en équilibre, je n'ai pas la place de poser le gauche. Je me demande comment je tiendrai si je dois faire les trois heures de trajet sur un pied ?

Je m'inquiète, je ne me plains pas. J'ai déjà de la chance d'être dans le train car une dizaine de voyageurs essaient toujours de grimper dans notre voiture. Un civil baraqué, debout contre moi, me jette avec un regard méchant :

« Qui es-tu ? Qu'est-ce qu'tu fous là ? TOI ! »

Il insiste sur le « toi » avec un ton méprisant et je remarque que les voyageurs de ce compartiment sont en uniforme ou en chemise-pantalon propres. Je suis le seul en lungi. Le baraqué répète sa question et je dis, hésitant :

« J'vais à Ayodhyâ...

– Qu'est-ce qu'ça peut me foutre ! T'es pas militaire. Ce wagon est réservé aux militaires. Descends ! »

Les autres voyageurs me fusillent du regard et je file sans poser de question, en sautant par-dessus des têtes et des valises. Me revoilà sur le quai et, en plus, le wagon voisin est destiné aux bagages. J'ai peur que le train démarre. Je cours, je fonce, affolé comme quelqu'un qui a la colique. Avec mes tongs et ma jupe-lungi, ce n'est pas évident. Ouf ! La porte du wagon suivant est ouverte et je saute à l'intérieur.

J'y suis.

Il y a du monde mais moins que chez les militaires. Les wagons indiens de seconde classe sont divisés en compartiments qui ne sont pas séparés du couloir par une porte et offrent une vue d'ensemble quand on y pénètre. Aucune intimité pendant des milliers de kilomètres. Cette voiture sent aussi moins l'homme, les pieds et la sueur. Des personnes voyagent debout, d'autres sont juchées sur les porte-bagages ou assises par terre, mais je peux me tenir sur mes deux pieds et même circuler dans le couloir. Il semble y avoir moins de monde à l'arrière. Une fois là-bas, je comprends pourquoi ce compartiment reste à moitié vide. Cinq chiens kaki s'en servent de niche.

Un de ces chiens est couché sur chacune des deux banquettes censées accueillir trois voyageurs et où se serrent dans les autres compartiments cinq ou six personnes. Deux autres chiens se vautrent dans les porte-bagages et le dernier pose son tronc et ses pieds sur les deux petits sièges du couloir avec un fusil entre les cuisses. Il a posé ses mains sur le canon, il s'en sert d'appuie-tête et ronfle comme ses collègues. Personne n'ose les déranger et ce n'est pas moi qui leur expliquerai qu'un siège n'est pas une couchette, que ça se partage. Je ne veux pas prendre un coup de crosse et je m'installe dans le compartiment précédent. Je suis le vingt-deuxième occupant. Il n'y aurait même plus la place de poser une valise par terre ou sur les porte-bagages. Je suis assis dans le couloir, sur le sol jonché d'ordures. Le coin d'une banquette me défonce les omoplates au gré des cahots.

Ce n'est pas le TGV. Le train danse sur les rails lors des pointes de soixante à l'heure, comme s'il allait dérailler. Ma position basse renforce peut-être cette sensation et le labour de mon dos me fait penser à un exercice de fakir. Je ne peux pas me déplacer, ni remuer les jambes, ni le buste. Je m'imagine la souffrance des animaux de boucherie dans les fourgons à bestiaux puis je me dis que, moi, je n'ai que trois heures à tirer et qu'il vaut mieux que je prenne la situation d'un cœur léger. Je m'allume une *biri* et je regarde les autres voyageurs, des couples et aussi des hommes seuls, en chemise-pantalon ou en habit indien, des assez propres et des plus sales, une reconstitution microscopique de l'Inde. Les hommes discutent d'Ayodhyâ et j'apprends que le gouvernement de l'Uttar Pradesh n'est pas encore destitué. Il a assuré hier à la Cour suprême que les travaux de construction des extrémistes hindous seraient juste symboliques et que la loi et la Constitution seraient respectées. Les voyageurs s'interrogent sur le sens de l'expression « construction symbolique ». Certains estiment que c'est une ruse pour gagner du temps, d'autres un compromis, voire une trahison des fidèles de Râm, pour maintenir le BJP au pouvoir. Je me dis que je foulerai le terrain avant l'aurore. Je jugerai moi-même.

Un type de vingt-cinq ans, accroupi derrière moi, me parle. Il a le teint pâle et porte une tunique crème sale dont les trous témoignent de sa pauvreté ordinaire. Il voyage avec un ami assis sur la banquette en face de moi. Un peu plus âgé et à la tunique un peu moins trouée. Ils appartiennent à la basse caste des presseurs d'huile et ils se rendent à Lucknow. Nous nous tutoyons mais c'est fraternel, sans mépris pour l'aborigène que je suis. Le jeune remarque toutefois :

« On dirait que t'es du Râjasthân. Tu parles pas comme un Bihâri… Je le sais, nous on vient de Dhanbad. »

Je rappelle que Dhanbad est une ville du Bihâr à la limite du

Jhârkhand, et j'ai peur qu'il découvre mon imposture. Je réplique en espérant que ça le convaincra :

« Je suis un Mundâ. Je vis au cœur du Jhârkhand, dans la jungle, à Bandgâv. Nous avons notre propre langue, tu la comprendrais pas. »

Il hoche la tête de droite à gauche, il semble convaincu et ça m'épate de constater à quel point les Indiens aryens ignorent tout des aborigènes, même quand ils vivent près d'eux.

« Dis ! demande son pote avec un sourire, vous autres, les aborigènes, vous voulez faire sécession avec le Bihâr et créer un État du Jhârkhand. Hein ?

– C'est une affaire de politiciens.

– Allez, raconte la vérité. T'as pas envie d'être indépendant ?... Qu'est-ce qu'ça vous donnera de former un État ? Tu crois qu'vous serez plus heureux ?

– Sais pas. La politique m'intéresse pas. »

Je préfère taire mon opinion sur l'indépendance du Jhârkhand, je ne veux pas le braquer. La semaine dernière, les mouvements séparatistes ont encore organisé quarante-huit heures de grève générale au Jhârkhand et je pense comme eux que les aborigènes sont exploités et ne jouissent pas des extraordinaires richesses minières de leur terre. Elles bénéficient aux Aryens, elles renflouent les caisses du Bihâr et de l'Inde sans compensation pour les aborigènes. Ils sont laissés à leur misère à côté des mines. C'est du moins ce que j'ai lu dans les journaux. Mais je doute en même temps qu'un Jhârkhand indépendant aux mains de politiciens qui ne sauraient être que véreux suffise à modifier la condition économique des aborigènes.

Les deux potes continuent de me répéter que le séparatisme ne nous mènera à rien et j'approuve mollement en espérant qu'ils comprendront que ce sujet m'ennuie.

« Où vas-tu ? demande le jeune.

– A Ayodhyâ.

– T'es volontaire pour la construction du temple ?

– Non, j'suis un pèlerin. Mais si je peux y participer, pourquoi pas ? j'ajoute sans réfléchir. J'me suis arrêté une semaine à Bénarès et après Ayodhyâ j'visiterai Allahabad.

– Et ensuite ?

– Sais pas… J'rentrerai, je dis, pris au dépourvu.

– Faut que t'ailles à Mathurâ* . Et à Delhi. Tu t'amuseras. Et c'est très beau. Y a des grands buildings. Faut voir ça ! »

Je me souviens de mon impression en arrivant de France il y a quatre mois, je vis une ville en décrépitude. Je lui réponds : « J'aurai pas assez d'argent pour pousser jusqu'à Delhi, faudra que je rentre. »

Le gars éclate de rire et me murmure : « Faut pas t'inquiéter pour l'argent. A Ayodhyâ, y a des temples qui offrent de la nourriture gratuite aux pauvres et dans le train tu peux voyager sans billet. Si jamais un contrôleur passe, tu te fais arrêter, tu fais deux trois jours de prison et puis on te libère. La belle affaire !

– C'est vrai ?

– Oui. Et y faut voir Delhi. Une fois dans ta vie. »

Je n'insiste pas. Il a peut-être raison à propos des contrôleurs car en arrivant à Ayodhyâ à six heures dix, aucun cheminot n'a inspecté notre voiture et je me rappelle que les *musahar* de la gare de Bénarès voyagent à l'œil en train. Pour mon retour, j'ai idée que je ne devrais pas acheter de billet.

Le soleil n'est pas encore levé et je décide de griller quelques *biri* sur le parvis de la gare. Je ne veux pas me balader la nuit dans Ayodhyâ, c'est peut-être dangereux. Des centaines de flics campent le long de la voie ferrée et leur présence me signale que la ville est sous tension.

Vers sept heures, une douce lumière rasante perce la brume bleutée du petit matin et je quitte la gare. A perte de vue, des dômes de temples et de palais surgissent entre les palmiers, c'est splendide, mais je ne suis pas venu savourer le panorama. Je m'intéresse aux flics qui envahissent les rues. Une fourmilière kaki. Et la présence policière augmente au fur et à mesure que j'approche de la mosquée Babri. Je me sens mal à l'aise.

Je dois demander à trois reprises mon chemin car on me répond rudement et sans précision – comme à un être dégoûtant dont on veut se débarrasser. Après une demi-heure de marche, une large

* Ville natale de Krishna et lieu de pèlerinage à cent cinquante kilomètres au sud de Delhi.

avenue de terre battue me conduit, en traversant des terrains vagues, à la mosquée Babri. Le lieu de naissance de Râm.

Le coin n'est pas jojo. Il rappelle le mur de Berlin il y a dix ans. Sans les chiens. Des centaines et des centaines de flics montent la garde et une vilaine haie de tubes métalliques et de barbelés ceinture le monticule où s'élève la mosquée. Un bâtiment rectangulaire coiffé de trois dômes. Sans minaret, de taille modeste et en mauvais état. Le crépi taché de moisissures noires tombe par plaques et laisse apparaître la pierre et la brique des murs. Voilà le monument qui fait vibrer l'Inde !

Pour compléter ce tableau, un millier de volontaires pour la construction du temple de Râm vont et viennent sous les deux grands chapiteaux de toile installés sur la gauche. Certains traînent devant le monticule de la mosquée et s'arrêtent sur une plate-forme en racontant, admiratifs, que ce sont les fondations de la partie antérieure du temple de Râm. Ils l'ont bâtie en juillet dernier.

Les volontaires comptent peu de femmes et ils sont en général bien habillés en chemise-pantalon. Beaucoup portent des foulards safran avec le nom de Râm imprimé dessus et ils se saluent en lançant des « Vive Râm ! ». Mais ils ne font pas attention à moi. Trop sale, trop pauvre sans doute. Je m'en balance. J'ai mieux à faire que de sonder leur cervelle pour le moment.

Oui.

La mosquée vient d'ouvrir ses portes aux dévots et je décide d'aller faire moi aussi une offrande à l'idole de Râm. Je suis curieux de voir à quoi elle ressemble. Pour raison de sécurité, les bagages, les allumettes, les couteaux sont interdits à l'intérieur du bâtiment, en sus des chaussures comme dans chaque lieu de culte hindou. Je laisse mon sac et mes tongs en consigne à un camelot à l'extérieur et je lui achète en échange un collier d'œillets d'Inde pour offrir à Râm.

J'entre.

En fait, ce n'est pas si simple.

Pour pénétrer dans la mosquée, je subis quatre fouilles : manuelles et au détecteur de métaux. Deux par deux, avec une longue chicane de barrières métalliques entre ces doubles postes de contrôle. A l'intérieur, un flic surveille chaque dévot, tout au long du parcours fléché. La police a vraiment peur d'un attentat qui mettrait le pays à feu et à sang comme en 1990.

Donc je franchis les barrages et me voici sous le dôme central de la mosquée avec une cinquantaine d'hindous. La salle est minuscule et nous nous bousculons pour voir l'idole de Râm.

Une rambarde forme un enclos autour du sanctuaire où deux prêtres chantent devant deux présentoirs à baldaquin. Des dévots disent que la statue de Râm se trouve dans le premier, mais beaucoup se plaignent de ne rien voir. Moi aussi, et je me hisse sur la pointe des pieds. Ça ne change rien. Je réussis à me faufiler jusqu'à la rambarde mais, dans le premier présentoir, je ne distingue que des napperons brodés de fils argentés et des colliers d'œillets d'Inde. A côté, dans l'autre présentoir, divers posters de Râm sont installés. Pas de statue. Je voudrais jeter encore un coup d'œil mais la foule me presse et je dois avancer, faire mon offrande et sortir. Je tends mon collier de fleurs à un prêtre, il le jette au bas du second présentoir et verse avec un ustensile en cuivre un peu d'eau trouble dans le creux de ma main droite, la pure. J'y trempe les lèvres, puis je m'en asperge le sommet du crâne. Comme les autres fidèles. Et je ressors. Voila, je suis béni par Râm sur son lieu de naissance mais ça ne me produit aucun effet. En plus, je ne sais toujours pas à quoi ressemble cette statuette qui agite le second pays le plus peuplé de la planète. Peut-être n'existe-t-elle pas ? Ou bien l'ai-je regardée sans la voir ?

Je suis désemparé. Je traîne autour de la mosquée et j'essaie de penser à autre chose.

Je grille *biri* sur *biri*, puis je me souviens que mon dernier repas date d'hier matin à Godhauliâ. La faim me tiraille l'estomac. Je décide de chercher un temple qui serve de la nourriture gratuite. Je prends la ruelle qui part de la mosquée et descend vers le centre ville en longeant de magnifiques palais baroques.

Râm m'a entendu. Cent mètres plus bas, sur la droite, une cinquantaine de personnes aux habits déchirés sont assises sur une plate-forme. Elle borde un temple de Râm dont la façade en pierre blanche est sculptée de fioritures bleues. Une vilaine tôle ondulée couvre cette terrasse. Elle mesure vingt mètres sur trois et se trouve surélevée d'un mètre par rapport à la ruelle. Je devine que les gens y attendent un déjeuner car la moitié exhibent une gamelle en alu.

Un nabot propret, en pantalon noir et chemise verte à carreaux, les serre en ligne, le dos au temple ou à la route. Il a l'allure d'un chef. Je me déchausse comme tout le monde, je monte sur la terrasse et lui demande, direct :

« Vous offrez à manger aux pauvres, ici ? »

Il ne répond pas à ma question, il dit avec un geste :

« Va t'asseoir là-bas ! »

J'y vais. Mais là-bas toutes les places sont prises. Sauf une. Un espace d'un mètre existe entre deux types au bord de la ruelle. Les hommes sont assis de ce côté et les femmes en face contre le temple. Les hommes sont de vieux *sâdhu*, des sages hindous en robe safran délavée et trouée, ou bien des jeunes de vingt à trente ans en haillons. Les femmes sont toutes assez âgées, entre quarante et soixante ans, et elles arborent des visages sereins de grand-mères. Elles sont drapées dans des tissus en coton élimé mais elles sont propres et ne paraissent être ni des clochardes ni des mendiantes. Elles ressemblent plutôt à des nonnes, à des ascètes féminins qui ont renoncé comme leurs collègues masculins à la vie dans la société pour libérer leur âme du cycle des réincarnations en se consacrant à Dieu. Je me baisse pour m'accroupir sur l'espace libre. Aussitôt, cinq ou six *sâdhu* me chantent en chœur de dégager car cette place est réservée. Je réponds :

« Le responsable du temple m'a dit de m'installer ici.

– Non. Va ailleurs.

– Où je peux m'asseoir ?

– Sais pas », dit le *sâdhu* à côté de l'espace libre.

Deux grand-mères volent à mon aide et le critiquent :

« Laisse-le s'asseoir. Il a le droit de manger. (Puis vers moi :) Pose ton sac dans ce coin et assieds-toi ! »

J'obéis et le *sâdhu* à ma gauche bougonne entre ses dents. Heureusement que les vieilles ont cloué le bec à tous ces *sâdhu* qui portent pourtant la robe safran, signe de la sagesse. Sinon, je disais au revoir à mon déjeuner. Je suis déçu. Je retrouve chez eux le même égoïsme que chez les mendiants de Bénarès. J'imaginais ces sages détachés des réalités mesquines et illusoires du monde, sans désirs ni ambitions, forts de caractère, des gourous généreux. Eh bien, ils cherchent querelle dans les soupes populaires.

Au fait, est-ce vraiment une cantine ici ?

A ma droite, un garçon de quinze à vingt ans a une peau noire anthracite et des cheveux ébouriffés, plantés comme du chiendent. Il porte un pagne crème sale et une chemise en lambeaux. C'est sans doute un vagabond mais ces mains sont inhabituelles pour cette profession qui n'exige pas un travail manuel intense. Il a de grosses pattes calleuses munies de doigts boudinés. Son visage est rond comme celui d'un bébé joufflu et je le trouve bien plus sympathique que le vieux sage bougon à ma gauche. Je ne sens aucun fumet de bouffe et je préfère me renseigner auprès de ce jeune sur ce que nous attendons. Je dis :

« On va nous servir à manger ? »

Il hoche la tête à l'indienne, de droite à gauche, en signe d'affirmation.

« Et à quelle heure ? »

Il agite alors sa main gauche de haut en bas pour me faire signe d'attendre.

« Et tous les jours ils servent de la nourriture ? Matin et soir ? »

De nouveau, il me répond de patienter avec un geste. Bizarre ? Pourquoi ce mutisme ? Mon inquiétude l'agace-t-elle ? Suis-je trop curieux ? Je ne comprends rien au monde d'Ayodhyâ. Je me sens déplacé dans ce bled et sur cette terrasse. Mais j'ai faim et je décide d'attendre ici.

Un géant de vingt-cinq ans, à la peau claire, nous distribue des bons jaunes. Ce type porte un *kurtâ** et un *dhoti** blancs, en voile de coton immaculé, et un cordon sacré transparaît sur sa poitrine. Ce doit être un brahmane, un prêtre de ce temple de Râm. Il a une figure en lame de couteau à bouffer des bananes avec la peau, comme s'il avait avalé un truc qui reste coincé dans son long gosier et lui paralyse la bouche. Je lis mon carton jaune ; la somme de deux roupies et le nom de l'association de ce temple de Râm y sont écrits. Je n'y comprends rien mais tout le monde affiche un sourire et glisse son carton dans une poche. Mon jeune voisin me fait signe de ranger le mien et il me montre deux doigts. Deux roupies ? On va me donner deux roupies ou il faut que je paie deux

* Habits traditionnels hindous. Le *kurtâ*, je le rappelle, est une tunique ample, sans manches et sans col, et le *dhoti* une culotte constituée d'un drap savamment passé entre les jambes. Le *dhoti* est plus habillé que le lungi, ce pagne que je porte comme la majorité des Indiens pauvres.

roupies pour manger ici ? Deux roupies, c'est peu en fait et les deux solutions sont possibles. Mon jeune voisin ne dit rien, il brandit juste son index et son majeur et je fais un signe de tête interrogateur aux grand-mères en face de moi. Elles disent :

« Range ton ticket. C'est deux roupies ! »

D'accord. Mais à donner ou à recevoir ? Puis-je le demander ?

Je range mon papier jaune dans la poche de ma chemise. Encore un mystère. Ça me tracasse, j'aime bien tout comprendre. Je réfléchis.

S'il fallait payer deux roupies, le tarif d'un repas – même médiocre – dans une gargote, les gens ne se disputeraient pas pour prendre place sur la terrasse. Car d'autres *sâdhu*, d'autres grand-mères continuent d'arriver et ils se font immanquablement jeter par l'assemblée présente. Complet ! Alors ils vont se plaindre au géant qui distribue les cartons, celui-ci nous engueule et nous ordonne de nous serrer davantage. Les *sâdhu* et les grand-mères obéissent en grognant et le nouveau venu s'accroupit sans oublier de réclamer son carton jaune.

Tout le monde semble au parfum et je ne peux demander une explication. Si jamais je dois toucher deux roupies, ça semblerait étrange de penser à payer une nourriture gratuite. Je me tais.

Dix minutes passent. Voilà une réunion d'ascètes et de clochards sur cette terrasse, et rien ne les distingue dans le comportement. Nous nous regardons les uns les autres. Nous nous épions sans sourire, nous ne parlons pas non plus. Sale ambiance.

Un gringalet assez pâle d'une cinquantaine d'années sort du temple. Ce doit être un prêtre lui aussi car il porte un cordon sacré et distribue au *sâdhu* qui est à ma gauche et à deux autres des cymbales. Il nous lance :

« Allez-y, chantez Sitâ Râm. Et tapez dans les mains. »

Pourquoi pas ? Sitâ est l'épouse de Râm et ce couple se voue un amour total et symbolise une humanité idéale de justice, de fidélité et de sérénité. Les vieux sages qui possèdent les cymbales lancent le rythme et commencent à chanter. Nous les imitons. Et je chante et je tape dans mes mains.

« Sitâ Râm !
Sitâ Râm !
Sitâ Râm !
Vive Sitâ Râm ! »

Puis ça reprend au début : « Sitâ Râm ! Sitâ Râm... » Ce n'est pas sorcier et, entre chaque vers, il suffit de suivre la cadence des cymbales en tapant dans les mains. Parfait. J'y mets toute mon énergie, je joue le jeu.

De nouveaux venus essaient de s'asseoir parmi nous, mais ils doivent réclamer l'aide d'un prêtre pour obtenir une place, et nous chantons, tapons, chantons. C'est presque amusant. Au début du moins. Nous chantons ainsi cinq minutes, un quart d'heure, une demi-heure. Nous n'interrompons notre litanie que pour chasser les intrus qui tentent de nous rejoindre ou lorsque des singes se coursent sur la tôle au-dessus de nous dans un bruit infernal qui rappelle le roulement du métro parisien. Nous dressons la tête, amusés.

Toujours pas de nourriture. Rien. Et j'ai dû répéter mille fois la formule « Sitâ Râm ». J'en ai marre et je ne suis pas le seul. La moitié de mes frères et sœurs ont cessé de chanter et de frapper dans leurs mains. Je n'ose pas, car à ma gauche, le *sadhû* qui donne la cadence avec ses cymbales ne faiblit pas. Je savais qu'il était méchant et égoïste en refusant de me laisser une place et je découvre que c'est le plus fêlé de la bande. Et il chante : « Sitâ Râm ! Sitâ Râm !... » Et je l'imite. Heureusement, des effluves de riz bouilli s'échappent par les fenêtres du temple et me redonnent espoir qu'un repas sera bientôt servi. Je me demande si ce sera du *khichari* ou du riz avec de la purée de lentilles ou bien un curry de légumes. Tout me plaît. Mais un troisième prêtre, la trentaine, petit et moustachu à la Hitler, vient me déranger dans mes songes. Il réclame le carton jaune de mon jeune voisin, puis le mien, et il s'en va.

Sur le coup, je ne réalise pas, puis en observant la mine déconfite de mon voisin, je pige que, dépourvus du carton jaune, nous allons connaître un problème. Lequel ? Il me montre encore son index et son majeur sans ouvrir la bouche, et en face une grand-mère me lance, navrée : « Deux roupies ! »

Qu'est-ce que ça signifie ? Deux roupies pour qui ? Pour quoi ? Et puis qu'est-ce qui rapproche mon jeune voisin et moi-même et justifie notre traitement particulier ? Suis-je aussi sale et mal vêtu que lui ? Qui suis-je ? Il se remet à taper dans ses mains, il bouge les lèvres sans émettre de sons.

Courage. Et je recommence à chanter, surtout que le sage à ma gauche me décoche des œillades courroucées parce que je me taisais. Des grand-mères me font également signe de taper plus fort dans mes mains. J'en ai marre. Marre. J'arrête pas de frapper main contre main et j'ai intérêt à ne pas mollir car les prêtres circulent sur la terrasse et ils s'assurent que nous chantons et tapons dans nos mains. Avec conviction. Et peut-être que nous chantons juste…

Les prêtres se planquent aussi dans la porte du temple pour nous observer mais ils ne réussissent pas à surprendre les trois *sâdhu* en bout de terrasse qui chantent devant eux et font salon dès qu'ils ont le dos tourné. Des tricheurs, trop malins. Le bout de la terrasse n'est pas visible depuis l'encoignure de la porte.

Les prêtres chopent juste les *sâdhu* et les grand-mères qui s'effondrent de fatigue. Une bonne dizaine. Ils tombent d'un seul coup le menton sur la poitrine. Et dodo.

Nous devons seriner « Sitâ Râm » depuis une heure à présent. Soit deux mille fois environ. Le prêtre géant, celui qui a distribué les cartons avec sa tête à bouffer la peau des bananes, est le plus doué pour surprendre les tire-au-flanc, et des sages lui montrent aussi leurs frères qui somnolent. Il vient de repérer la vielle assoupie en face de moi. Il s'approche, il fronce les sourcils, il s'incline vers elle, puis il crie :

« OH ! OH ! »

La grand-mère sursaute. J'espère qu'elle n'est pas cardiaque.

« Tu dormais ?

– Non ! Non !

– Debout ! Va-t'en ! »

Elle lui touche les pieds pour implorer son pardon.

« Tu dois chanter, t'as compris ?

– Oui. Oui. D'accord. Écoutez ! »

Et elle chante, et le géant se tire.

Cinq minutes plus tard, sa tête retombe. Redodo.

Le géant a beau chaque fois la réveiller et elle peut bien lui masser les pieds, la fatigue la terrasse peu après. Je me dis qu'elle pourrait même lui sucer ses orteils purs de brahmane, ça ne changerait rien, car ce ne sont tout de même pas des amphétamines en barre. J'imagine aussi que, si Râm existe, ça doit lui fendre le cœur de voir un géant martyriser une grand-mère.

Je racontais il y a un instant que les prêtres vérifient si nous chantons avec conviction. C'est vrai. A cinq ou six mètres sur ma gauche, le prêtre au look hitlérien hurle en ce moment à un vieux sage :

« Tu chantes pas assez fort. Debout ! Va-t'en ! »

Le sage lui palpe aussitôt les pieds et il chante à pleins poumons et il tape dans ses mains comme si c'étaient des battoirs. Cette terrasse, est-ce la cantine d'un camp de rééducation ou celle d'une école maternelle ? Salauds de brahmanes. Fascistes. Inquisiteurs. J'ai l'impression qu'ils nous obligent à louer Sitâ Râm pour payer le repas qu'ils nous offrent. Dégueulasse. Et à quoi cela sert-il de prier mécaniquement sans désir ? Peut-être que cela rend fou et stimule la foi. Salauds de prêtres ! Leur don de nourriture n'est pas désintéressé. Belle charité hindoue !

J'ai la voix cassée et mal à la paume des mains. J'ai également les avant-bras en compote à force de les agiter devant moi. Une heure, c'est très long. C'est soixante minutes, c'est trois mille six cents secondes. A raison d'un battement de mains toutes les secondes et demie, faites le calcul ! Tapez ainsi dans vos mains pendant une heure en répétant : « Sitâ Râm ! Sitâ... Vive Sitâ Râm ! »

Cela me rend marteau. J'ai envie de me lever et de crier que Sitâ et Râm n'existent pas, que notre souffrance ne sert à rien et que ces prêtres nous torturent. Tout le monde en a marre et des *sâdhu* épuisés ont posé leurs avant-bras sur les genoux et ils ne frappent plus dans leurs mains. Ils se les apposent, mollement, telle une caresse. J'essaie moi aussi et ça va mieux. J'ai vraiment mal aux mains et aux bras. Mais la faim me tiraille, je ne veux pas partir.

Un grand *sâdhu* d'une quarantaine d'années avec une longue barbe et des cheveux noirs qui lui tombent dans le dos, le genre *baba-cool* comme on dit en Occident, est assis sur le seuil du temple et il me regarde sans arrêt. Je n'aime pas ça. Le voilà qui me montre du doigt au vieux prêtre et celui-ci rapplique. Il me dit

« T'as un ticket ?

- Un prêtre me l'a ramassé.

Quoi ? T'as pas de ticket. Alors, debout. Dégage ! »

C'est trop injuste. J'ai tapé dans mes mains, j'ai chanté plus d'une heure sans défaillir et il veut me virer. Je me suis juste absenté un instant pour boire un coup à la fontaine près du temple. Mais je ne suis pas le seul. La moitié de la chorale qui possède des gamelles s'est rendue là-bas pour les remplir d'eau en prévision du repas.

« Y a un autre prêtre qui a ramassé mon ticket, je répète.

– Pas de baratin. T'as pas de ticket. Va-t'en ! »

J'ai envie de pleurer. J'ai faim et j'ai chanté pour rien. Il hurle :

« Debout ! »

Je joins les mains pour le supplier et je lui effleure ses pieds calleux de vieux brahmane. Cela me dégoûte mais je n'ai pas le choix.

« Je vous en prie. J'avais un ticket. Mais on me l'a ramassé et j'sais pas pourquoi. Épargnez-moi ! »

Pas un *sâdhu* ne me soutient. Je cherche leur aide du regard mais ils chantent imperturbables. « Vive Sitâ Râm ! » Râm, le dieu qui fait triompher la lumière sur les ténèbres. Deux grand-mères interpellent le prêtre et confirment que je possédais un ticket, un de ses collègues l'a récupéré. Cela le satisfait et il repart.

Je respire, puis je regarde le sage hippie qui m'a dénoncé. Lui aussi m'observe, détendu, sans éprouver de honte. Je n'ai pas l'impression qu'il regrette son attitude. Quelle ordure, ce saint ! Sur cette terrasse, je rencontre le plus beau ramassis de sages hindous. Saintes ordures. Égoïstes, tricheurs, intolérants et délateurs. Bravo ! Cela donne envie de rejoindre la confrérie. Apprendre le yoga, la méditation, les textes sacrés, chanter le nom de Râm, savoir dominer sa faim, ses sentiments, se débarrasser de ses ambitions et de ses désirs, atteindre le nirvâna.

Ouais. Ouais. Ouais !

Je vois le résultat ce matin et je hais davantage les culs bénits et les apôtres, les saints et les curés, tous les types en soutane, blanche, noire, safran, marron…

Nous tapons toujours dans les mains et nous rabâchons : « Sitâ Râm… Vive Sitâ Râm ! » Encore une demi-heure, alors tel le Christ s'approchant pour partager ses poissons et ses pains, le géant bouffeur de peaux de banane sort sur la terrasse avec une pile de feuilles-assiettes. Vision divine. Elle signifie que notre déjeuner est imminent et, dans un ultime effort, nous chantons à pleins poumons. Le bonheur. Un double soulagement. La nourriture sera servie et nous n'avons plus besoin de répéter « Sitâ Râm ».

Le prêtre nous distribue une feuille à chacun. Il ne s'incline pas comme les employés du temple du Bâbâ Khichari de Godhauliâ. Il jette la feuille de la hauteur de sa poitrine et elle tombe par terre ou sur votre tête. Et il traite de même les hommes et les femmes, les vieux et les jeunes, les sales et les propres. Pas de discrimination, nous sommes tous aussi intouchables pour lui, ce pur brahmane, employé d'un temple situé à une enjambée du lieu de naissance du dieu Râm.

Je suis étonné qu'il ne touche pas les *sâdhu*. Ces saints ont théoriquement perdu l'impureté de leur caste d'origine. Peut-être est-ce différent à Ayodhyâ pour le *sâdhu* moyen ?

Nous aplatissons nos feuilles devant nos pieds et des convives les lavent avec l'eau de leur gamelle. Certains tirent de leurs poches des piments ou un radis blanc pour agrémenter leur déjeuner.

Le vieux prêtre surgit avec un seau en fer-blanc et il y pioche le riz fumant avec une grande casserole. Il en sert une à chacun de nous. Environ trois livres de riz blanc pâteux. C'est copieux. Quand le seau est vide, il va le remplir dans le temple puis il continue le service. Ainsi de suite. Rien de spécial. Sauf que notre ration, il nous la déverse à un demi-mètre au-dessus de notre feuille. Pour ne pas nous approcher, éviter tout contact, ou juste ne pas se courber, se fatiguer. Peut-être les deux. De toute façon, son attitude témoigne du peu d'estime qu'il nous accorde. Il se contente de viser, de décharger sa casserole au-dessus du centre des feuilles, mais trois livres de riz en chute libre, ça s'écrase à l'arrivée, schplaf ! et ça éclabousse le sol à côté et les pieds. Après, il faut ramasser, s'essuyer.

Moi, j'ai de la chance. Le prêtre a bien calculé sa trajectoire et seule une vingtaine de grains de riz se sont collés sur mes pieds. Ce n'est pas grand-chose. Pourtant, j'ai du mal à supporter ce traitement. C'est très humiliant d'être nourri comme les paysans remplissent les auges de leurs bêtes. Que faire ? J'ai faim et j'écrase.

Personne ne mange et je brasse mon riz brûlant entre mes doigts. Je brise les conglomérats, j'aère ma ration, je la moule en petit volcan avec une cuvette au sommet. Comme les autres convives, et je comprends pourquoi. Le prêtre géant arrive avec un seau de purée de lentilles et il nous en verse trois louches chacun dans ce cratère. Toujours selon la même technique, sans se baisser.

Cette purée ressemble plutôt à un brouet. Elle est liquide mais elle sent bon et je suis content d'en avoir. Je la mélange bien au riz en partant du centre du cratère pour qu'elle ne s'écoule pas sur le sol, je pétris, je rends le tout homogène. Je soupire d'aise. Le vieux prêtre nous distribue alors une cuillère de curry de potiron, puis le géant jette à chacun une demi-cuillère de beurre clarifié.

Ce beurre, cela m'étonnerait qu'il nous l'offre pour rendre notre plat succulent comme on met du beurre dans les pâtes en France. Je me dis que ce géant ne se préoccupe pas de la réputation gastronomique de sa cantine. Ce temple n'est pas une soupe populaire cinq étoiles du goût mais de la foi. Le soupçon de beurre clarifié est symbolique. C'est pour purifier notre repas. Selon l'idéologie hindoue, cette substance possède une vertu purificatrice, tout comme les quatre autres produits traditionnels de la vache (lait, yaourt, urine et bouse). Des hindous pieux absorbent d'ailleurs un cocktail lustral composé avec ces cinq éléments. Quelle bêtise ! On me considère comme intouchable et la merde bovine est consommable !

Personne n'a encore commencé à manger, mais nous sommes tous servis. Nous implorons Râm comme les bigots chrétiens le font avec Jésus avant de déjeuner, puis nous attaquons.

C'est le mot. Nous attaquons à pleine main droite notre monticule de riz. Nous roulons des boules et hop ! dans la bouche. L'une derrière l'autre, en se léchant la main qui dégouline de jus. La nourriture me brûle les doigts, tant pis ! J'ai l'habitude et j'ai si faim ; l'estomac me remonte sur la langue et aspire tout ce que je lui envoie. C'est délicieux. Pas au goût mais pour la sensation de plénitude que ça procure.

Dans notre précipitation, nous nous gênons les uns les autres. Nous sommes trop serrés et il est difficile de lever le coude sans toucher le voisin. Impossible de porter correctement les boulettes à notre bouche, et des grains de riz tombent à terre.

Le *sâdhu* à ma droite me pousse un peu. Il écarte les coudes et, désormais, il réussit à manger proprement. Ce n'est pas tout.

Comme il vient de me serrer, je mange encore moins facilement et il me fusille du regard. Il grogne :

« Fais attention. Tu fais tomber du riz partout. »

D'accord. J'en perds mais pas dans son plat.

« Si vous me serriez pas, j'mangerais mieux », je réplique.

Il lève la main, menaçant. Je ne réponds pas. Si jamais ce saint vieillard me frappe, je n'oserai pas riposter et je juge plus sage de baisser la tête en silence. Nous avions chacun cinquante centimètres pour nous asseoir. Il m'a poussé et a gagné dix centimètres. J'essaie juste de manger moins vite en faisant tomber moins de riz. Mais le *sâdhu* m'engueule de nouveau.

Que dire ? Je hausse les épaules. Une grand-mère en face qui l'écoute geindre, lui lance soudain :

« Tu t'étales ! Tu t'étales ! Laisse-lui un peu de place. Il a le droit de manger aussi. Pousse-toi ! »

Le *sâdhu* bougonne la bouche pleine et il doit se serrer un peu les fesses car je sens cinq centimètres qui se libèrent sur ma gauche. Une autre grand-mère lui dit :

« Y mange correctement ce gosse. Fous-lui la paix ! »

Le *sâdhu* ne moufte plus et nous mangeons en silence.

Le prêtre géant sert du rab de riz et de lentilles, mais je n'en prends pas. J'en suis juste à la moitié de ma ration et je cale. Je tripote mon riz pour gagner du temps et je ne porte que de minuscules boulettes à ma bouche. En plus, c'est fade. Je me demande comment mes voisins ont réussi à ingurgiter trois livres de ce riz et en réclament encore. Je me sens plein. Au ras de l'œsophage. La pâtée ne descend plus. Une grand-mère a remarqué mon embarras. Elle pointe du regard le vieux prêtre sur la porte du temple.

« Faut qu'tu finisses. Sinon tu partiras pas, elle dit.

– Prends ton temps. Faut qu'tu finisses, ajoute une autre.

– Mange ! reprend le vieux *sâdhu* à ma gauche. T'as pas le droit de gâcher la nourriture. »

Je le sais bien et je fais un effort. Il ne me reste que deux ou trois cents grammes à ingurgiter. C'est l'enfer. Un cauchemar. J'ai peur de trop me forcer, d'avoir atteint la limite d'élasticité de mon estomac et que la pression dans mon tube digestif ne fasse tout ressortir si j'avale une bouchée de plus. J'ai peur de vomir, ici, sur la terrasse. Je prends ce risque car je dois finir mon assiette. Je moule une boulette, je la divise, je la porte à ma bouche et je mâchouille. Impossible de l'avaler telle quelle. Je vais avoir une attaque, j'explose si je continue de manger.

Le vieux *sâdhu* à ma gauche vient de finir, il plie sa feuille et rote à plein gosier. Il semble satisfait. Moi aussi, c'est une overdose de riz pâteux. Pitié ! Les autres convives plient également leur feuille vide et ils sortent leur ticket jaune. Pour payer ? Je m'en fous, je ne pense qu'à la demi-livre de pâtée à mes pieds. Une grand-mère me lance d'une voix étouffée :

« Vas-y, replie vite ta feuille. Personne te regarde.

– Non, corrige sa voisine, faut qu'tu manges davantage. »

Et je reprends mon effort. Une boulette, deux boulettes. C'est écœurant et ça fait mal au ventre, ça tire, ça tire sur mon abdomen, je m'étouffe.

La suite s'enchaîne très vite. Mon cœur palpite, des battements me martèlent les tempes et des plaques de sueur me glacent le dos. Je me sens blêmir. Je vais m'évanouir. De toute façon, je ne peux plus lutter. J'abandonne et, à ce moment, le prêtre géant arpente la terrasse en ramassant les cartons jaunes. Un autre type inconnu en chemise-pantalon le suit et distribue un billet de deux roupies à chaque personne. Les grand-mères en face de moi me disent aussitôt de plier ma feuille, de l'aplatir pour cacher que je ne l'ai pas finie et d'attendre mes deux roupies. J'obéis, à demi conscient, heureux, soulagé ; mais je me réveille vite. Je réalise dans quelle saloperie de monde je vis quand le prêtre passe devant mon voisin de droite et moi, et dit à son trésorier : « Ces deux-là, y z'ont pas de tickets. Tu leur donnes pas d'argent. »

Mon voisin se jette aux pieds du géant et je comprends maintenant l'origine de son mutisme perpétuel. Il est muet. Et en détresse. Il ouvre sa bouche infirme et pousse des glapissements sourds semblables à ceux d'une carpe qui monte gober à la surface d'un étang. Mais lui c'est un homme et c'est un spectacle pitoyable. Le prêtre dégage ses pieds et poursuit sa tournée. Mon voisin reste désemparé, les yeux humides. En regardant ses guenilles, je comprends combien il avait besoin de ces deux roupies. J'éprouve de la peine pour lui. J'oublie ma propre misère en l'observant, et l'injustice et l'humiliation d'être puni sans savoir pourquoi ne m'importent plus maintenant que la sentence est rendue. Tout est fini. Je me lève abattu, mais une grand-mère me chuchote :

« Va vite jeter ta feuille dans la poubelle et reviens supplier le prêtre. Toi, t'as une chance… »

J'hésite et je change d'avis. Je vole, je cours vers la poubelle installée dans la ruelle, puis je remonte sur la terrasse, je m'agenouille devant le géant et je lui caresse les pieds. Je ne me suis encore jamais autant abaissé de ma vie mais je veux soutirer deux roupies à ce fumier, ne serait-ce que pour les offrir à mon voisin muet.

« Je vous en prie. Donnez-moi deux roupies. J'en ai besoin. Qu'ai-je fait ? Pourquoi m'a-t-on retiré mon ticket ? »

Il répond seulement : « Va-t'en ! »

J'ai eu tort d'écouter la grand-mère, de chercher la cause de mon châtiment, comme si le monde devait être juste. J'ai eu tort. Humilié, méprisé, puni, le ventre distendu, nauséeux, je me sens comme une bête, je ramasse ma musette et je quitte les lieux. Une fois dans la ruelle, je remarque que le soleil est presque au zénith. J'ai dû souffrir deux heures trente de ma vie sur cette terrasse. J'y ai chanté des milliers de « Sitâ Râm » et j'y jette un dernier œil. Je n'oublierai jamais cette expérience. Soudain, je comprends pourquoi je n'ai pas reçu deux roupies. La réclame suivante est peinte en lettres rouges sur le parapet de la terrasse : « Après le repas, une roupie est donnée à chaque saint et chaque *sâdhu.* » Aujourd'hui, c'est devenu deux roupies, et les prêtres ne nous ont pas considérés comme des *sâdhu*, mon voisin et moi. Pourtant, ils ont donné de l'argent à la quinzaine d'autres jeunes clodos de la terrasse qui n'avaient rien du look safrané d'un *sâdhu*. Je réfléchis un instant et je me dis que ma punition se révèle un compliment. Je ne ressemblais donc pas à l'humanité haïssable de la terrasse.

Je suis différent. Râm soit loué !

Cette conclusion me réchauffe le cœur et je me balade dans Ayodhyâ pour digérer. Faire le point.

Je regrette d'être venu. Cette ville est une cité magnifique et un sale bled à la fois. Comment la décrire ?

Il existe plusieurs façons de raconter un lieu, une femme, une histoire. Je l'ai expérimenté à propos de Delhi et de Ravindrapuri. Mais je ne désire plus m'amuser ainsi. Je suis fatigué. Je commencerai donc en répétant qu'Ayodhyâ est la ville natale du dieu Râm.

Non. Non. Non !

Cette définition liminaire est insatisfaisante car inexacte. Seules deux choses sautent à l'œil du voyageur dans ce Bethléem indien, en dehors de la présence policière et des extrémistes. Les singes et les temples.

Au diable Râm et la mythologie pour un instant.

Ayodhyâ est la ville des singes ou celle des temples, et il est difficile de choisir entre ces deux appellations.

Des milliers de singes envahissent cette vieille cité comme les pigeons à Venise ou à Paris. Ils courent en liberté dans les rues et volent de maison en maison, espiègles, toujours à la recherche d'un truc à chiper. Les temples semblent également innombrables, ils sont collés les uns aux autres et j'ai essayé de les compter dans une ruelle au hasard, puis une autre et une troisième. J'ai abandonné à chaque fois. Je me perdais dans mes calculs et j'ai donc demandé le nombre de temples dans cette ville à des marchands de souvenirs. Je me disais que ces gens-là seraient au courant des informations touristiques. Ils le sont et j'en ai interrogé trois, puis un flic, pour vérifier leurs dires tant elles sont incroyables. Ils m'ont tous répété le même chiffre. Je suis obligé de l'accepter et je comprends pourquoi je m'embrouillais dans mes estimations. Ayodhyâ possède sept ou huit mille temples, grands et petits confondus.

Alors, Ayodhyâ, cité des singes ou cité des temples ? En fait, les temples attirent les singes. Ils leur procurent des abris calmes avec plein de reliefs de nourriture provenant du passage des pèlerins. Car les hindous font le plus souvent leurs offrandes aux dieux en fleurs et en nourriture.

Justement.

La multitude des confiseries et des pâtisseries ne doit pas surprendre dans ce bourg. Ces boutiques sont moins abondantes que les temples mais leur nombre s'élève tout de même à une centaine. A vue d'œil. C'est le commerce le plus fréquent avec celui des souvenirs et des objets religieux, anodin dans une ville sainte. Ne croyez pas que cette importance de l'artisanat pâtissier traduise l'existence d'une spécialité locale, du style : le calisson d'Ayodhyâ, la bêtise d'Ayodhyâ, le pain d'Ayodhyâ. Non ! J'ai léché les devantures de ces boutiques et ça m'a soulevé le cœur. Ils ne vendent que les sucreries courantes. Ces friandises indigestes car pâteuses, trop grasses, trop sucrées, fades et souvent rances, mais qui ravissent le palais des Indiens, et surtout celui des brahmanes et des membres des hautes castes dont elles constituent le seul plaisir – avouable – de la bouche, puisqu'ils sont végétariens et ne touchent pas à l'alcool – en théorie. Les pâtissiers d'Ayodhyâ présentent sur leurs étalages des pyramides de *laddu* (farine frite et sucre roulés en boulettes) et de *khurchan perâ* (palets durcis de lait concentré et de sucre). Les confiseurs exhibent des montagnes de ces billes blanches traditionnelles de sucre qui traînent dans les sanctuaires hindous comme les cierges dans une église catholique. Ces trois sucreries servent à faire des offrandes de qualité. Les dieux adorent le sucre et le lait par-dessus tout et, d'ailleurs, la syllabe divine « *Om* », genre d'alléluia hindou, est moulée sur les *khurchan perâ*. Sucreries divines. La sainteté d'Ayodhyâ n'est pas gastronomique mais religieuse et l'abondance de pâtisseries ne s'explique que pour permettre aux pèlerins d'acheter des gâteaux pour régaler les dieux. Leur permettre de remplir leur devoir de croyant. Les pâtisseries ici comme la rampe de mendiants à Dashâshvamedh. Ayodhyâ ville pâtissière.

A propos, une question me turlupine depuis longtemps. Comment les brahmanes savent-ils que leurs dieux aiment le sucre ? Parce qu'ils possèdent des goûts identiques ? Les dieux le leur ont-ils raconté ? Ça m'épaterait. Alors les brahmanes l'ont-ils rêvé ? Non. Ce serait trop fort que des centaines de millions d'hommes gobent cette supercherie. L'origine de la connaissance du goût des dieux reste un mystère, mais les prêtres hindous n'en sont pas moins sûrs de dire la Vérité. Oui, avec un grand V. Elle attribue aux dieux l'amour du sucre, elle décrète que les aliments frits sont les plus purs et range l'intouchable au niveau du chien. C'est pour cela que ce mystère m'intéresse, et ces odeurs de caramel et de friture qui envahissent les ruelles d'Ayodhyâ me rappellent mon intouchabilité et me donnent la nausée.

Cela sent la vieille graisse rance en train de cramer comme si un pneu était mis à frire. Cette graisse est si noire : elle doit dater de la colonisation britannique. Elle servait à huiler les camions anglais. Après l'Indépendance, on a vidangé les camions et on a jeté l'huile dans les marmites de ces gargotes et de ces pâtissiers. Ils avaient besoin de beaucoup de graisse car, avec la liberté et la modernisation du pays sous les Nehru-Gandhi, les pèlerins affluèrent à Ayodhyâ. Il fallait nourrir tous les fidèles et leur permettre de faire leurs pieuses offrandes. Du mieux possible. Avec les mets les plus purs, dignes de ce lieu saint. C'est-à-dire avec des aliments frits. Ainsi les *laddu*, la friandise des *sâdhu*, ces boules grasses et sucrées.

Moi, je rigole. La friture purifie peut-être l'âme mais elle encrasse à coup sûr les artères. Quelle société obscurantiste ! Je sais, les dévots me rétorqueront : « Peu importe les artères et le corps ; la vie présente n'est qu'une existence parmi tant d'autres dans le cycle infini de naissances et de morts que subit chaque individu ; et puis ce monde matériel n'est qu'illusion… »

Tralala. Turlututu, chapeau pointu !

Je visite la ville à pied et, depuis mon arrivée, quand je demande où se trouve tel ou tel temple célèbre, ou bien la rivière Saryu qui arrose quelque part ce bled et dont j'ai envie de voir les berges, j'ai observé que les gens me tutoient avec le mépris le plus ouvert. Quand ils me répondent ! Une fois sur deux, ils me jettent un regard méchant puis me tournent le dos en silence. J'imagine comment leurs yeux me voient. En type à la tignasse hirsute, au visage et aux pieds noirs et crasseux, aux habits en lambeaux. Un misérable d'une basse caste, répugnant, dont le contact est à éviter sans la retenue de bienséance ordinairement affichée à Bénarès. J'essaie de commencer mes questions par « Excusez-moi », ce qui est peu usuel en hindi et presque obséquieux. Mais ça ne change rien. Une fois sur deux on m'ignore, voire on ricane de moi.

Ayodhyâ, c'est l'enfer et je regrette Bénarès. Ici, je n'ai même plus l'impression d'être un sous-homme mais juste une bête.

Le long de la rue centrale qui mène au pont de la rivière Saryu, je reconnais un frère intouchable. Je suis certain que c'est un enfant de Dieu car il exerce le métier de cordonnier. Il est assis en lungi sur le bord poussiéreux de la chaussée au milieu de son fourbi. Marteaux, tenailles, tranchets, alênes, brosses, pointes, semelles, pots de cirage et de colle, vieilles godasses et une enclume. C'est un petit gros d'une quarantaine d'années à l'air jovial. Je suis exténué, je veux discuter avec quelqu'un de ma condition, me remonter le moral. Je désire aussi savoir si la viande et l'alcool sont encore prohibés dans cette ville sainte. Je ne peux demander ça qu'à un autre intouchable. J'aurais honte de parler viande et alcool avec le premier venu, tout comme en France je n'oserais pas me renseigner sur les putes.

Pour l'ail et l'oignon, Ayodhyâ a changé depuis l'enfance de mon prof Râm Singh. Pendant ma balade, j'ai remarqué que les échoppes de légumes vendent désormais ces bulbes impurs. Par contre, je n'ai aperçu aucune boucherie ni débit d'alcool. Si de tels commerces existent ici, ils doivent être planqués. Je voudrais savoir où. Je boirais bien un coup pour me rincer l'esprit.

J'attends donc de l'autre côté de la rue que le cordonnier n'ait plus de client, puis je m'approche et je lui parle à voix basse, comme s'il s'agissait de trucs intimes :

« Bonjour. Je suis de passage à Ayodhyâ. J'ai un petit problème. Je pense que vous pouvez me renseigner. »

Il dit d'accord, je m'accroupis et je lui raconte que je suis un aborigène du Bihâr afin qu'il me sente proche de lui et qu'il parle sans gêne. Puis je lâche le morceau :

« Vous savez si j'peux acheter de la viande ici ?

– Je vais vous renseigner, répond-il en appuyant sur le vous (et je devine que nous attachons une importance réciproque à ce vouvoiement, tels deux esclaves qui s'offrent le respect dont ils sont tant privés). A Ayodhyâ, on vend seulement de la viande le mercredi et le samedi. Sinon, vous en trouverez tous les jours à Faizabad (chef-lieu du canton à moins de dix kilomètres).

– Quelle viande ?

– Ici juste de la chèvre. Mais à Faizabad y a de tout.

– Du porc aussi ?

– De tout. Porc, buffle, chèvre, poisson, poulet...

– Vous... Vous mangez du porc ? je demande gêné et désireux de connaître les coutumes des cordonniers du coin.

– Oui.

– Moi aussi, j'en mange. C'est bon. Hein ?

– Oui. » Il approuve, laconique, avec un sourire qui signifie : « Cette pratique est sale et honteuse mais vous et moi, nous savons que c'est rudement bon. »

Je poursuis : « A Ayodhyâ, je peux acheter de l'alcool ?

– Non. Faut aller à Faizabad et le rapporter ici.

– Et le boire en cachette ?

– Oui.

– Vous êtes gentil de me raconter tout ça, je lui dis. Vous êtes la première personne qui me parle sans me mépriser à Ayodhyâ. Le castéisme semble très fort ici.

– Oui, soupire-t-il. Les brahmanes sont nombreux et puissants ici.

– Je peux rester un peu à côté de vous ?

– D'accord. »

J'aime bien sa présence. Je me sens un homme près de lui ; non seulement parce qu'il me vouvoie mais aussi parce qu'il discute d'une façon ordinaire, normale, et c'est très agréable. Je lui propose une *biri* mais il ne fume pas. Lui, il chique. Alors je m'en grille une tout seul et il mâche une grosse pincée de tabac.

Je reste une demi-heure avec lui. Les clients apportent régulièrement des chaussures à réparer ou à cirer et même des sacs. Ils lui parlent avec dédain et ils le tutoient, ils se plaignent qu'il ne travaille pas assez vite ou que c'est trop cher. Mais le client est roi, mon frère les vouvoie et il ne les rembarre jamais. Nous parlons peu mais à un moment il me raconte qu'il a deux garçons et une fille. Je le félicite. Je lui dis qu'il a bien de la chance de n'avoir qu'une seule fille, comme ça il n'aura qu'une seule dot à verser mais il en encaissera deux en mariant ses garçons. Il sourit. Je lui raconte qu'avant Ayodhyâ, je suis passé à Bénarès. J'y ai visité un temple dédié à Ravidâs, notre saint à nous, les enfants de Dieu. Ce temple est grandiose et surplombe le Gange. Il me dit :

« Nous aussi à Ayodhyâ on a un temple de Ravidâs. Il est petit mais assez beau. Vous devriez y aller. »

C'est une excellente idée. Il m'indique le chemin du temple de Ravidâs et je le quitte.

Le temple de Ravidâs se trouve non loin de la gare au milieu de maisonnettes en terre et de jardins maraîchers. La balade est agréable. C'est un quartier de verdure, calme et frais, mais je m'y perds et je peux vous garantir que, lorsque je demande la direction du temple des intouchables, les gens me regardent encore plus bizarrement que d'habitude. Comme si j'avais la peste. Sauf quelques personnes qui, au contraire, me sourient en entendant le nom de Ravidâs. Je me dis que ces autochtones avec des habits pauvres de paysans doivent être eux-mêmes des intouchables.

Le temple de Ravidâs mesure environ dix mètres sur dix. C'est un bâtiment cubique, massif comme les synagogues en France, et sa façade blanche n'est agrémentée que de deux petits balcons en encorbellement. Un vieux, torse nu, avec un pagne blanc autour des reins, est assis sur le perron du temple. Il a une barbe grise, le teint mat et la peau du ventre ridée comme une figue sèche. J'imagine que c'est un prêtre. Je me déchausse et je lui dis que je suis venu prier. Il me fait signe d'entrer.

L'intérieur du temple ne suscite pas plus d'intérêt que l'extérieur. Une pièce unique et sombre, sans mobilier, avec des tapis sur le sol et dans le fond un petit sanctuaire. Il abrite, derrière une grille, une statue de Ravidâs d'un mètre de hauteur en marbre blanc. Je m'agenouille devant elle, je jette un billet de deux roupies à travers la grille puis je m'en retourne pour sortir du temple. Mes yeux se sont habitués à l'obscurité et, au passage, je remarque un chromo du docteur Ambedkar accroché sur la droite du sanctuaire.

Un flash me traverse la tête. Que fait Ambedkar dans un temple hindou ? Ambedkar, ce leader intouchable du milieu du XXe siècle, lutta toute sa vie pour la justice sociale, contre le castéisme et contre l'hindouisme. Juriste éminent, ministre de la Justice après l'Indépendance, il fut l'un des pères de la Constitution de l'Inde moderne et laïque qui abolit l'intouchabilité. Hindou de naissance, il embrassa avant de mourir en 1956 le bouddhisme, religion égalitaire qui ne reconnaît pas les castes. Il suscita la conversion en masse de millions d'intouchables au bouddhisme et est en quelque sorte l'ennemi de l'hindouisme. Il arrive que ses statues – il est devenu un personnage historique –, installées sur la voie publique ou dans les écoles, soient déboulonnées par des extrémistes hindous de hautes castes, comme il y a dix jours à Ghazipur, un canton voisin de Bénarès. Les intouchables, eux, le considèrent avant tout comme le défenseur de leurs droits, un héros, un saint laïque.

Ambedkar prêchait l'égalité de tous les citoyens et l'éradication du système des castes. C'est-à-dire de l'hindouisme. Car le castéisme est nécessaire à l'hindouisme comme l'eau au poisson, l'alcool à l'ivrogne. L'accomplissement de son devoir personnel de caste – et non d'un devoir universel – et le système de réincarnation dans une caste plus ou moins élevée en récompense de vos actions bonnes et mauvaises constituent les deux piliers fondamentaux de cette religion en attendant la délivrance finale et le paradis. Sans le désir de renaître brahmane ni la menace de devenir intouchable, le système moral hindou ne fonctionnerait pas. Ambedkar comprit que toute réforme de l'hindouisme pour éliminer l'intouchabilité était impossible et il choisit la voie légale et celle de la croissance économique pour rendre les hommes égaux.

A la même époque, Gandhi militait aussi contre l'intouchabilité mais il défendait le système des castes qu'il jugeait une excellente division du travail par la naissance. Il rêvait de purifier l'hindouisme. Pour réhabiliter les intouchables, il leur demandait de suivre des coutumes plus propres et il réclamait aux membres de hautes castes de faire pénitence et preuve d'humilité.

Le parallèle entre Gandhi et Ambedkar me fascine. Ces deux contemporains étaient originaires de l'ouest de l'Inde, ils étaient juristes et ils avaient fait leurs études en Occident, fait rare à l'époque. Mais ces deux combattants occidentalisés de l'intouchabilité étaient adversaires. Gandhi le réformiste et Ambedkar le révolutionnaire – il détestait néanmoins les communistes. L'évangéliste et le laïc. Gandhi baptisa pudiquement les intouchables « enfants de Dieu » et Ambedkar les fit séculièrement dénommer « castes répertoriées » par l'Administration. Gandhi demandait aux hindous de hautes castes qu'ils acceptent parmi eux les intouchables, alors qu'Ambedkar mobilisait les intouchables pour qu'ils se libèrent eux-mêmes. Gandhi idéalisait le village traditionnel, son artisanat et son système social fondé sur l'interdépendance des castes ; Ambedkar affirmait que les villages indiens n'étaient que des repaires ségrégationnistes et obscurantistes, et qu'il fallait promouvoir l'industrie pour développer l'économie et réaliser l'égalité entre tous les hommes.

En 1932, Ambedkar obtint des colons britanniques des droits électoraux particuliers pour les intouchables, mais Gandhi entreprit alors une grève de la faim pour protester contre cette faveur qui, selon lui, éloignait les intouchables de l'hindouisme. Gandhi, dans la mouvance du Parti du Congrès, craignait l'émergence d'un mouvement intouchable indépendant qui affaiblirait les dirigeants du Congrès et il n'estimait guère les capacités intellectuelles des intouchables, même pour la défense de leur propre intérêt.

En 1931, après sa première rencontre avec Ambedkar, Gandhi s'étonna qu'Ambedkar soit un enfant de Dieu et non un brahmane ému par l'intouchabilité. Comme si les intouchables étaient incapables d'engendrer leur leader. En 1936, Ambedkar flirta avec le sikhisme en conseillant aux intouchables de se convertir à cette religion égalitaire. Gandhi, moqueur et inquiet que l'hindouisme perde vingt pour cent de ses fidèles, s'interrogea sur la question de savoir si les intouchables pouvaient distinguer les mérites entre les différentes religions « plus qu'une vache » (sic).

Le combat de ces deux défenseurs des intouchables est d'autant plus passionnant que, au crépuscule de leurs vies, leurs rôles se mélangèrent. Le saint Gandhi réalisa enfin que des lois étaient nécessaires pour protéger les intouchables et qu'il fallait détruire le système des castes – même s'il voulait conserver l'hindouisme et se mordait la queue en réalité. Le laïque Ambedkar devint religieux en se convertissant au bouddhisme.

Je regarde donc le chromo d'Ambedkar dans ce temple hindou de Ravidâs et je me marre. Intérieurement. Je lance juste au vieux prêtre deux célèbres slogans d'Ambedkar :

« Considérez-nous égaux… Si votre esprit est guéri, l'eau dans ce bol sera égale à l'eau du Gange. »

Le prêtre me sourit et je sors. Je pars vers la rivière Saryu, une longue marche de cinq kilomètres. Le soleil commence à descendre dans le ciel quand j'y arrive.

La rivière Saryu est large mais elle semble peu profonde. En amont du grand pont qui l'enjambe, des bancs de sable s'étendent à perte de vue du côté d'Ayodhyâ et mangent la moitié de la surface du fleuve en cette saison sèche. L'autre berge semble déserte, comme la rive maudite du Gange en face de Bénarès.

Des escaliers de pierre puis un talus de sable constituent la berge d'Ayodhyâ. Des centaines de pèlerins y affluent. Des prêtres les bénissent à l'occasion d'un bain purificateur et ils disent la bonne aventure à certains en leur faisant toucher la queue d'une vachette. Je trouve ça ridicule et je ne peux réprimer un sourire.

L'eau du fleuve est verte et limpide mais, outre les dévots, toutes sortes d'ordures, des nappes de mazout et des paquets de mousse flottent. Je ne m'y baignerais pas, même si ma teinture était indélébile, et je me demande comment un tel égout peut purifier le corps. Cela me rappelle que le Bouddha ricanait sur le rite hindou de l'ablution :

« S'il suffit de se plonger dans le Gange pour laver ses péchés, combien de poissons et de grenouilles sont déjà sauvés ? » Il parlait du Gange mais sa remarque est valable pour tous les plans d'eau. Ils possèdent, à des degrés moindres, des vertus purificatrices.

Quand on imagine une rivière, on pense tout d'abord voir de l'eau, puis des poissons sauter en surface, puis des pêcheurs à la ligne ou au filet, et on les regarde travailler et ça tue le temps. Ici, il n'y a pas de pêcheurs, juste des baigneurs, et je n'ai pas envie de les regarder flotter dans l'égout. Je m'emmerde à contempler ces berges sablonneuses et dénudées et je me dis que dans cette ville sainte livrée à la dictature des brahmanes végétariens, la pêche doit être interdite.

Je me lève. Direction le grand bassin qui se trouve derrière la berge et son terre-plein, sorte de digue. Ce lac cimenté borde en fait les premières constructions d'Ayodhyâ. Il semblait magnifique en arrivant tout à l'heure du centre ville.

Il l'est. Cet endroit me rappelle Venise. Mais en plus baroque. Des dômes orientaux coiffent les immenses palais crème et les temples de pierre rouge qui le surplombent à l'infini se reflètent dans l'eau émeraude. De larges escaliers de dalles rosées y descendent et quelques hommes y font leur lessive. Le détergent mousse abondamment et des poissons crevés flottent le ventre en l'air parmi les blocs d'écume, les taches d'huile et des vieux sacs plastique. L'eau est remplie de polluants et d'ordures. Il y a même un cadavre de chien au ventre gonflé qui y surnage telle une baudruche. Si c'est le bassin de décantation des égouts d'Ayodhyâ, c'est la plus jolie station d'épuration que j'aie jamais vue. Mais je crois que c'est juste un bassin ordinaire.

L'eau est sale mais elle reste claire. Des bancs d'alevins nagent en surface et par moments des gros poissons montent les chasser. Des petites tortues plongent aussi en me voyant approcher. Mais je n'aperçois toujours aucun pêcheur.

Ayodhyâ ! Interdit d'y capturer les poissons. C'est un acte sanguinaire, cruel, barbare que réprouve la morale végétarienne hindoue.

Par contre, vous pouvez polluer l'eau où vivent les poissons. Y laver du linge et vider vos poubelles à volonté. C'est OK pour les brahmanes. Voilà bien la nature de leur amour des animaux, de leur respect de toutes les formes de vie – qui sont peut-être la réincarnation de votre grand-père au passage –, voilà bien un exemple de leur haute civilisation humaine et de leur non-violence : la lente agonie inutile des poissons par empoisonnement plutôt que la mort éclair entre les mains du pêcheur afin de nourrir les hommes.

Salauds de brahmanes ! Je crois que je ne le répéterai jamais assez. Plus ma métamorphose dure, plus je les déteste. Je n'imaginais pas que je pourrais éprouver un jour tant de haine pour d'autres hommes et je comprends mieux comment des Noirs peuvent devenir racistes extrémistes à leur tour.

Je médite sur tout ça jusqu'au crépuscule, assis sur une marche au bord de l'eau, puis je remonte sur la promenade qui ceinture le bassin.

La nuit est tombée. Soudain une immense fatigue m'engourdit le corps. Je n'ai pas dormi depuis hier. Au milieu de la promenade, je repère le seuil en ciment d'une maison qui semble inhabitée. J'y installe mon tapis de sol et ma couverture, puis je me couche. Je repense à cette première journée à Ayodhyâ, à mon déjeuner humiliant et aux litanies absurdes de Râm, aux pâtisseries pour satisfaire le goût des dieux, à la mosquée Babri et à ses idoles invisibles qui n'en font pas moins vibrer l'Inde, aux vachettes de la Saryu, au castéisme extrême des autochtones, au portrait d'Ambedkar dans le temple de Ravidâs…

Ambedkar, le prophète des intouchables, me rappelle son contemporain Periyar, un autre révolutionnaire de sa trempe, adversaire de Gandhi et « Socrate » des Tamouls, le peuple dravidien et non aryen qui habite le sud du sous-continent. E. V. Ramaswami Naicker, surnommé Periyar, c'est-à-dire le Sage, combattit avec verve l'hindouisme, le castéisme et, d'une manière générale, toute la civilisation des brahmanes et du sanskrit. Y compris les mariages endogames et l'expansion de l'hindi (langue issue du sanskrit) comme parler national de la fédération indienne. L'écrivain V. S. Naipaul raconte* comment Periyar, vêtu d'une chemise noire – en contraste avec la blancheur du teint et des habits des brahmanes, symbole de pureté –, débutait ses discours-chocs par :

« Dieu n'existe pas. Celui qui a inventé Dieu est un fou. Celui qui propage Dieu est une crapule. Celui qui croit en Dieu est un barbare… »

Periyar comparait la misère de la société indienne aux mains des hautes castes au développement poussé de l'Europe grâce à la science. Son esprit rationaliste se moquait de l'hindouisme et expliquait que les brahmanes auraient copié leurs dieux sur ceux de l'Égypte et de la Grèce antiques. Il prévoyait les progrès illimités que la science apporterait à l'humanité tout en détruisant les spéculations obscurantistes sur l'existence de Dieu. Quand le monde serait transformé en paradis à l'aide de la science, il n'y aurait plus besoin d'en imaginer un dans le ciel. Quand il n'y aurait plus de misère, il n'y aurait plus besoin de Dieu. A l'opposé de Gandhi, le saint *champion de jeûne* – tel le héros de la nouvelle de Kafka de ce nom –, Periyar était un glouton et il faisait exprès de manger du bœuf pour montrer que ce n'était rien de spécial ni de malsain. Effectivement, il vécut quatre-vingt-quatorze ans, un prodige dans un pays où l'espérance de vie n'est passée que de trente-deux ans à cinquante-neuf ans depuis l'Indépendance.

Periyar et Ambedkar menaient un combat complémentaire et, en 1943, ils auraient même discuté de la partition de l'Inde avec Jinnah, le futur fondateur du Pakistan. Pour échapper à la domination des brahmanes, les musulmans désiraient fonder le Pakistan ou « pays des purs », les intouchables un Dalitstan ou « pays des opprimés », les sudistes un Dravidstan ou « pays des Dravidiens », et les hindous se retrouvaient avec un Hindustan – l'Inde en hindi

* Cf. son livre *India : A Million Mutinies Now* (Inde : un million de révoltes maintenant).

ou « pays des hindous » – amputé qui faisait tant horreur à Gandhi et lui coûta d'ailleurs la vie. Tout ça, c'est de l'histoire. Ce qui m'intéresse ce soir chez Periyar, c'est sa comparaison entre les dieux hindous et les dieux égyptiens et grecs, sa vision de l'hindouisme en religion primitive.

Il a raison.

Un voyage en Inde ne ramène pas les Occidentaux dans leur Moyen Age comme ils disent souvent, mais dans les ténèbres cruelles des premières civilisations. La société indienne est un vestige de l'Antiquité, proche des sociétés grecques, romaines ou celtiques par ses coutumes religieuses et ségrégatives en fonction de la naissance, qui relèvent particulièrement du fond commun indo-européen. Les brahmanes peuvent être comparés aux druides non seulement par leur façon de rendre le culte à des divinités païennes et leur conception de la pureté mais aussi par leur pouvoir judiciaire et politique. A Rome, la société classait les hommes selon leur naissance en trois grades figés tout comme les *varna* (les ordres génériques des castes) en Inde : les patriciens, la plèbe et les esclaves. Je ne ferai pas un cours d'ethnologie romaine mais chaque classe possédait des droits très disparates. L'économie se développa et elles se subdivisèrent en une multitude de guildes professionnelles héréditaires avec leurs saints patrons – comme de nombreuses castes hindoues –, une certaine endogamie et une hostilité aux mouvements individuels entre les groupes. Même l'intouchabilité, un caractère typique de l'hindouisme, se rencontre dans la Grèce des anciens philosophes selon le célèbre anthropologue indien G. S. Ghurye. Platon déclarait que celui qui toucherait une personne bannie, ou mangerait en sa compagnie, ne pourrait plus entrer dans un temple ou dans la cité sans être purifié.

Aujourd'hui, toutes ces sociétés indo-européennes, hiérarchiques, païennes obscurantistes et esclavagistes n'existent plus. Sauf en Inde. Trop attaché à ses lointaines origines, ce pays est devenu un monde fossile

30 novembre.

Le froid m'a réveillé plusieurs fois pendant la nuit et je me sens fourbu. Il fait très humide et un épais brouillard enfume l'aube. Il coupe la vue à dix mètres de distance. Je ne distingue ni les escaliers ni l'eau dans le bassin. Saloperie de ville. J'en ai marre. Du mépris des autres, de ma crasse, du froid et de la fatigue. A rechercher des situations de plus en plus dures, je vais finir par en crever ou devenir dingue. Je suis plus qu'à bout. J'ignore les mots pour le décrire mais je le sens en moi et j'ai envie de tout plaquer. Peut-être est-ce aussi le manque de sommeil qui me désarçonne ?

Je craque.

Du moins partiellement. Je décide de rester indien mais de ne plus être intouchable ou mendiant. Cette métamorphose est possible. Gloire a eu la bonne idée de me faire emporter des habits propres indiens et de la teinture. Au cas où il y aurait du grabuge à Ayodhyâ… Je veux ressembler à un hindou de haute caste et voir comment les gens me traitent. Ce sera intéressant et j'espère que ce sera plus facile à vivre.

Je me décrasse vigoureusement à une fontaine installée au bout de la promenade du bassin. Il y a peu de monde et avec cette purée de pois dans l'air, personne ne remarque ce que je fais. Je me rase et je me frotte à vif le visage, les bras et les pieds, puis je descends au bord de l'eau, je quitte ma chemise et mon lungi troués et j'enfile mon pantalon et ma chemise propres. Je me regarde alors dans mon petit miroir et j'y découvre un troisième homme. Ni Marc Boulet, ni Râm Mundâ. Mais un Indien bien vêtu, au teint clair et éclatant, café crème léger. C'est au poil pour ne plus paraître intouchable. Je roule mes vieilles hardes dans ma musette et je remarque qu'elle est trop sale pour ma nouvelle identité. Il faut que j'en achète une neuve avant de plonger en ville.

Le brouillard s'évapore à la chaleur du soleil et je paresse le long de la rivière en attendant l'ouverture des commerces vers neuf-dix heures. Je me procure un nouveau sac de toile dans un magasin de couvertures à l'entrée de la ville. Ensuite je fonce.

Pour rompre avec mon ancienne existence de misérable marcheur, je grimpe dans un de ces gros triporteurs à moteur qui font taxis publics le long de la rue centrale. Le chauffeur est un fou de la route et trois « Vive Râm ! » sont peints sur la carlingue de pilotage. Il doit croire qu'il ne craint rien pour frôler les piétons et les autres véhicules sans sursauter. Lui, il tient le guidon et donne des gaz, mais c'est Râm qui nous conduit. Vive Râm ! Je savoure le plaisir de me faire transporter et je me sens plus en sécurité que lorsque je marchais hier sur cette route encombrée.

Je descends près du grand temple de Hanumân, dieu des singes, et je m'arrête dans une gargote. Je ne suis plus un pauvre aujourd'hui et je m'offre un menu complet pour six roupies. La bouche et l'estomac satisfaits, je remonte à pied vers la mosquée Babri. Je veux la visiter, refaire mon parcours d'hier en Indien non intouchable.

Les volontaires pour construire le temple de Râm déferlent dans les ruelles en flot continu, inépuisable. Ils ont débarqué pendant la nuit à la façon des nuages de sauterelles et ils sont sans doute des dizaines de milliers à Ayodhyâ. Ils se lancent des « Vive Râm ! » à tue-tête et, ce matin, ils ne m'oublient pas. Ils me prennent pour l'un d'eux avec mes habits propres et je leur réponds : « Vive Râm ! » Je trouve agréable de se saluer entre inconnus.

Devant la mosquée, le camelot qui m'a gardé mes tongs et mon sac hier a lui aussi changé d'attitude avec moi. Il ne me reconnaît pas mais il m'adresse un large sourire et il me demande si je ne suis pas un brahmane du Cachemire.

« Oui, dis-je.

– J'en étais sûr », réplique-t-il.

Sur le coup, je ne réalise pas le sens de son propos, je suis préoccupé par ma visite de la mosquée. Je veux voir les fameuses idoles à l'intérieur.

Cette fois, ça y est. J'ai réussi. Je les ai discernées. Quatre statuettes couchées sur le premier présentoir à baldaquin. Mais seules leurs minuscules têtes émergent des napperons brodés de fil argenté. Elles me semblent noires et vaguement brillantes mais je n'en suis pas sûr à cause de l'obscurité et de leur petitesse.

Je suis bien content de savoir qu'elles existent. Je ressors de la mosquée et je traîne autour. Toujours autant de flics et des nuées de volontaires noircissent l'esplanade. Hier, personne ne faisait attention à moi, mais ce midi, en une demi-heure de promenade, des flics m'ont interpellé à deux reprises. J'ai eu peur mais ils ne me traitent pas comme à Bénarès. Ils me sourient et me vouvoient. Ils veulent savoir si je suis bien un brahmane du Cachemire.

Je ne les contredis pas.

J'ignore à quoi ça ressemble un brahmane du Cachemire mais ça doit avoir ma figure pâle ficelée dans des habits indiens. C'est la troisième fois qu'on me demande si je suis l'un d'eux. En plus, personne ne me prend pour un étranger; cela se sentirait tout de suite aux regards curieux qui vous mitraillent.

Dans ma précipitation, je n'avais pas réfléchi à l'identité que j'allais adopter. Je voulais juste ne plus être intouchable, et me voilà soudain propulsé au sommet de la hiérarchie des castes. Les brahmanes du Cachemire sont très respectés et ils attirent aussi la sympathie générale des hindous car ils sont martyrisés par les musulmans. Je n'ai jamais mis les pieds au Cachemire et je ne parle pas un mot de kashmiri, mais si on me questionne en détail, je raconterai que je m'appelle Râm Pândey – un nom de caste de brahmane – et que je viens de Leh, la capitale du Ladâkh. Ça m'épaterait que je rencontre quelqu'un qui ait visité ce coin reculé du Cachemire. J'ai vu des photos de ce tronçon d'Himalaya, il ressemble au paysage lunaire tibétain, et le Tibet je connais. Je l'ai traversé en stop il y a cinq ans et je pourrais inventer une description plausible du Ladâkh à partir de mes souvenirs tibétains. Je dirai que je ne parle que l'hindi et le ladâkhi, un dialecte tibétain, et si on me demande une démonstration, je causerai en chinois. Ça ira, je pense.

L'habit fait vraiment le moine, ou plutôt le brahmane, et les gens me parlent et semblent même très chaleureux aujourd'hui à Ayodhyâ. J'ai eu du mal à me dépatouiller d'un jeune *sâdhu* qui m'avait accosté et désirait me faire visiter son monastère près du grand temple de Hanumân. A présent, un groupe d'une dizaine de volontaires m'approche. Je confirme encore que je suis un brahmane du Cachemire. Oui, je suis venu en individuel pour contribuer à l'édification du temple de Râm. Ils me félicitent et ils m'invitent à me joindre à eux. Je ne dois pas rester seul, sans amis, car ce rassemblement de dizaines de milliers de volontaires, de frères hindous, est une fête.

Selon eux.

D'accord, je les suis. J'ai envie d'étudier de près ces fanatiques. Vêtus d'une chemise et d'un pantalon ou du traditionnel *kurtâ-dhoti*, ils ont trente à quarante ans. Ils viennent du Bihâr et ce sont aussi des brahmanes, ce qui ne me surprend pas car j'ai lu que les volontaires du temple de Râm appartiennent en général aux castes des trois ordres hindous supérieurs : les brahmanes, les *kshatriya* (les guerriers) et les *vaishya* (les commerçants).

A l'automne 1990, ils ont participé au saccage de la mosquée Babri que la police réprima dans le sang. Ils me l'annoncent de but en blanc à la manière d'anciens combattants, fiers de raconter leurs précédents exploits. Ils campent sous le premier chapiteau au pied de ce monticule où naquit Râm. Le sol est paillé comme dans une étable et des centaines de volontaires s'y reposent assis ou couchés. Dans le fond, il y a une estrade et trois jeunes prêtres y broutent un texte sacré devant des micros qui amplifient leur blablabla dans des haut-parleurs.

Mes nouveaux frères sont arrivés la nuit dernière en train. Leur chef, un petit gros, a un visage rond planté d'un mufle épaté. Avec des branches de persil dans les narines, il serait plus beau, plus appétissant, il ressemblerait à une tête de veau à l'étalage d'une boucherie. Être comparé à un bovin, après tout, c'est un compliment pour un brahmane et je n'ai pas honte de l'imaginer ainsi.

Il est convivial. Il me fait asseoir sur sa couette, il sort d'une valise en alu un sac plastique plein de boules blanches et il m'en offre une. C'est une pâtisserie plâtreuse hypersucrée, sans aucun autre parfum que celui du beurre rance. Ça colle sur les dents. Il me dit :

« Mangez ! C'est bon. C'est pur beurre. Ça se sent, hein ?

– Oui. Ça a le goût de beurre, je réponds laconique, comme si la présence de saveur lactée, saveur sacrée, suffisait à rendre son truc délicieux.

– C'est ma femme qui me les a préparés pour le voyage.

– Mes compliments. C'est exquis.

– Prenez-en ! »

Je refuse poliment et il me sert un coup d'eau dans le verre commun de leur groupe. Je bois à la régalade comme l'exigent les bonnes manières hindoues et il me demande ensuite de m'allonger contre lui et de faire une sieste.

Je n'en reviens pas. Les gens sont si gentils et ils m'estiment si pur. J'ai bu dans le verre d'un brahmane et nous voilà couchés ensemble. Cette ambiance fraternelle pourrait faire oublier qu'Ayodhyâ est un panier de crabes, la plus dégueulasse réunion de fanatiques religieux aux tendances fascisantes. Je ferme les yeux et je repense à l'absurdité du castéisme, au traitement inhumain que l'on m'a infligé pendant les cinq dernières semaines. Et hop ! ce matin, j'ai changé d'habits, je me suis frotté l'épiderme à vif jusqu'à effacer ma teinture et je suis devenu un personnage vénérable. On me vouvoie, on me nourrit, on m'offre une litière.

Dois-je m'en réjouir ou pleurer ?

Le gros chef me raconte qu'il est businessman. Et moi ? Je réponds que je suis également businessman. C'est plus simple. Il est content et il dit qu'il me trouve vraiment sympa. Merci. Je lui demande :

« Vous savez, le gouvernement BJP de l'Uttar Pradesh a promis à la Cour suprême que la construction le 6 décembre serait juste symbolique. On est venus pour rien alors ?

– Non. Il y aura une vraie construction. Vous inquiétez pas !

– Alors le BJP a menti à la Cour suprême ?

– Oui, il dit sans hésiter. Le *Vishva Hindu Parishad** a décidé cette fois que nous construirons pour de bon le temple de Râm. Rien ne nous arrêtera. Y en a marre… L'Inde est le pays des hindous mais on ne peut même pas bâtir un temple sur le lieu de naissance de Râm. Ça suffit. Cette promesse de construction symbolique n'est qu'un écran de fumée. Le BJP embrouille la Cour suprême, vous comprenez, il gagne du temps pour éviter que la police n'intervienne. C'est de la stratégie politique. C'est tout. »

Je me demande si le BJP triche avec la Cour suprême ou bien avec les volontaires. Peut-être avec les deux ensemble en essayant de ménager la chèvre et le chou. Mais une chose est sûre, toute la journée autour de la mosquée Babri, des groupes de dizaines et centaines de volontaires continuent de débarquer des quatre coins

* Le VHP, le « Conseil mondial hindou », la congrégation qui dirige la construction du temple de Râm. Le BJP et le *Râshtriya Svayamsevak Sangh* (le RSS ou « Union des Volontaires patriotes », organisation hindoue fasciste à laquelle appartenait N. Godse, l'assassin de Gandhi, et qui prône la suprématie raciale hindou-aryenne reprise aujourd'hui par le puissant BJP) parrainent le VHP.

de l'Inde, et en grande partie du lointain sud dravidien. Si ce n'est pas pour participer à un travail quelconque le 6 décembre, je me demande pourquoi le VHP continue de les faire venir et de les accueillir. Le gros chef me raconte que l'appel du VHP est un succès, trente mille volontaires sont déjà arrivés à Ayodhyâ. Je le crois et j'ai entendu tout à l'heure un type qui lisait dans un journal que plus de dix mille flics nous surveillaient.

« Vous n'avez pas peur que la police nous tire dessus si nous commençons des vrais travaux de construction ? je lui demande. Comme en 1990 ?

– Non. Moi, je n'ai pas peur. Nous sommes ici au service de Râm. Faut pas avoir peur. Tous ceux qui s'opposent à la flèche de Râm périront de la mort de Râvan. »

Il fait allusion au démon Râvan qui enleva Sitâ à Ceylan. Râm délivra sa femme en tuant l'invincible Râvan d'une flèche magique. Je lui dis :

« Je sais. Tout de même, je suis anxieux.

– Faut pas s'inquiéter. Que peuvent les fusils des policiers contre le pouvoir de Dieu ? »

Frime, folie, inconscience ? Il semble sincère, et en l'écoutant parler, en observant la marée de volontaires qui déferlent sur Ayodhyâ, j'ai dans la tête l'idée claire que ça va péter le 6 décembre. Pour les volontaires ou pour la mosquée ; et peut-être même pour les deux à la fois et les gouvernements de l'Uttar Pradesh et de Delhi en prime. Je me demande si le BJP et le VHP jouent aux apprentis sorciers en concentrant une armée de fous de Dieu ou s'ils laissent exprès pourrir la situation ? Comment réussiront-ils à les contrôler si les travaux de construction s'avèrent juste symboliques ? Certains ont parcouru des milliers de kilomètres pour servir Râm ; inutile d'être devin pour comprendre qu'ils ne se satisferont pas de réciter quelques litanies.

Je suis éreinté et ces réflexions m'assoupissent. Quand je me réveille un peu avant le crépuscule, un type avec autour du crâne un bandeau safran orné du slogan « Vive Râm ! » se présente à notre groupe comme un officiel du VHP. Il explique que nous devons rejoindre un camp de volontaires à quatre kilomètres d'ici où nous serons hébergés jusqu'au 6 décembre. Je comprends que les deux chapiteaux au pied de la mosquée Babri ne sont que des aires d'accueil et de transit pour les nouveaux venus. Ceux-ci sont ensuite répartis par région d'origine dans des camps plus éloignés. Notre chef dit OK et il ordonne à notre troupe de se préparer. Puis il se tourne vers moi en aparté :

« Vous nous accompagnez. N'est-ce pas ? »

Je réfléchis vite. Ils sont gentils mais leur campement est trop loin du centre de l'action. Je refuse sa proposition. Je lui dis que je préfère rester près du lieu de naissance de Râm. Il n'insiste pas, il m'explique que le VHP sert à cinq cents mètres d'ici de la nourriture gratuite pour nous les volontaires, il me dit que je dois aller y manger, puis il m'embrasse avant de partir.

Le jour est tombé et ce ne serait pas un mauvais plan de dîner et de voir à quoi ressemble la cantine des volontaires.

J'ai été bien inspiré.

La cuisine du VHP est située sous un hangar en tôle, le long de l'avenue de terre qui conduit vers la gare. Un millier de volontaires répartis en une dizaine de rangs font la queue dehors, devant une longue table. Mille plus moi. Donc mille un. Je me compte à part car, si je leur ressemble en apparence, je me sens vraiment différent de ces intégristes.

Nous attendons que la nourriture soit prête et les gerbes de « Vive Râm ! » qui fusent de tous côtés expriment la joie des volontaires d'être présents à Ayodhyâ. J'entends parler toutes les langues de l'Inde, mais je ne comprends que celle des deux agitateurs professionnels qui, grimpés sur le mur d'enceinte de la cantine, excitent toutes les cinq minutes la foule en hindi. Elle répète avec ardeur leurs slogans agressifs. Je les scande moi aussi pour ne pas attirer l'attention :

« Nous construirons le temple ici même ! Vive Râm ! »

« Le sang hindou qui ne bout pas, ce n'est pas du sang. C'est de l'eau ! »

« Hindous ! Hindous ! Hourra ! Hourra ! »

« Les ennemis de Râm sont les ennemis de la nation ! »

« Vive Râm ! Vive Râm ! Vive Râm ! »

Une heure plus tard, le dîner nous est servi à la queue leu leu devant la longue table. A mon tour, j'obtiens une feuille-assiette pleine de nourriture et je vais m'accroupir au bord de la route pour manger comme tout le monde. Je suis surpris, c'est délicieux. Il y a deux galettes frites, deux poignées de riz blanc et une louche de curry de patates. Les galettes frites sont un mets raffiné en Inde et je me dis que le VHP veut contenter les volontaires. Je me régale, puis je bois un coup d'eau à une fontaine et je retourne sous le chapiteau. Je m'allonge sur la paille et je me couvre avec une des couettes que le VHP laisse à la disposition des volontaires et que j'ai ramassée sur le côté.

Je regarde autour de moi. Trois cents personnes écoutent un prêtre sur l'estrade. Il lit mécaniquement un texte sacré. Il parle de l'ordre du monde selon Krishna et du devoir propre à chaque caste. Je ne comprends guère le sanskrit mais j'entends des mots clés et je crois reconnaître ce passage de la Bhagavad-Gîtâ :

« Brahmanes, kshatriya, vaishya, shudra, leurs actions obéissent à leur nature intrinsèque.

Sérénité, maîtrise, effort, rayonnement, patience, droiture, connaissance, discrimination, confiance en l'être, c'est ce qui marque un brahmane.

Bravoure, éclat, fermeté, adresse et courage au combat, magnanimité, autorité, c'est ce qui marque un kshatriya.

Labourer, garder les troupeaux, commercer, c'est ce qui marque les vaishya, tandis que pour les shudra, leur nature les conduit à servir. »

Cela me rappelle la misère de mon existence dans la peau d'un intouchable. Monde écœurant. Un excité entre deux âges prend la parole et se met à vitupérer le Pakistan et son soutien aux séparatistes musulmans au Cachemire. Il dénonce la destruction de plus de cinquante temples hindous au Cachemire et il poursuit sur la pseudo-laïcité du gouvernement du Parti du Congrès qui a accepté la création de ce Pakistan où les hindous sont maltraités. En revanche, en Inde, ce parti interdit aux hindous d'être les maîtres chez eux, de vénérer librement leurs dieux en édifiant un temple sur le lieu de naissance de Râm. Ennemis de Râm égale ennemis de la nation, il répète. Il enchaîne sur la supériorité de la race aryenne et la nécessité de fonder une théocratie hindoue. Pour résoudre la crise économique et sociale, il veut purifier le pays et le replonger dans ses racines. Il désire le conformer aux principes brahmaniques, au lieu de balayer cette tyrannie castéiste et fossile pour bâtir une société moderne fondée sur la science. La raison n'a pas raison à Ayodhyâ, le public l'applaudit et lance des « Vive Râm ! ».

Assez ! Assez ! Ce délire purement fasciste – totalitaire, ségrégatif, rétrograde et nationaliste – me donne la chair de poule. Ce désir de promouvoir la pureté de la race et de la culture rappelle même la propagande nazie. Je me cache la tête sous ma couette et j'essaie de m'endormir. Bien au chaud. La première fois depuis que je suis indien.

Je me réveille à deux reprises pendant la nuit et quatre prêtres sur l'estrade poursuivent la lecture monotone de textes religieux. Nous sommes une centaine de dormeurs mais lorsque je me réveille la seconde fois, un flot de volontaires, directement débarqués d'un train de nuit, envahit soudain le chapiteau et ceux-ci s'allongent sur notre litière. Ils sont innombrables. Nous nous imbriquons flanc contre flanc et tête-bêche comme des sardines en boîte. Mais en pire. Un voisin a mis ses jambes sur les miennes et un autre type utilise mes pieds en guise d'oreiller. Puis-je me plaindre ? Je ne crois pas. Nous disposons à peine d'un rectangle d'un mètre carré par personne et je compte douze rangées de cinquante à soixante-dix dormeurs sur la paille du chapiteau. Ça fait du monde dans la crèche. En regardant autour de moi, je remarque même un vieillard qui dort en murmurant :

« Vive Râm ! Vive Râm… »

Ça me dépasse, je l'avoue, et une profonde tristesse me submerge. Si seulement la ferveur des dizaines de milliers – ils seront deux cent mille le 6 décembre – de volontaires venus à Ayodhyâ bâtir un temple était mobilisée pour construire les immeubles ou les routes dont l'Inde a tant besoin !

1er décembre.

Bientôt l'aube. Impossible de dormir avec cette cohue.

Je me lève et je descends en ville puis je loue un cyclo-pousse, direction la rivière Saryu.

J'ai bien réfléchi en regardant le vieux qui répétait en dormant : « Vive Râm ! » Je ne suis pas venu en Inde pour enquêter sur les intégristes hindous. Ni pour me la couler douce dans la peau d'un brahmane. Je suis venu en Inde pour être un intouchable et je vais le redevenir.

Le brouillard n'enfume pas Ayodhyâ ce matin et je cherche un endroit isolé pour me métamorphoser. Je marche pendant un bon kilomètre sur les bancs de sable de la Saryu.

J'ai trouvé le coin parfait. Un filet d'eau coule à proximité pour me laver et des broussailles me cachent à la vue des rares paysans qui vont sarcler leurs concombres. La rivière a oublié du limon après la crue de la mousson et ils ont semé des champs entiers de ce légume.

Je me déshabille, j'enfile ma chemise trouée et je noue mon lungi crasseux. Puis je me lave et je me rase. Ensuite, je lacère ma musette neuve et j'utilise ces morceaux de toile pour m'enduire le visage, les bras et les pieds du flacon de nitrate d'argent que j'ai emporté de Bénarès. Je me passe deux couches de cette teinture et ça me prend la matinée. C'est difficile de me teindre sans l'aide de ma femme, surtout les doigts et les paupières ; et puis en plein jour, pour éviter des traînées, je dois me badigeonner plus vite chaque zone d'épiderme car la coloration photosensible commence à apparaître au bout de cinq minutes. Tant bien que mal je me débrouille et le résultat me satisfait. Mon miroir reflète à nouveau la tête basanée de Râm Mundâ. J'enterre dans le sable les débris de mon sac de brahmane, je roule le reste de mes effets dans mon ancienne musette et je repars à pied à la gare.

Je rentre à Bénarès. J'en ai soupé d'Ayodhyâ et je n'ai pas l'intention de souffrir ici en intouchable jusqu'au 6 décembre. Je ne suis pas masochiste et la destinée de la mosquée Babri n'est pas le but de mon aventure.

J'ai de la chance. Le train *Doon Express* est en retard et j'arrive à la gare vers treize heures, pile pour l'attraper. Il traverse le nord de l'Inde, il fend la plaine gangétique des pieds de l'Himalaya au golfe du Bengale et relie Dehradun à Calcutta *via* Bénarès. Des légions de volontaires du temple de Râm en descendent. « Ils sont trois mille », dit un flic sur le quai. Ils occupaient les marchepieds, les tampons et même les toits des wagons. Ils ont voyagé ainsi pendant des centaines de kilomètres. Quelle folie collective ! Je suis bien content de partir et, quand ils sont tous débarqués, je monte.

Comme convenu, je n'ai pas acheté de billet. Une fois dans le train qui, même sans les volontaires, reste bondé, je suis convaincu d'avoir eu raison. Un contrôleur ne s'amusera jamais à circuler dans cette cohue. Je réussis malgré tout à poser mes deux fesses au bout d'une banquette où cinq personnes sont déjà assises.

Les voyageurs parlent d'Ayodhyâ et des volontaires.

Et patati et patata. Est-ce qu'il faut détruire la mosquée ou bien construire le temple de Râm à côté ? Est-ce que le BJP excite l'antagonisme hindou-musulman pour remporter les prochaines élections ? Cette énième discussion sur l'intégrisme hindou me barbe, mais un père de famille costaud et bien habillé me réveille soudain en citant Khrouchtchev. Le leader communiste aurait dit : « Les politiciens sont les mêmes partout. Ils promettent de construire des ponts là où il n'y a pas de rivière. » Intéressant ! A part ça, rien à signaler. Sauf mon voisin dont les mains n'arrêtent pas de balayer l'air devant son nez quand je fume une *biri*. Je le dérange. Mais ce gros père, il prend son cul pour une trompette. Tous les quarts d'heure, il soulève ses fesses dans ma direction et joue une note. Ses intestins sont pourris, ma parole, et quand un colporteur passe dans notre wagon vendre des pois bouillis, il en achète comme moi une portion pour reprendre des munitions. Mais sans oignon – légume impur – et je réalise que ce type est un hindou pieux et certainement un membre d'une haute caste. Il ne doit pas considérer que l'air de ses boyaux peut me polluer moi, le misérable aborigène, et il pète vers moi. Sans gêne.

Nous atteignons Bénarès après le coucher du soleil et je quitte aussitôt la gare.

J'ai l'estomac dans les talons et je marche vite pour aller satisfaire une envie. Elle me trotte dans la tête depuis la nuit dernière. En fréquentant à Ayodhyâ tous ces hindous extrémistes et végétariens, j'ignore pourquoi, mais cela m'a donné une folle envie de manger de ce jambon fumé que mes parents font rentrer de Savoie chaque hiver. Ce soir, je me nourrirai de viande. Me sentir un barbare. Je dînerai dans le quartier musulman de Madanpurâ. On y vend dans la rue des brochettes de chèvre grillées au barbecue.

Je sais que ce sera bon. Et ça me suffit.

La ville est calme, splendide. Je n'entends plus les cris des fous de Râm dans la rue et les lumières de centaines et de centaines de boutiques éclairent mon chemin.

2 et 3 décembre.

Deux journées sans intérêt. Le train-train de la misère et de l'ennui a repris.

Des millions de mètres cubes d'eau ont coulé dans le Gange pendant mon absence mais Bénarès n'a pas changé d'un poil.

Pour moi.

La nuit, je dors sur le *ghât* Dashâshvamedh ; le jour, je traîne au bord du fleuve sacré et je mange au temple de Vishvanâth du *ghât* Mir. A l'extérieur, avec les autres sous-hommes.

Je m'ennuie. Rien. Rien à faire. Sauf regarder les cortèges de volontaires en route vers Ayodhyâ. Ils s'arrêtent à Bénarès et viennent voir le fleuve sacré en criant : « Vive Râm ! » Certains fascistes ont d'ailleurs peint leurs opinions sur les pierres du *ghât* Dashâshvamedh :

Ennemis de Râm
Ennemis de la nation

J'ajouterais :

Ennemis des cons.

4 décembre.

Je ne dissimulerai rien de mon aventure : j'aime regarder les hindoues se baigner dans le Gange. Pudiques, elles se lavent tout habillées mais leur sari mouillé colle à la peau et épouse les moindres reliefs de leur anatomie. Il devient transparent et les pointes brunes de leurs seins jaillissent sous le textile vaporeux comme une mousseline. J'adore ce spectacle. C'est plus excitant qu'un minable strip-tease, et ce matin, en comparant les spécimens féminins dans le fleuve sacré, je réalise que ma métamorphose est si profonde que ma sexualité et mes goûts les plus intimes ont changé. Désormais, je préfère les femmes en chair et au teint le plus blanc. C'est-à-dire des femmes qui offrent autre chose que leurs os à palper et qui appartiennent sans doute à des hautes castes. Des femmes pures. Je les aime à la peau laiteuse avec un visage de poupon, un cul haut et gonflé, des bras de la taille de mes cuisses et une poitrine volumineuse et ferme, boudinée dans le mini-corsage traditionnel qui laisse à nu un superbe ventre potelé. Vous trouvez cette description peu attirante ? Pour moi, au contraire, ces rondeurs révèlent une existence confortable et me semblent voluptueuses.

En arrivant à Bénarès, j'appréciais la beauté sauvage des intouchables, grandes, maigres et basanées. Je les trouve sèches, ternes et tristes aujourd'hui.

Je suis assis au bord du fleuve en amont du *ghât* Dashâshvamedh et j'observe un groupe d'une vingtaine de grand-mères en train de se baigner. Ce sont des paysannes à en juger par leurs habits propres mais râpés, et quand elles sortent de l'eau, elles changent leurs habits trempés en public et je vois leurs seins ratatinés et leurs culs osseux. Ce n'est pas excitant mais je m'allume une *biri* et je continue d'observer ce groupe de vieilles. Deux femmes d'une vingtaine d'années les accompagnent, j'attends qu'elles remontent de l'eau.

Ça y est, elles arrivent, elles se sèchent, et je suis aux anges. J'ai bien fait de rester. Elles quittent elles aussi leur corsage sans se cacher avec un linge. Alors je me rince un bon coup les deux yeux. Hummmmmmm ! C'est très agréable avec la rivière émeraude en arrière-plan et le soleil qui la fait miroiter. Par cette chaleur, leurs seins parfaitement ronds et fermes me font penser à des pamplemousses. En plus rafraîchissant et je les téterais volontiers.

Quand j'y songe, j'ai vu une multitude de poitrines en Inde. La plus grosse fut celle de Baby lors de mon premier voyage en 1990. Un chef-d'œuvre. Baby était la propriétaire de ma maison à Trivandrum. Elle habitait à côté et elle venait se laver au puits, devant mon balcon. Elle laissait tomber son sari, puis son corsage et, en jupon, elle s'aspergeait de baquets d'eau glacée. Elle me tournait le dos mais, par moments, j'apercevais ses doudounes ballotter à gauche, à droite et jusque dans le dos. Au repos, elles pendaient sur son jupon, elles étaient énormes, géantes. Les plus grosses que j'aie vues à ce jour et je suis persuadé que si Baby avait essayé, elle aurait réussi à les faire se toucher par-derrière elle. Ça m'aurait plu de la regarder accomplir ce numéro mais je n'ai jamais osé lui en parler et elle ne l'a jamais tenté. Devant moi, tout du moins. Baby avait déjà la quarantaine, ce qui signifie en Inde, où les êtres humains vieillissent tôt, que Baby était de troisième fraîcheur. Pourtant, sa poitrine était une statue de Rodin vivante et je ne l'oublierai jamais.

Je calcule et c'est marrant : la moitié de la population mondiale aime les grosses. L'Inde, les pays arabes, l'Amérique latine, l'Afrique.

L'autre moitié – l'Europe, l'Amérique du Nord, l'Extrême-Orient – aime les maigres. Ce partage, en fait, ne recoupe pas la classification des nations en pays développés et pays du tiers monde. La Chine, par exemple, un cinquième pauvre de l'humanité, appartient au groupe des amateurs de maigres. J'aimerais trouver un dénominateur commun aux peuples amateurs de grosses et je cherche. Soudain, une môme de trois ans me tire de ces réflexions stupides. Cette môme me replonge dans le monde dégueulasse des castes hindoues. Elle s'est approchée de moi, c'est une gosse de riches, vêtue d'une belle jupe à volants. Son père, assis plus loin sur la berge, la rappelle aussitôt. Il la gronde et me lance des regards mauvais. Je comprends qu'il ne veut pas qu'elle m'approche, non pas parce qu'elle me dérange, mais parce que je suis trop miteux. Ma proximité risquerait de la polluer.

Cinq minutes plus tard, mon hypothèse se confirme. La môme court vers deux types assis devant moi, en chemise-pantalon et propres comme son père. Celui-ci la laisse jouer avec ces inconnus.

Je m'imagine en France et je me dis que si j'avais une gamine de trois ans, je n'aimerais pas qu'elle aille se frotter à des clochards. C'est vrai. Mais en ce moment, je ne mendie pas, je ne suis pas ivre, je ne cultive pas de puces sur moi et je ne pue pas l'urine.

Mon apparence est celle d'un Indien pauvre et de basse caste, un type ordinaire dans ce décor. L'équivalent d'un ouvrier en France.

Un intouchable, un esclave en Inde.

5 décembre.

Le matin.

Désespoir. Désespoir. Désespoir.

Une nouvelle journée à tirer. Une de plus. Une ! Et demain une autre. Et après-demain encore une. Vivre. Durer.

Mourir.

En plus, des crampes me scient le ventre et j'ai eu très froid cette nuit sur le *ghât*. C'est comme si toute la poisse de l'univers pesait sur mes épaules.

Je déjeune vers dix heures au temple du Bâbâ Khichari puis je file au fameux temple de Kâl Bhairav, une des représentations du dieu Shiv symbolisant le Temps qui dévore tout, si ma mémoire est bonne. J'ai entendu dire que des exorcistes y tenaient boutique.

La plupart des Indiens pensent que les accidents de l'existence sont dus au mauvais œil. L'exorcisme est donc une thérapie courante à Bénarès pour les maladies, les problèmes professionnels, voire une panne rebelle d'électricité chez vous, etc. Même des riches ou des intellectuels comme mes propriétaires de Ravindrapuri ou encore Sanjay mon prof d'hindi y recourent dès qu'ils rencontrent un problème difficile.

Je ne crois ni à Dieu, ni au diable, ni à une quelconque puissance surnaturelle. Mais je suis lessivé et je pense que ça ne peut pas me nuire de me faire exorciser si jamais le prétendu mauvais œil s'est planté sur moi. A l'opposé des Indiens, je n'arrive toujours pas à accepter mon existence misérable. Peut-être est-ce à cause du mauvais œil que je broie du noir ? Si un exorcisme risque de me soulager, pourquoi ne pas tenter l'expérience ?

C'est sans doute de la foutaise mais pas plus que la malédiction qui frappe celui qui passe sous une échelle en France. Justement, je n'aime pas traîner sous les échelles.

Les Indiens entretiennent aussi ce genre de superstition. Par exemple, la première personne qui traverse l'endroit où un âne s'est roulé sera victime du mauvais œil et elle se sentira très fatiguée pendant des jours et des jours jusqu'à ce qu'un exorcisme la délivre. En arrivant en Inde, cette histoire me faisait marrer. Aujourd'hui, je n'y crois pas davantage mais je sais que j'éviterais de marcher sur l'aire où un âne s'est roulé. Par prudence. Je suis dans la panade absolue et je ne désire courir aucun danger inutile, ni laisser passer la moindre chance d'améliorer mon sort.

Voilà pourquoi je veux subir un exorcisme. Cela me trotte dans la tête et je trouve que c'est une bonne idée.

Le temple de Kâl Bhairav se trouve de l'autre côté de la vieille ville, dans une ruelle derrière Kotvâli, le commissariat central. C'est une construction modeste, à ciel ouvert, dont l'intérieur est carrelé en noir et blanc. Une sorte de patio d'une centaine de mètres carrés. Un sanctuaire s'élève au centre et des arcades peintes en orange s'appuient le long du mur d'enceinte. Sous ces galeries, quelques hommes âgés vendent des *gandâ*, les cordelettes noires que les Indiens portent en amulette. Je demande, un peu gêné, à l'un d'eux :

« Je me sens *perturbé* (mot courant en hindi qui exprime aussi bien l'angoisse, le chagrin, la déprime, la colère…) et j'ai mal au ventre. Je crois que le mauvais œil s'acharne sur moi. Vous pouvez me le balayer ? »

La routine. Il se lève en silence, il saisit un beau balai de cordelettes noires qui ressemble à un gros martinet et il fouette l'air autour de moi en récitant à toute vitesse des formules incompréhensibles d'exorcisme. Son visage ne trahit aucune émotion. Il accomplit cet acte magique tel un docteur auscultant au stéthoscope son dixième patient de la matinée. Sa froideur m'intimide. Je suis un jouet entre ses mains. Il dit : « Incline-toi ! », puis il m'appuie sur l'échine jusqu'à ce que je sois plié en deux et il reprend ses incantations. Je sens alors son balai qui m'époussette le dos pour chasser le mauvais œil qui s'y cache.

Voilà, c'est fini. Cela ne m'a fait ni bien ni mal, et l'extraction du démon se révèle tout de même plus agréable que celle d'une dent chez le dentiste. La comparaison entre l'exorciste et un toubib continue. Il me noue un *gandâ* autour du cou et me prescrit une ordonnance :

« Tout va s'arranger pour toi à présent. Il faut juste que tu fasses tourner cinq fois autour de ta tête un fruit. Une banane, une pomme, peu importe. Tu achètes ce que tu veux et tu le fais tourner cinq fois autour de ta tête. Comme ça (il mime le sens des aiguilles d'une montre).

– Cinq fois ?

– Oui. Cinq. Et puis tu le jettes. Et tu seras guéri.

– Mais j'ai très mal au ventre, je lâche sceptique.

– Je t'le répète. Cinq fois un fruit autour de la tête et tu es guéri. T'inquiète pas ! Tes problèmes sont résolus. »

Je ne le crois guère mais s'il dit vrai, alors ce type est génial. Je suis impatient de voir le résultat. Je lui demande combien je lui dois, il me dit que c'est selon mon bon cœur et je le paie deux roupies auxquelles j'ajoute une piécette de vingt-cinq centimes pour faire un chiffre de bon augure qui ne soit pas rond. Il est content.

Je sors du temple et j'achète une banane au premier colporteur de fruits que je croise. Je m'installe en retrait de la route et je promène la banane autour de mon crâne. Cinq fois. Ce n'est ni douloureux, ni agréable. J'espère juste que les passants ne me regarderont pas car j'ai honte.

Ma pudeur est vaine, personne ne m'a observé. Comme d'habitude. Je suis invisible. Trop sale, trop misérable pour intéresser. Je balance la banane et je décide de flâner dans la vieille ville en attendant les résultats de l'exorcisme.

La vieille ville s'accroche à la colline qui surplombe le Gange en aval de Dashâshvamedh. C'est un labyrinthe de ruelles de deux mètres de large où les automobiles ne peuvent pénétrer. C'est une ruche à l'écart du reste de Bénarès, un lacis en nid d'abeilles qui bourdonne de l'aube à minuit. Hommes, vaches, chiens, singes, rats y vivent en liberté et en communauté. Le soleil ne descend pas dans ce cloaque surpeuplé et des milliers d'échoppes crasseuses en tout genre s'alignent tels des chapelets d'hémorroïdes au pied d'immeubles de deux ou trois étages aux façades rongées par l'humidité. Ce monde grouille en permanence et il faut pousser les hommes et les vaches, botter le cul des chiens et s'écarter prudemment des singes pour y circuler, y progresser parmi les odeurs de crotte, d'épices, de lait, de friture et la cacophonie des haut-parleurs publics qui rivalisent avec des litanies hindoues et des chansons de films hindi. C'est Capharnaüm sur les bords du Gange, au XXe siècle. La reconstitution d'une cité de l'Antiquité. Un Disneyland sans Mickey où il faut chausser des cuissardes et s'abriter sous un solide parapluie pour marcher à l'aise. Car c'est bien le paradis pour celui qui aime patauger dans la bouse de vache et recevoir des ordures sur le crâne. Les gens vident leurs poubelles par les fenêtres sans crier gare et les centaines de vaches qui sillonnent les ruelles à la recherche de ces dons du ciel, chient et pissent partout, couvrant le sol d'une couche glissante.

Ce voyage dans l'Antiquité ne m'intéresse plus et je ne ressens que de la gêne en me promenant ici.

Et boum ! Deux énormes vaches s'encornent devant moi, elles se disputent le sac de détritus qu'une femme vient de jeter de son balcon. Et reboum ! Le choc est violent. Je m'écarte. Les vaches se bagarrent souvent à Bénarès et je sais que leurs mouvements sont dangereux. Je souris. L'hindou considère la vache comme sa mère, il la vénère tel un être divin et les plus pieux la touchent en signe d'hommage chaque fois qu'ils en croisent une. « La vache représente la mère de l'univers et elle est un idéal pour tous ceux qui sont doux, purs, désintéressés et innocents. » Cette phrase du saint Swâmi Râmdas reste gravée dans ma mémoire et elle m'amuse en regardant les deux vaches emboîter leurs cornes. Primo : les hindous auraient mieux fait de choisir le lapin ou le ver de terre comme animal symbole de douceur et de fécondité, si c'était vraiment le but recherché. Secundo, je me marre encore plus : nourrir les vaches avec des ordures, quel drôle de régime pour traiter sa mère ou un dieu. Car ces bovins errants ne sont pas sauvages. Pas du tout. Leurs propriétaires prennent la rue pour un pré. Ils les lâchent exprès afin quelles se nourrissent elles-mêmes des détritus que la ville sécrète, et le soir les bêtes rentrent se faire traire à l'étable. Voilà la conception hindoue de l'amour des animaux. On ne tue pas la vache mais on la frappe, on l'exploite et on la nourrit d'ordures. Sanjay, mon prof d'hindi dont les parents possèdent une petite ferme, m'a même raconté qu'on laissait crever de faim les bébés buffles car ils tètent trop leur mère et celle-ci continue de produire du lait quand son petit est décédé. Les éleveurs pourraient supprimer à la naissance les bufflons en surnombre et éviter des souffrances inutiles. Impossible. Tuer est un acte barbare.

Ce respect hindou de la vie est d'un raffinement extraordinaire. On ne tue pas les animaux et on ne les mange pas. Mais on les sous-alimente. On ne pêche pas les poissons. Mais on déverse ses poubelles dans leur eau.

On ôte la vie à petit feu sans jamais donner la mort. J'ai honte d'être indien.

Je médite tout ça et je réalise que l'exorcisme n'a eu aucun effet sur ma mauvaise humeur et que j'ai toujours des crampes dans l'abdomen. Que faire ?

Que faire de ma vie ?

J'atteins Dashâshvamedh, je m'offre une sieste puis, en fin d'après-midi, je remonte le long du Gange et je m'arrête au *ghât* de Harischandra, l'une des deux berges de Bénarès où les morts sont incinérés.

L'air sent bon la viande grillée et le bois de santal. Deux cadavres sont en train de brûler sur leur bûcher, face au fleuve sacré, et des chiens rôdent autour dans l'espoir de choper un morceau de chair humaine rôtie. Les familles des défunts – seulement les hommes – sont assises sur le *ghât*, elles attendent la combustion du macchabée pour jeter ses résidus dans le Gange.

Je pourrais raconter ce spectacle point par point, vous donner des frissons d'horreur. Je n'en ai pas envie. Je suis déjà assez déprimé comme ça.

Je m'accroupis à côté d'une famille et je grille des *biri*. Ne pas rester seul. Une crémation dure deux heures et ça m'occupe les yeux de regarder les corps se faire dévorer par les flammes pour obtenir ici, à Bénarès, la formule magique de Shiv qui les délivrera du cycle des réincarnations.

Cela fait six semaines que je suis indien. Six semaines seulement. Et pourtant il me semble que j'ai vécu des années et même une vie complète dans la peau d'un intouchable. Complète car je me sens comme un vieillard. Je n'espère plus rien et je n'accepte plus de lutter ni de souffrir. Je suis prêt à mourir. Je souhaite mourir, être débarrassé du fardeau de l'existence de Râm Mundâ.

Deux touristes japonaises passent devant les bûchers. Elles s'arrêtent pour regarder, elles sont mignonnes et elles me rappellent soudain Gloire, ma femme chinoise. Son corps agréable, ses doux baisers, son amour sincère, son dévouement absolu. Elle m'attend à la maison et elle doit s'inquiéter pour moi. Cette image de Gloire réveille mon désir de vivre. Je l'aime plus que tout.

Peut-être est-ce le moment de redevenir Marc Boulet ? C'est ça, mourir en Indien pour renaître en Européen. Je crois aussi être devenu trop agressif, trop partial pour continuer mon étude de la société indienne.

A ce moment de ma gamberge, l'homme en chemise-pantalon assis près de moi me demande mes allumettes pour fumer. Puis il engage la discussion et je ne refuse pas, ça me distrait. Il a une trentaine d'années et une grosse moustache qui lui donne un air bonasse. Il est venu voir son oncle brûler. Je lui raconte mon baratin usuel et il m'avoue qu'il est aussi un enfant de Dieu. Rien d'extraordinaire. Un Indien sur quatre est intouchable. Nous parlons de la réincarnation ; il croit que l'âme de son oncle est en train de grimper au paradis sur le bûcher devant nous, parce que cette crémation se déroule à Bénarès. Je lui demande, pour relancer la conversation, bien que je connaisse la réponse :

« C'est valable, même pour nous, les enfants de Dieu ?

– Pourquoi pas. Nous sommes des enfants de Dieu, d'accord, mais nous sommes des hommes. Ce sont les autres castes qui nous méprisent, qui nous traitent comme des chiens et nous exploitent. Dieu n'a pas désiré que notre statut soit si bas.

– Vous croyez ?

– C'est sûr... Mais c'est vrai que nous pratiquons des coutumes sales. Et pour occuper la place décente qui nous revient, cela exige que nous les abandonnions.

– Lesquelles ? je dis, intrigué.

– Moi, par exemple, je ne mange plus de viande, je ne bois pas d'alcool et je prie matin et soir au temple.

– Et donc ?

– Eh bien, comme ça, lors de ma prochaine réincarnation, je ne serai pas un enfant de Dieu. »

Je me tais. Il joue le jeu infâme des brahmanes. « Baisse la tête aujourd'hui et tu seras pur et riche dans une énième vie ! » Quelle stupidité ! Je ne comprends pas comment les gens peuvent gober de tels canulars. En plus, le reniement de son identité d'intouchable est la pire des collaborations avec l'ennemi esclavagiste et je suis sûr qu'il ne s'en rend même pas compte. Sa naïveté, sa bigoterie me désespèrent. Je lui fais une moue mi-figue, mi-raisin, et je pense :

« Mon frère, t'as autant de chances d'être réincarné en brahmane que moi de devenir un jour roi de France. »

Je termine ma *biri* en silence, je le salue et je rentre à Dashâshvamedh.

6 décembre.

J'hésite à quitter la peau de Râm Mundâ. Je sais que si je le fais, je ne redeviendrai plus indien. Je n'en aurai pas la force. Mon retour sera définitif et je veux être certain d'avoir rempli ma mission avant de me décider.

Toute la journée, je retourne cela dans ma tête. Je déjeune au temple du Bâbâ Khichari, puis je me balade au bord du Gange et je fais la sieste sur une berge tranquille en amont de Dashâshvamedh. Épuisé, lessivé, j'en écrase comme un loir, comme si je n'avais jamais dormi de ma vie. Quand je me réveille en fin d'après-midi, la solution s'impose d'elle-même.

Pendant mon sommeil, le couvre-feu a été décrété à Bénarès pour une durée indéterminée. Les rares passants sur les *ghât* curieusement vides ne causent que de ça. Ils sont contents car des hindous viennent de détruire la mosquée Babri à Ayodhyâ. Un jour historique selon eux. Il montre aux musulmans qui est le maître de l'Inde. C'est pour éviter les représailles de ceux-ci que le gouvernement a proclamé le couvre-feu.

Il y a exactement une semaine, je visitais la mosquée Babri. Aujourd'hui, elle ne serait plus qu'un tas de gravats. Mince ! En plus, on raconte que la police n'a pas défendu l'édifice et que les extrémistes hindous ont réussi à le démolir en quelques heures. Incroyable. Une atmosphère de guerre civile doit gagner le pays.

Je remonte vers Godhauliâ pour en savoir plus. La ville est déserte et tous les magasins sont fermés. Même les échoppes de cigarettes. Des hordes de chiens kaki montent la garde sur la voie publique et ils chassent les civils qui osent s'y aventurer. L'un d'eux me menace avec un bâton à l'entrée de la rue Dashâshvamedh et je me planque en vitesse dans un recoin au bord du Gange. Je réalise que mon aventure est terminée.

Où trouverai-je à manger si la ville reste sous couvre-feu pendant un mois comme disent certains ? Et puis, il est interdit de sortir de chez soi. Comment vont vivre les vagabonds de mon espèce ? Cette situation me semble périlleuse. J'ai peur et je sais que ma femme doit se ronger les sangs pour ma sécurité dans cette ville en état de guerre civile. Je dois rentrer, au moins pour elle. Clore cette métamorphose qui la tourmente et lui ôte le sommeil depuis six semaines.

J'attends que la nuit enveloppe Bénarès. Puis, au clair de lune, je longe les berges sombres du Gange pour éviter les patrouilles de flics et je rentre à Ravindrapuri. Chez moi.

C'est fini.

Je suis à la maison. En ouvrant la porte, Gloire m'embrasse et fond en larmes. Quelle bonheur de la serrer dans mes bras après tant d'épreuves ! Je lui dis aussitôt que tout est fini. Elle pousse un soupir de soulagement puis elle m'embrasse à nouveau et elle me regarde comme si j'étais un revenant. Folle d'inquiétude, elle m'a même écrit une lettre pendant mon absence, en s'imaginant qu'elle me parlait. Elle me la montre et je lis :

« Mon chéri !

Où es-tu ? Tu m'entends ? Reviens mon chéri !

Nous ne possédons qu'une seule vie et tu la risques pour un livre. Ça n'en vaut pas la peine.

Je perds la tête en m'inquiétant pour toi et je ne dors plus. Vivre jours et nuits sans son compagnon est un enfer. Je ne veux plus de ce genre d'aventure.

Riche ou pauvre, célèbre ou inconnu, je veux juste rester près de toi. Nos ambitions nous perdront. Nous ne devons plus tomber dans leur piège car nous ne serons jamais satisfaits. La fièvre du succès est ainsi ; on n'en a jamais assez et, en plus, elle augmente sans arrêt. Notre amour nous suffit pour être heureux.

Sans toi, je ne trouve plus le sommeil. Je deviens folle. Tu es ma seule raison de vivre. Et si jamais tu disparaissais... J'ai si peur. Je suis à toi !

Je t'aime ! Je t'aime ! Je t'aime !... »

Ces lignes me bouleversent. Elle m'aime tant. Je reste bouche bée, les yeux humides.

Je ne regrette rien, mais ce soir, je refuse de repenser à mon aventure, à ce monde inhumain des castes. Je veux effacer au plus vite toutes les traces de ma métamorphose en intouchable. Elle représente trop de souffrances, elle inspire trop de dégoût. J'ôte mes habits et Gloire me coupe les cheveux. Ensuite je me rase, je me douche et je me frotte avec un gant de crin. Je nettoie ma teinture, je gratte la moindre trace de nitrate d'argent sur ma peau. Ça me fait mal mais une douce béatitude m'envahit petit à petit. J'ai l'impression de laver toutes les humiliations des six dernières semaines.

Redevenir Marc Boulet. Renaître en homme.

6 janvier 1993.

Un mois a passé depuis la fin de ma métamorphose et, ce matin, un Boeing 747 d'Air France me ramène à Paris.

Pendant la semaine qui suivit la destruction de la mosquée d'Ayodhyâ, les affrontements hindou-musulmans furent les plus meurtriers depuis la partition de l'Inde en 1947. Ils firent plus de mille morts dont vingt à Bénarès. Quant à moi, redevenu blanc et étranger, les Indiens me traitèrent à nouveau comme tel dans la rue. Ils me lancèrent mille fois des « hello », ils me collèrent au train pour me vendre leurs pacotilles, ils me traitèrent de toutes sortes de noms, ils m'escroquèrent, ils se montrèrent d'une servilité excessive.

Rien de spécial en réalité.

6 janvier 1993, huit heures, retour à la case départ.

Je désire juste raconter mon retour chez moi, dans cet appartement de Strasbourg-Saint-Denis dont je rêvais en broyant du noir sur la passerelle de la gare de Bénarès.

Le jour se lève et un froid piquant me gèle le sang. Nous habitons au quatrième étage et je monte l'escalier quatre à quatre. Mais, surprise, je découvre sur mon palier deux clochards réfugiés sous une couverture, bien au chaud. Ils me regardent inquiets, les yeux suppliants, et soudain, le film de ma métamorphose défile dans ma tête. Je revois par flashes les souffrances et les humiliations que j'ai endurées. Je demande aux clochards de me laisser passer avec mes sacs, je ne les chasse pas, je ne bougonne même pas et je rentre chez moi.

C'est la première fois que des clochards campent devant ma porte. Bizarre. Il y a un an, avant cette aventure, je crois que je leur aurais demandé de partir.

Je réalise que Râm Mundâ n'est pas mort en moi.

BUSSIÈRE CAMEDAN IMPRIMERIES À SAINT-AMAND (2-98)
DÉPÔT LÉGAL : MAI 1995. N° 24652-3 (981237/4)

Collection Points

DERNIERS TITRES PARUS

P130. Comme ton père, *par Guillaume Le Touze*
P131. Naissance d'une passion, *par Michel Braudeau*
P132. Mon ami Pierrot, *par Michel Braudeau*
P133. La Rivière du sixième jour (Et au milieu coule une rivière) *par Norman Maclean*
P134. Mémoires de Melle, *par Michel Chaillou*
P135. Le Testament d'un poète juif assassiné, *par Elie Wiesel*
P136. Jésuites, 1. Les conquérants *par Jean Lacouture*
P137. Jésuites, 2. Les revenants *par Jean Lacouture*
P138. Soufrières, *par Daniel Maximin*
P139. Les Vacances du fantôme, *par Didier van Cauwelaert*
P140. Absolu, *par l'abbé Pierre et Albert Jacquard*
P141. En attendant la guerre, *par Claude Delarue*
P142. Trésors sanglants, *par Paul Levine*
P143. Le Livre, *par Les Nuls*
P144. Malicorne, *par Hubert Reeves*
P145. Le Boucher, *par Alina Reyes*
P146. Le Voile noir, *par Anny Duperey*
P147. Je vous écris, *par Anny Duperey*
P148. Tierra del fuego, *par Francisco Coloane*
P149. Trente Ans et des poussières, *par Jay McInerney*
P150. Jernigan, *par David Gates*
P151. Lust, *par Elfriede Jelinek*
P152. Voir ci-dessous : Amour, *par David Grossman*
P153. L'Anniversaire, *par Juan José Saer*
P154. Le Maître d'escrime, *par Arturo Pérez-Reverte*
P155. Pas de sang dans la clairière, *par L. R. Wright*
P156. Une si belle image, *par Katherine Pancol*
P157. L'Affaire Ben Barka, *par Bernard Violet*
P158. L'Orange amère, *par Didier Van Cauwelaert*
P159. Une histoire américaine, *par Jacques Godbout*
P160. Jour de silence à Tanger, *par Tahar Ben Jelloun*
P161. La Réclusion solitaire, *par Tahar Ben Jelloun*
P162. Fleurs de ruine, *par Patrick Modiano*
P163. La Mère du printemps (L'Oum-er-Bia) *par Driss Chraïbi*
P164 Portrait de groupe avec dame, *par Heinrich Böll*

P165. Nécropolis, *par Herbert Lieberman*
P166. Les Soleils des indépendances, *par Ahmadou Kourouma*
P167. La Bête dans la jungle, *par Henry James*
P168. Journal d'une Parisienne, *par Françoise Giroud*
P169. Ils partiront dans l'ivresse, *par Lucie Aubrac*
P170. Le Divin Enfant, *par Pascal Bruckner*
P171. Les Vigiles, *par Tahar Djaout*
P172. Philippe et les Autres, *par Cees Nooteboom*
P173. Far Tortuga, *par Peter Matthiessen*
P174. Le Dieu manchot, *par José Saramago*
P175. Molière ou la Vie de Jean-Baptiste Poquelin
par Alfred Simon
P176. Saison violente, *par Emmanuel Roblès*
P177. Lunes de fiel, *par Pascal Bruckner*
P178. Le Voyage à Paimpol, *par Dorothée Letessier*
P179. L'Aube, *par Elie Wiesel*
P180. Le Fils du pauvre, *par Mouloud Feraoun*
P181. Red Fox, *par Anthony Hyde*
P182. Enquête sous la neige, *par Michael Malone*
P183. Cœur de lièvre, *par John Updike*
P184. La Joyeuse Bande d'Atzavara
par Manuel Vázquez Montalbán
P185. Le Petit Monde de Don Camillo
par Giovanni Guareschi
P186. Le Temps des Italiens, *par François Maspero*
P187. Petite, *par Geneviève Brisac*
P188. La vie me fait peur, *par Jean-Paul Dubois*
P189. Quelques Minutes de bonheur absolu
par Agnès Desarthe
P190. La Lyre d'Orphée, *par Robertson Davies*
P191. Pourquoi lire les classiques, *par Italo Calvino*
P192. Franz Kafka ou le Cauchemar de la raison, *par Ernst Pawel*
P193. Nos médecins, *par Hervé Hamon*
P194. La Déroute des sexes, *par Denise Bombardier*
P195. Les Flamboyants, *par Patrick Grainville*
P196. La Crypte des capucins, *par Joseph Roth*
P197. Je vivrai l'amour des autres, *par Jean Cayrol*
P198. Le Crime des pères, *par Michel del Castillo*
P199. Les Cahiers de Malte Laurids Brigge
par Rainer Maria Rilke
P200. Port-Soudan, *par Olivier Rolin*
P201. Portrait de l'artiste en jeune chien, *par Dylan Thomas*
P202. La Belle Hortense, *par Jacques Roubaud*
P203. Les Anges et les Faucons, *par Patrick Grainville*
P204. Autobiographie de Federico Sánchez, *par Jorge Semprún*

P205. Le Monarque égaré, *par Anne-Marie Garat*
P206. La Guérilla du Che, *par Régis Debray*
P207. Terre-Patrie, *par Edgar Morin et Anne-Brigitte Kern*
P208. L'Occupation américaine, *par Pascal Quignard*
P209. La Comédie de Terracina, *par Frédéric Vitoux*
P210. Une jeune fille, *par Dan Franck*
P211. Nativités, *par Michèle Gazier*
P212. L'Enlèvement d'Hortense, *par Jacques Roubaud*
P213. Les Secrets de Jeffrey Aspern, *par Henry James*
P214. Annam, *par Christophe Bataille*
P215. Jimi Hendrix. Vie et légende, *par Charles Shaar Murray*
P216. Docile, *par Didier Decoin*
P217. Le Dernier des Justes, *par André Schwarz-Bart*
P218. Aden Arabie, *par Paul Nizan*
P219. Dialogues des Carmélites, *par Georges Bernanos*
P220. Gaston Gallimard, *par Pierre Assouline*
P221. John l'Enfer, *par Didier Decoin*
P222. Trente Mille Jours, *par Maurice Genevoix*
P223. Cent Ans de chanson française
par Chantal Brunschwig, Jean-Louis Calvet et Jean-Claude Klein
P224. L'Exil d'Hortense, *par Jacques Roubaud*
P225. La Grande Maison, *par Mohammed Dib*
P226. Une mort en rouge, *par Walter Mosley*
P227. N'en faites pas une histoire, *par Raymond Carver*
P228. Les Quatre Faces d'une histoire, *par John Updike*
P229. Moustiques, *par William Faulkner*
P230. Mortelle, *par Christopher Frank*
P231. Ceux de 14, *par Maurice Genevoix*
P232. Le Baron perché, *par Italo Calvino*
P233. Le Tueur et son ombre, *par Herbert Lieberman*
P234. La Nuit du solstice, *par Herbert Lieberman*
P235. L'Après-Midi bleu, *par William Boyd*
P236. Le Sémaphore d'Alexandrie, *par Robert Solé*
P237. Un nom de torero, *par Luis Sepúlveda*
P238. Halloween, *par Lesley Glaister*
P239. Un bonheur mortel, *par Anne Fine*
P240. Mésalliance, *par Anita Brookner*
P241. Le Vingt-Septième Royaume, *par Alice Thomas Ellis*
P242. Le Sucre et autres récits, *par Antonia S. Byatt*
P243. Le Dernier Tramway, *par Nedim Gürsel*
P244. Une enquête philosophique, *par Philippe Ken*
P245. Un homme peut en cacher un autre, *par Andreu Martín*
P246. A l'ouest d'Allah, *par Gilles Kepel*
P247. Nedjma, *par Kateb Yacine*

P248. Le Prochain sur la liste, *par Dan Greenburg*
P249. Les Chambres de bois, *par Anne Hébert*
P250. La Nuit du décret, *par Michel del Castillo*
P251. Malraux, une vie dans le siècle, *par Jean Lacouture*
P252. Une année en Provence, *par Peter Mayle*
P253. Cap Horn, *par Francisco Coloane*
P254. Eldorado 51, *par Marc Trillard*
P255. Juan sans terre, *par Juan Goytisolo*
P256. La Dynastie des Rothschild, *par Herbert Lottman*
P257. La Trahison des Lumières, *par Jean-Claude Guillebaud*
P258. Je suis vivant et vous êtes morts, *par Emmanuel Carrère*
P259. Minuit passé, *par David Laing Dawson*
P260. Le Guépard, *par Giuseppe Tomasi di Lampedusa*
P261. Remise de peine, *par Patrick Modiano*
P262. L'Honneur perdu de Katharina Blum, *par Heinrich Böll*
P263. Un loup est un loup, *par Michel Folco*
P264. Daddy's Girl, *par Janet Inglis*
P265. Une liaison dangereuse, *par Hella S. Haasse*
P266. Sombre Sentier, *par Dominique Manotti*
P267. Ténèbres sur Jacksonville, *par Brigitte Aubert*
P268. Blackburn, *par Bradley Denton*
P269. La Glace noire, *par Michael Connelly*
P270. La Couette, *par Camille Todd*
P271. Le Petit Mitterrand illustré, *par Plantu*
P272. Le Train vert, *par Herbert Lieberman*
P273. Les Villes invisibles, *par Italo Calvino*
P274. Le Passage, *par Jean Reverzy*
P275. La Couleur du destin, *par Franco Lucentini et Carlo Fruttero*
P276. Gérard Philipe, *par Gérard Bonal*
P277. Petit Dictionnaire pour lutter contre l'extrême droite *par Martine Aubry et Olivier Duhamel*
P278. Le premier amour est toujours le dernier *par Tahar Ben Jelloun*
P279. La Plage noire, *par François Maspero*
P280. Dixie, *par Julien Green*
P281. L'Occasion, *par Juan José Saer*
P282. Le diable t'attend, *par Lawrence Block*
P283. Les cancres n'existent pas, *par Anny Cordié*
P284. Tous les fleuves vont à la mer, *par Elie Wiesel*
P285. Parias, *par Pascal Bruckner*
P286. Le Baiser de la femme-araignée, *par Manuel Puig*
P287. Gargantua, *par François Rabelais*
P288. Pantagruel, *par François Rabelais*
P289. La Cocadrille, *par John Berger*

P290. Senilità, *par Italo Svevo*
P291. Le Bon Vieux et la Belle Enfant, *par Italo Svevo*
P292. Carla's Song, *par Ken Loach*
P293. Hier, *par Agota Kristof*
P294. L'Orgue de Barbarie, *par Bernard Chambaz*
P295. La Jurée, *par George Dawes Green*
P296. Siam, *par Morgan Sportès*
P297. Une saison dans la vie d'Emmanuel, *par Marie-Claire Blais*
P298. Smilla et l'Amour de la neige, *par Peter Høeg*
P299. Mal et Modernité, *suivi de*
Vous avez une tombe au creux des nuages
par Jorge Semprún
P300. Vidal et les Siens, *par Edgar Morin*
P301. Dieu et nous seuls pouvons, *par Michel Folco*
P302. La Mulâtresse Solitude, *par André Schwarz-Bart*
P303. Les Lycéens, *par François Dubet*
P304. L'Arbre à soleils, *par Henri Gougaud*
P305. L'Homme à la vie inexplicable, *par Henri Gougaud*
P306. Bélibaste, *par Henri Gougaud*
P307. Joue-moi quelque chose, *par John Berger*
P308. Flamme et Lilas, *par John Berger*
P309. Histoires du Bon Dieu, *par Rainer Maria Rilke*
P310. In extremis *suivi de* La Condition, *par Henri James*
P311. Héros et Tombes, *par Ernesto Sábato*
P312. L'Ange des ténèbres, *par Ernesto Sábato*
P313. Acid Test, *par Tom Wolfe*
P314. Un plat de porc aux bananes vertes
par Simone et André Schwarz-Bart
P315. Prends soin de moi, *par Jean-Paul Dubois*
P316. La Puissance des mouches, *par Lydie Salvayre*
P317. Le Tiers Livre, *par François Rabelais*
P318. Le Quart Livre, *par François Rabelais*
P319. Un enfant de la balle, *par John Irving*
P320. A la merci d'un courant violent, *par Henry Roth*
P321. Tony et Susan, *par Austin Wright*
P322. La Foi du charbonnier, *par Marguerite Gentzbittel*
P323. Les Armes de la nuit *et* La Puissance du jour
par Vercors
P324. Voltaire le conquérant, *par Pierre Lepape*
P325. Frère François, *par Julien Green*
P326. Manhattan terminus, *par Michel Rio*
P327. En Russie, *par Olivier Rolin*
P328. Tonkinoise..., *par Morgan Sportès*
P329. Peau de lapin, *par Nicolas Kieffer*
P330. Notre jeu, *par John le Carré*

P331. Brésil, *par John Updike*
P332. Fantômes et Cie, *par Robertson Davies*
P333. Sofka, *par Anita Brookner*
P334. Chienne d'année, *par Françoise Giroud*
P335. Nos hommes, *par Denise Bombardier*
P336. Parlez-moi de la France, *par Michel Winock*
P337. Apolline, *par Dan Franck*
P338. Le Lien, *par Patrick Grainville*
P339. Moi, Franco, *par Manuel Vázquez Montalbán*
P340. Ida, *par Gertrude Stein*
P341. Papillon blanc, *par Walter Mosley*
P342. Le Bonheur d'apprendre, *par François de Closets*
P343. Les Écailles du ciel, *par Tierno Monénembo*
P344. Une tempête, *par Aimé Césaire*
P345. Kamouraska, *par Anne Hébert*
P346. La Journée d'un scrutateur, *par Italo Calvino*
P347. Le Tambour, *par Günter Grass*
P348. La Minute nécessaire de monsieur Cyclopède
par Pierre Desproges
P349. Fort Saganne, *par Louis Gardel*
P350. Un secret sans importance, *par Agnès Desarthe*
P351. Les Millions d'arlequin, *par Bohumil Hrabal*
P352. La Mort du lion, *par Henry James*
P353. Une sage femme, *par Kaye Gibbons*
P354. Dans un jardin anglais, *par Anne Fine*
P355. Les Oiseaux du ciel, *par Alice Thomas Ellis*
P356. L'Ange traqué, *par Robert Crais*
P357. L'Homme symbiotique, *par Joël de Rosnay*
P358. Moha le fou, Moha le sage, *par Tahar Ben Jelloun*
P359. Les Yeux baissés, *par Tahar Ben Jelloun*
P360. L'Arbre d'amour et de sagesse, *par Henri Gougaud*
P361. L'Arbre aux trésors, *par Henri Gougaud*
P362. Le Vertige, *par Evguénia S. Guinzbourg*
P363. Le Ciel de la Kolyma (Le Vertige, II)
par Evguénia S. Guinzbourg
P364. Les hommes cruels ne courent pas les rues
par Katherine Pancol
P365. Le Pain nu, *par Mohamed Choukri*
P366. Les Lapins du commandant, *par Nedim Gürsel*
P367. Provence toujours, *par Peter Mayle*
P368. La Promeneuse d'oiseaux, *par Didier Decoin*
P369. Un hiver en Bretagne, *par Michel Le Bris*
P370. L'Héritage Windsmith, *par Thierry Gandillot*
P371. Dolly, *par Anita Brookner*
P372. Autobiographie d'un cheval, *par John Hawkes*

P373. Châteaux de la colère, *par Alessandro Baricco*
P374. L'Amant du volcan, *par Susan Sontag*
P375. Chroniques de la haine ordinaire, *par Pierre Desproges*
P376. La Prière de l'absent, *par Tahar Ben Jelloun*
P377. La Plus Haute des solitudes, *par Tahar Ben Jelloun*
P378. Scarlett, si possible, *par Katherine Pancol*
P379. Journal, *par Jean-René Huguenin*
P380. Le Polygone étoilé, *par Kateb Yacine*
P381. La Chasse au lézard, *par William Boyd*
P382. Texas (tome 1), *par James A. Michener*
P383. Texas (tome 2), *par James A. Michener*
P384. Vivons heureux en attendant la mort, *par Pierre Desproges*
P385. Le Fils de l'ogre, *par Henri Gougaud*
P386. La neige tombait sur les cèdres, *par David Guterson*
P387. Les Seigneurs du thé, *par Hella S. Haasse*
P388. La Fille aux yeux de Botticelli, *par Herbert Lieberman*
P389. Tous les hommes morts, *par Lawrence Block*
P390. La Blonde en béton, *par Michael Connelly*
P391. Palomar, *par Italo Calvino*
P392. Sous le soleil jaguar, *par Italo Calvino*
P393. Félidés, *par Akif Pirinçci*
P394. Trois Heures du matin à New York, *par Herbert Lieberman*
P395. La Maison près du marais, *par Herbert Lieberman*
P396. Le Médecin de Cordoue, *par Herbert Le Porrier*
P397. La Porte de Brandebourg, *par Anita Brookner*
P398. Hôtel du Lac, *par Anita Brookner*
P399. Replay, *par Ken Grimwood*
P400. Chesapeake, *par James A. Michener*
P401. Manuel de savoir-vivre à l'usage des rustres et des malpolis *par Pierre Desproges*
P402. Le Rêve de Lucy *par Pierre Pelot et Yves Coppens (dessins de Liberatore)*
P403. Dictionnaire superflu à l'usage de l'élite et des bien nantis *par Pierre Desproges*
P404. La Mamelouka, *par Robert Solé*
P405. Province, *par Jacques-Pierre Amette*
P406. L'Arbre de vies, *par Bernard Chambaz*
P407. La Vie privée du désert, *par Michel Chaillou*
P408. Trop sensibles, *par Marie Desplechin*
P409. Kennedy et moi, *par Jean-Paul Dubois*
P410. Le Cinquième Livre, *par François Rabelais*
P411. La Petite Amie imaginaire, *par John Irving*
P412. La Vie des insectes, *par Viktor Pelevine*
P413. La Décennie Mitterrand, 3. Les Défis *par Pierre Favier et Michel Martin-Roland*

P414. La Grimace, *par Heinrich Böll*
P415. La Famille de Pascal Duarte, *par Camilo José Cela*
P416. Cosmicomics, *par Italo Calvino*
P417. Le Chat et la Souris, *par Günter Grass*
P418. Le Turbot, *par Günter Grass*
P419. Les Années de chien, *par Günter Grass*
P420. L'Atelier du peintre, *par Patrick Grainville*
P421. L'Orgie, la Neige, *par Patrick Grainville*
P422. Topkapi, *par Eric Ambler*
P423. Le Nouveau Désordre amoureux
par Pascal Bruckner et Alain Finkielkraut
P424. Un homme remarquable, *par Robertson Davies*
P425. Le Maître de chasse, *par Mohammed Dib*
P426. El Guanaco, *par Francisco Coloane*
P427. La Grande Bonace des Antilles, *par Italo Calvino*
P428. L'Écrivain public, *par Tahar Ben Jelloun*
P429. Indépendance, *par Richard Ford*
P430. Les Trafiquants d'armes, *par Eric Ambler*
P431. La Sentinelle du rêve, *par René de Ceccatty*
P432. Tuons et créons, c'est l'heure, *par Lawrence Block*
P433. Textes de scène, *par Pierre Desproges*
P434. François Mitterrand, *par Franz-Olivier Giesbert*
P435. L'Héritage Schirmer, *par Eric Ambler*
P436. Ewald Tragy et autres récits de jeunesse
par Rainer Maria Rilke
P437. Histoires pragoises, *par Rainer Maria Rilke*
P438. L'Admiroir, *par Anny Duperey*
P439. Une trop bruyante solitude, *par Bohumil Hrabal*
P440. Temps zéro, *par Italo Calvino*
P441. Le Masque de Dimitrios, *par Eric Ambler*
P442. La Croisière de l'angoisse, *par Eric Ambler*
P443. Milena, *par Margarete Buber-Neumann*
P444. La Compagnie des loups et autres nouvelles
par Angela Carter
P445. Tu vois, je n'ai pas oublié
par Hervé Hamon et Patrick Rotman
P446. Week-end de chasse à la mère
par Geneviève Brisac
P447. Un cercle de famille, *par Michèle Gazier*
P448. Étonne-moi, *par Guillaume Le Touze*
P449. Le Dimanche des réparations, *par Sophie Chérer*
P450. La Suisse, l'Or et les Morts, *par Jean Ziegler*
P451. L'Humanité perdue, *par Alain Finkielkraut*
P452. Abraham de Brooklyn, *par Didier Decoin*
P454. Les Immémoriaux, *par Victor Segalen*

P455. Moi d'abord, *par Katherine Pancol*
P456. Traité du zen et de l'entretien des motocyclettes *par Robert H. Pirsig*
P457. Un air de famille, *par Michael Ondaatje*
P458. Les Moyens d'en sortir, *par Michel Rocard*
P459. Le Mystère de la crypte ensorcelée *par Eduardo Mendoza*
P460. Le Labyrinthe aux olives, *par Eduardo Mendoza*
P461. La Vérité sur l'affaire Savolta, *par Eduardo Mendoza*
P462. Les Pieds-bleus, *par Claude Ponti*
P463. Un paysage de cendres, *par Élisabeth Gille*
P464. Un été africain, *par Mohammed Dib*
P465. Un rocher sur l'Hudson, *par Henry Roth*
P466. La Misère du monde, *sous la direction de Pierre Bourdieu*
P467. Les Bourreaux volontaires de Hitler *par Daniel Jonah Goldhagen*
P468. Casting pour l'enfer, *par Robert Crais*
P469. La Saint-Valentin de l'homme des cavernes *par George Dawes Green*
P470. Loyola's blues, *par Erik Orsenna*
P472. Les Adieux, *par Dan Franck*
P473. La Séparation, *par Dan Franck*
P474. Ti Jean L'horizon, *par Simone Schwarz-Bart*
P475. Aventures, *par Italo Calvino*
P476. Le Château des destins croisés, *par Italo Calvino*
P477. Capitalisme contre capitalisme, *par Michel Albert*
P478. La Cause des élèves, *par Marguerite Gentzbittel*
P479. Des femmes qui tombent, *par Pierre Desproges*
P480 Le Destin de Nathalie X, *par William Boyd*
P481. Le Dernier Mousse, *par Francisco Coloane*
P482. Jack Frusciante a largué le groupe *par Enrico Brizzi*
P483. La Dernière Manche, *par Emmett Grogan*
P484. Les Lauriers du lac de Constance, *par Marie Chaix*
P485. Les Fous de Bassan, *par Anne Hébert*
P486. Collection de sable, *par Italo Calvino*
P487. Les étrangers sont nuls, *par Pierre Desproges*
P488. Trainspotting, *par Irvine Welsh*
P489. Suttree, *par Cormac McCarthy*
P490. De si jolis chevaux, *par Cormac McCarthy*
P491. Traité des passions de l'âme *par António Lobo Antunes*
P492. N'envoyez plus de roses, *par Eric Ambler*
P493. Le corps a ses raisons, *par Thérèse Bertherat*
P494. Le Neveu d'Amérique, *par Luis Sepúlveda*